地球寂静《じゃくじょう》

ボランティアが未来を変える
NGOは世界を変える

有馬 実成

アカデミア出版会

有馬実成

写真提供 朝日新聞社

まえがきにかえて——有馬実成師に未来を学ぶ

この本は、有馬実成師の唯一の書物である。有馬実成師は、山口県徳山市（現在、周南市）の洞庭山原江寺の住職であった。病に倒れるまで東奔西走の毎日で、自ら「不住職」と名乗るほど多忙を極めた人であった。

ＳＶＡの前身、「曹洞宗東南アジア難民救済委員会」が一九八〇年、カンボジア難民の救援活動を本格的に始めたときから、有馬師の東京と山口の間を毎週往復する生活が始まった。月曜日から金曜日まで東京のＮＧＯ（非政府組織）の事務局長を務め、徳山市の自坊には金曜日の夜に帰り、土曜日の朝早くから日曜日の夜まで原江寺住職を務めていた。

日本全国を駆け回り、ボランティア活動の必要性、仏教者として、日本人として行なうべき活動理念と活動の意義を説き、資金を集め、原稿を書き、海外で働くボランティアたちに指示を出していた。

有馬師の頭脳と実績からくる専門的な判断と指示は、他の者が真似のできないほど卓越していた。また、師は、他からは窺い知れない僧侶としての自覚に基づく理念と使命感を持っていた。私たちはそれに甘え過ぎたのかも知れない。無理を強いてしまったに違いない。さすがに最晩年は体力の衰えを自覚してはいたようだが、それでも専務理事として活動をやめることはなかった。

有馬師は、SVAを法人化することによって、公的に認められた団体にしなければと、病身に鞭打ち頑張り通した。外務省の認可の内定を得、一九九九年（平成一一年）六月二六日の総会において全会員の賛成も得て、「社団法人シャンティ国際ボランティア会」は設立された。しかし、一年ほどの闘病生活の後、二〇〇〇年（平成一二年）九月一八日、他界された。

有馬師は元気なとき、三度の食事にありつけなくとも、煙草《タバコ》の「SHINSEI」と、おいしいお茶があれば生きていけると冗談を言っていた。埼玉の越谷の病院から山口の日本赤十字病院に移ったときはすでに病は重かったのに、驚いたことに師は病室に例の煙草「SHINSEI」と灰皿をベッドのどこかに隠し持って、いたずらっ子が照れ笑いをするように、ニヤッと笑い美味そうに吸った。そんな有馬師から、ジョークを交え、時間の経つのも忘れて若いボランティアたちに文化や歴史の話を熱っぽく語っていた元気なころの姿が偲ばれた。それは、師の残される者に対する思いやりのようにも思われた。

多分、主治医もご家族も煙草のことはご承知だったであろう。棺の中には溢れるばかりの「SHINSEI」が添えられた。ご家族のお気持ちが私たちの心にも痛いほど伝わってきた。

この書物には、有馬実成師の生前の講演、対談、依頼を受けて執筆した原稿、『シャンティ』など、機関誌の原稿を収めさせていただいた。有馬師は、生前、自分の企画で、若い人たちにも役立てようと、新たにご自身で書き下ろしたいという気持ちが強かったのかも知れない。しかし、師にはそんな時間は残されていなかった。

こんな形でしか、師に報いることができなかったことを今は大変悲しく思う。

SVAのスタッフは皆（海外の日本人以外のスタッフも含めて）有馬師が好きであった。二〇年以上の付き合いに及ぶ、タイ、ラオス、カンボジアの人たちは、「アリマ・サーン」と師を呼ぶ。そこには父親を呼ぶような、尊敬し、慕う思いが込められていた。

火葬の後、ご家族の了解をいただき、有馬師の遺骨をタイの事務所の師の胸像の下や、バンサワーイの保育園の前庭に建てられた師の慰霊塔に納骨し、ラオスとカンボジアの間を流れるメコン川にも散骨させていただいた。東南アジアの子どもたちをいつまでも見守りたいと師も思っているのではないか、子どもたちも優しい「アリマ・サーン」が近くで見ていると元気が出るのではないか、との思いからであった。


「知識人というのは如何に多くの国の歴史（歴史にもいろいろのカテゴリーがあるが、民族史、風土史、文化史等）を広く深く知っている人をさす」と有馬師は言われた。インドのネール元首相も同じことを言ったと記憶している。有馬師はSVAの生みの親であるばかりでなく、日本でのNGOの育ての親でもある。

ボランティア活動は、「よわもん」（弱者、罹災者、難民）と言われる人の立場で、その人たちと同じ目の高さで、同じ視野で見、考え、事を行なわなければならない（同事＝釈尊の教え、「四摂法《ししょうぼう》」の一つ）。カンボジア難民支援が始まった当初、タイ国境にあった難民キャンプで活動した若いボランティアたちに教えたことは、「ボランティア触媒論」、「ボランティア黒衣論《くろご》」であった（その考え方は阪神淡路大震災でボランティア活動をする際にも必要とされた）。

師の告別式のとき、自坊の書斎や事務所を拝見した。蔵書の多さ、歴史書、郷土史、民族文化史の本、その分野の広さに驚かされた。

有馬実成師は現代に生きた道元禅師の法孫である。社会の底辺にあって、人のために生きようとした真の僧と言える人である。享年六五歳は短すぎた。けれども、師の存在は残された私たちの中にも生き続けるであろう。

二〇〇三年九月一八日

社団法人シャンティ国際ボランティア会（ＳＶＡ）会長　松永然道

有馬実成《ありまじつじょう》

地球寂静《ちきゅうじゃくじょう》
——ボランティアが未来を変える　NGOは世界を変える

目次

III

IV　仏教にボランティアの先駆者とNGOの源流を探る

V 阪神淡路大震災に学ぶ〈人〉と〈まち〉の未来

VI 〈シャンティ〉な時代へ向かって、未来世代に伝える

I

〈じゃり道〉を歩くボランティア、〈けもの道〉を歩くNGO

ボランティアは、未来を生み出す力

インタビュー構成　秦　洋一

心の傷が子どもにも深く

――相変わらず神戸通いをされていますね。

有馬　おそらく、まだ何にも終わっていないからですよ。道路や建物は行くたびに目に見えて復旧しているのですが、被災した人たちは本当に癒されようとしているのか、それが心配なのです。

今も気懸かりなのは、子どもたちのことです。避難所でのときには大人たちが肉親や家を失った衝撃と、生活の再建で頭がいっぱいでした。でも、震災で打撃を受けたのは、子どもたちも同じなのです。あるいは心の底に受けた傷はもっと深かったのかも知れないのです。それを受け止めてくれる人がいないので、日に日に言動が粗野になってしまいました。不安や欲求不満のはけ口をどこにぶつけたらよいのか分からなかったからでしょう。

――私の友人も家は無事でしたが、それまで独りで寝ていたお子さんが、抱いてやらないと寝られなくなったそうです。

有馬　やはりそうですか。頼みの綱の学校そのものが避難所になっていて、授業ができませんでした。学校の先生方も、被災者の生活と子どもの教育との板挟みになって、ずいぶんと悩んでおられました。

ボランティアたちは、若い先生方と一緒に避難所の校庭や公園で子どもたちと遊びました。四月になってやっと授業が再開されたので、ほっとしているのです。

伸び伸びさせ過ぎたせいか、後で先生方からお小言をちょうだいしました。今でも熱心に子どもたちと付き合っているグループがいくつかあります。つい先ごろまで私たちの拠点になっていたお寺と背中合わせの公園で活動していた「ちびくろ」という保育グループなんかですね。

——拠点になっていたお寺は、有馬さんが「頼もう！」と声を掛けて交渉されたとか。

有馬　嘘《うそ》ですよ（笑い）。真光寺という、一面識もなく宗派も違う時宗のお寺でしたが、事情をお話しすると、住職が快く引き受けてくださったのです。

奇縁を感じたのは、そのお寺は、貧しい民衆と暮らしていた一遍上人《いっぺんしょうにん》という祖師が入寂《にゅうじゃく》されたところと伝えられていました。ところが、震災で仏塔が倒れて骨壷が見つかったのです。

一遍上人が生きておられたその同じ土地に、今、全国から心を一つにした若者たちが集まって働いているのだと。そんな思いがありました。

——神戸は賀川豊彦さんがセツルメント（住民の生活向上を助ける事業）活動をしていたところですね。

有馬　神戸は昔から、貧しい人々、身寄りのない人たちを優しく受け容れてくれる町だったのですね。そうした人たちが身を寄せ合うようにして暮らしてきたと思うのです。

長田区に住んでいた韓国人のおばあさんを訪問しました。地震でタンスが倒れ、全身を打って動けなくなっていたので、ボランティアたちが手伝いに行っていたからです。

その女性は、特権階級である両班《ヤンバン》の出身でした。日本の韓国併合で両親が土地をすべて失ったため、小学校にも行けませんでした。学校のブランコに乗っていたら、日本人の教師に追い掛けられて転んだそうです。手の甲に傷が残っています。

日本に働きに来たご主人について来たのですが、ご主人が亡くなって独りぼっちになり、七〇歳の半ばになるまでここで暮らしていました。驚いたのは、この歳《とし》なのに数十年前から近くの識字教室に通っていたことです。

たどたどしい日本語の日記の山ができていました。自分が、どうして祖国を離れ、ここに住み着くことになったのかを勉強して知りたいと思ったのでしょう。そして、日本の人たちに、そのことを伝えたいとの思いです。

震災で奇妙だったのは、日本人が走りに走って築き上げてきた豊かさというものが、あっという間に無残に潰《つぶ》れたのに、街路樹や植木は一本も倒れていなかったことです。地中にしっかり根を張っているからでしょう。

阪神淡路大震災は、明治時代以来の日本の近代というものが何であったかを、私たちに突き付けているのかも知れません。

遺骨までが差別されて、疑問わく

――国際ボランティア活動を始めたきっかけは、韓国の遺骨との出合いだったそうですね。

有馬　私が育ったお寺は山口県の徳山市（現在、周南市）にあります。海軍の燃料廠《しょう》があって、周辺にはいくつかの軍需工場があり軍港のある町でした。一九四五年の五月一〇日に大空襲で狙い撃ちされ、大勢の死者が出たのですね。私の寺にもお棺が運び込まれてきて、本堂にいっぱいになったのです。子ども心に大変おどろおどろしいような気持ちで見ていたのです。

そのなかに扱いが明らかに違う棺《ひつぎ》があるのが大変気になりました。お線香も花もお供え物もないのです。「なぜなのか」と駐在さんに聞いたら、「あれは、朝鮮人じゃけぇのぉ」と、こう言うのです。

「なぜ、遺体に差別があるのだろう」。子どもながらに非常に奇異な感じを持って聞いたのですね。遺体は骨にされて、四十数体がそのまま寺に置かれていました。強制連行で連れて来られた人たちが多いでしょうから、引き取り手がないのです。そういうなかで私は育ったのです。私にとっては韓国・朝鮮の人たちの人権とかの処遇は、遺骨と重なっているのです。何をやっても、そのことが引っ懸かってくるのですね。

――それが祖国への遺骨の送還運動に繋《つな》がった。

有馬　一九七〇年代の初めころでした。たまたまある葬式に友人の朝鮮の人たちが来て、私の寺に置かれていた遺骨を見て大変驚いたのです。朝鮮では本貫《ポングアン》、つまり祖先の地に埋葬されなければ魂が安らぐことがないと言うのです。

送還運動の事務局長にされまして、山口県全域のお寺に声を掛けると、約五〇〇体もの遺骨が集まりました。風呂敷包みに三体の遺骨を入れてきて「いや助かった。実はこれを預かっていたばっかりに、檀家《だんか》が嫌がって困っていたのだ」と言う住職もいました。そんなものか、と改めて驚きました。

亡くなった方々の多くは、関釜（下関と釜山《プサン》）連絡船で連れて来られたのでしょうから、望郷の思いで釜山の山々を後にしたに違いありません。釜山市の港の見える丘の上にある墓地を分けてもらって、慰霊碑とお墓を造ろうという運動でした。

最終的には、ソウルの南にある天安になりました。韓国政府が、在外韓国人の遺骨を祭るために造った「望郷の丘」です。

――遺骨送還の過程で韓国に住んでいる人たちと改めて出会われた。

有馬　天安に慰霊碑を建てるときに何人かの人たちを訪問しました。小高い丘の上にある農家でしたけれど、おばあさんが、夫の消息を伝えに来てくれたと聞き間違えて、待ち構えていました。実は、そうではないのです、と聞いたとたんに、顔をくしゃくしゃにして泣き崩れてしまったのです。

事情を聞いてみると、新婚間もないある日、憲兵隊の人たちが大勢やって来て、村の若者たちをトラックに乗せて連れて行ったというのです。自分の夫もそのなかに入れられて、それ以来消息が分からなくなったのです。ただ一度、便りが日本から来ました。広島の宮島にある厳島神社の絵はがきで、一九四五年（昭和二〇年）七月下旬の広島の消印が押されていたそうです。

おそらく、原爆に遭ったのではなかろうかと思います。新妻は、夫が連れて行かれてから心が乱れてしまったのでしょう。夫がバスに乗って帰って来るのではないかと思って、村に朝晩二回やって来る乗り合いバスの停留所に迎えに行くのが日課だったというのですね。お元気なら、今でもそれをなさっておられるはずです。

――……胸が詰まります。

有馬 日本に残っている人たちの心の傷あとも深いのですよ。在日三世の人たちが大変悩んでいるのは、自分が「南」に属するのか、「北」に属するのか、あるいは自分は日本人であるのかということです。つまり、祖国を失ったために起きたアイデンティティ、帰属意識の喪失による悲劇です。そのことをずっと考え続けていたとき、一九七九年にカンボジア難民の問題が起きました。

難民キャンプで緊急援助をしながら思ったのは、おそらくこの問題は二〇世紀中に解決しないということです。そうすると、今、ここにいる子どもたちは、三〇代の半ばになるまで鉄条網の中で暮らすことになるのです。民族の文化やアイデンティティは、いったいどうなるのですか。

一時的な援助だけではなくて、教育と文化に関する支援活動をぜひ継続的にやっていきたいのです。

この年に、私たちの国際ボランティア活動は始まりました。

共に背負う時代の苦悩

――お話のなかに、あまり仏教のことが出てこないのですが。

有馬　私自身、僧侶《そうりょ》になるのが嫌で、学生のころは駒澤大学に籍を置きながら、実は上智大学にこっそり通ってカトリックの勉強をしていました。

そんなあるとき、東京に大雪が降りました。ぬかるみを傘をさして、お年寄りがとぼとぼ歩いているのです。よく見たら、私が尊敬している大学の恩師だったのです。歩いている先生を見ているうちに、多くの仏教の先輩たちは、こんな姿で日本の各地を巡りながら老いていったのだなあ、とふと思ったのです。よし、私も歩いて行こう、と。お寺に帰る決心が着きました。

――昔のお坊さんたちは、いろいろな仕事を全国に残していますね。

有馬　たとえば、面白いのは、曹洞宗の寺院の場合、大きく展開していくのが室町時代です。この時代のお坊さんは、全国を旅して歩く雲水（所を定めず修行する禅僧）ですから、いろいろな情報を持っているのです。その土地に合った稲の品種を導入したり、農業用水の指導をしたりしています。稲作農民の共同体の中心にお寺が位置していたのですね。

ところが、江戸時代は、お寺の機能が檀家との関係に縛り付けられて、活力をそがれていったのです。

さらに、近代とくに現代になって都市集中や都市化が起こり、〈地縁共同体〉というのが壊れていきます。それと同時に、寺というものが機能を果たせなくなったのです。

でも、こうなったのは、お坊さん自身が、僧侶である以前に、一人の人間としての市民意識を持っていなかったからなのです。そのために安住した共同体の崩壊と一緒に役割を見失ってしまったのです。

お寺をどうするかとか、仏教をどうするかということはどっちだっていいのです。永遠に続くものはこの世の中には一つもないというのが、お釈迦《しゃか》さんの教えなのです。とすると、仏教も世の中に役立たない、存在意義を失っているとするならば、無常の流れのなかで消えていくのはきわめて当然でしょう。

大事なのは、宗教者の一人一人が時代の苦悩というものを、自分の課題としてどう受け止めるのか。それが問われているのだと思いますね。

——第三世界の底辺で活動しているカトリックの神父たちも、同じようなことを言っていますね。

有馬　鎌倉時代に、真言律宗の宗祖と言われている叡尊《えいそん》という僧がいました。奈良の西大寺（真言律宗の総本山）というお寺にいて貧民救済、とくにハンセン病の患者の救済を精力的にやった人です。この叡尊があるとき、弟子や信者たちを貧民たちのいる野原に大勢集めて説教をしたのです。「もし生きた文殊にこの世で出会いたいと思うならば、慈悲心を起こすことです。なぜならば、この文殊が地上に現われるときは、貧窮孤独《ひんぐうこどく》の衆生《しゅじょう》となって現われるからです」と。

これは、文殊経典にある言葉ですが、叡尊は「ここには生きた文殊様がたくさんいらっしゃる。この方たちにお風呂に入っていただき、お食事を差し上げようではないか」と言うのですね。そして、化け物みたいな大きな茶碗にお茶を点《た》てて、みんなに差別なくそれを回し飲みさせたのです。

なかにはいろいろな病気を持った人たちもいたのですから、実に厳しい挑戦なのですね。現在の僧侶に問われているのは、そこだろうと思うのです。


――でも、現実の姿を見ると、やはり仏教は死んでしまった。

有馬　現代人は仏教に期待していないと思いますよ。ところが、仏教という宗教は、実はこれからが出番だと私は信じているのです。

東西の冷戦が終わったのに、世界全体でさまざまな対立が、逆に厳しくなっているのはなぜでしょうか。たとえば、小さな民族同士が血みどろの争いを続けているのです。そのような民族が、お互いの宗教や言語を超えて共生するにはどうすればよいのか、また人類が開発の追求を抑え、自然や地球の環境とどう共生するのか。それに対する回答が見つからないからだと、私は思うのです。

仏教は、どんな人であっても、実は自分と深い関係を持っている存在だと教えています。ですから、相手の尊厳、相手の存在を自分の存在として受け止めて大切にする。それが〈縁起〉という考えです。共生の原理という意味で、仏教の持っている基本的な考え方は、一つの可能性を提起できるだろう、というふうに私は思っています。

神戸に咲く花を育てよう

阪神淡路大震災で数多く登場した若いボランティアたちは、経験も浅く、資金も乏しいのです。有馬さんは、ボランティアたちに、非政府組織（NGO）の草分けの先輩として助言しながら、これからの被災者の継続支援のあり方を探っています。

——阪神に来た若い人たちは、どちらかというと、泥臭くて不器用ですね。

有馬　ボランティアの道は、舗装道路ではなくて、〈じゃり道〉だからだと思うのです。人間が初めて道を見つけていったときには、山の中で茨《いばら》を掻《か》き分け、傷だらけになりながら切り拓《ひら》いてきたのです。

人間の文化なり文明の歴史というのは、〈じゃり道〉を舗装にしていく歩みだったと私は思うのですよ。舗装してしまうと歩きやすくなるのです。ところが、快適になったというのが、実は危ないのです。最新道路地図なんかがあって、道路を歩かされているのですね。

いつの間にかそんな既製の道しか歩かなくなったところに、実は、今の文明の危機があるような気がするのですよ。

——エリートは、じゃり道は敬遠しがちですね。

有馬　実は、私たちが拠点の一つにお借りした神戸市兵庫区の真光寺は、日本のなかでも非常に少ない時宗のお寺だったのです。その祖師の一遍上人は、徹底的に〈じゃり道〉を歩いて来た人だったのですね。一遍のことを「捨聖《すてひじり》」と一般には言うのです。日本全国を旅して歩きました。じっと留まってしまうと、地位やお寺ができるのです。それを徹底的に捨てて歩いたのです。

旅をしながら一遍上人が歩いてきた場所は、つねに社会の最も底辺にいた人たちの所です。舗装された道路ばかり歩いている人にとっては無縁の人たちに、「一緒に歩こうよ」と言って歩いたのです。

——阪神では、今なお、若いボランティアたちが、仮設住宅で働いています。あのエネルギー、原動力はどこからくるのでしょう。

有馬　ボランティア活動というのは、人間にとってきわめて必然的なもの、実は、人間であることの証《あかし》だと思うのですね。

自然界では、タンポポはタンポポ、スミレはスミレの花を美しく咲かせます。ところが、人間というものは、自分がどんな花を咲かせたらよいのかがよく分からないのですね。宇宙や自然との、人と人との関係、そこが見えないところに大きな悩みがあるのです。ですから、人は、何かを求めて歩いて行くのだと思います。

——けれども、ボランティアたちは、心身ともに疲れ切っています。

有馬　ボランティアたちはこの一一カ月間というもの、被災者たちと向き合ってきました。そのなかで、震災によってさらけ出された日本という社会の根っこにある異常さがだんだん見えてきたのでしょう。被災者たちの明日が見えないのです。ですから、去るに去れないのだと思いますよ。

ボランティアたちが突き当たっているのは、実は、自分自身というよりも、時代の苦悩を悩んでいるということなのです。そこに気が付けば、もう少し気楽になるのでしょうが。

——有馬さんたちの仕事は、そのボランティアたちを支えることですね。ボランティアは、本当に日本の未来を生み出す力になるのでしょうか。

有馬　近代化という舗装道路を歩いているうちに、日本という社会の共同体としての有機的な力がそがれてしまい、みんなが心に渇きみたいなものを感じているのです。その渇きの隙間《すきま》に現われてきたのが、オウム真理教という化け物でした。

唯一の救いは、大震災の悲劇を自分のこととして感じた何万人、何十万人という人たちが、神戸に駆け付けてきたことです。一人一人の力は小さいけれども、お互い同士が繫《つな》がり合い、実に有機的な、いきいきとした動きをつくり出していったのですね。

とくに注目されるのは、その一人一人が誰に命じられたのでもなく、一人の市民としての判断で行動してきたことです。一人一人が責任を持ってこの社会を築いていくのだ、という市民意識に乏しい日本の精神風土を考えるとき、ボランティアたちの登場は、一つの暗示的な意味を持っていると私は思うのです。

ボランティアたちは若くてまだ未熟かも知れません。それを支えるのは、大人の世代の責任でしょうね。ボランティアたちが、神戸でどんな花を咲かせるのか、日本の地域に、あるいはアジアに、どんな花を咲かせていくのか。徒花《あだばな》に終わることはけっしてないでしょう。

〈地球市民〉を育むNGO

地方発進型のNGO（非政府組織）が必要

私は、山口県の徳山市（現在、周南市）に生まれ、瀬戸内海に面したのどかな農村と漁村が混在する地域のお寺で育ちました。今ではすっかり様変わりして、石油化学コンビナート、臨海工業地帯の町になってしまい、町は豊かになりました。でも、浜辺は埋め立てられ、魚はいなくなったのです。団地の造成やレジャー施設の開発などで地価が高騰し、米や野菜を作ることがばかばかしくなり、本気で農業をする人はいなくなり、農業や漁業に従事してきた老人たちは、仕事に誇りを失い、生きる目標が見えなくなってしまったのです。企業に就職した若者たちも、石油産業の不況と合理化のなかで、転勤や転職を強いられ、若者のいない町になってしまったのです。漁業協同組合の漁師さんで一番若い人が五〇歳を超えて今でも独身です、と言いますと、町の様子や状況をだいたい推察していただけるのではないかと思います。

私は、ここでお寺の住職をしているのですが、老人夫婦だけの家庭、独居老人の家庭という孤独と無気力のなかで暮らしている家庭が、私の周辺だけで六〇戸から七〇戸ぐらいあります。こういう人たちの抱えている課題への取り組みこそ寺院住職の仕事なのですが、土曜日と日曜日だけを徳山に、月曜日から金曜日までを東京という生活を二〇年近く続けている私は、なかば職場放棄をした不良住職と言えるかも知れません。

私にとって、NGO（非政府組織）の活動も、お寺の現場も、両方とも大切で掛け替えのない仕事でして、その狭間にあって悩み続けています。その代わり、東京にいるときは、こういうお年寄りに夜間電話を掛けまくっています。お年寄りにはいつも気に懸けてくれる人がいる、声を掛けてくれる人がいるということが必要なのです。でも、長距離の電話代が大変ですがね。

さて、私は今、「曹洞宗国際ボランティア会」（現在、「社団法人シャンティ国際ボランティア会」〔SVA〕）に所属し専務理事という立場にいますが、同時に、これらNGOのネットワーク団体である「NGO活動推進センター」（現在、「国際協力NGOセンター」〔JANIC〕）にも関わっています。また、山口では「シャンティ山口」という団体を組織し、一九九八年一月には県下の一七団体が加盟する「NGOネットワーク山口」を結成しました。いささか欲張り過ぎていますが、日本のNGOのほとんどが首都圏と関西圏に集中していて、地域に根ざしたNGO活動はきわめて低調なのです。数だけは増えつつありますが、組織も小さく、財政的にも小規模のものが多いのです。日本のNGO活動の弱点はここにあります。

大都市発信型のNGOも必要ですが、地域の生活に根ざしたNGOが弱体である限り、日本の社会は変わりようがありません。農家のとっつぁんたちが野良仕事の合間に一服しながらアフリカの飢餓について語り、山仕事をしながら環境や開発のあり方を議論するような、そんな日本に変えていくのは地域のNGOなのです。大都市発信型のNGOがいくらインテリ受け、マスコミ受けするような情報を出しても、本当の力にはなりえないのではないでしょうか。こう考えますと、私は忙しくても郷里での仕事を欠かすことはできません。

日本のNGOには、四つの課題が

日本のNGOには、当面解決しなければならない課題が四つあると考えています。

第一は、今話しましたとおり、NGOが大都市に集中し過ぎていて、地方から育ってきた、力をもち、明確な理念と哲学を持ったNGOが少な過ぎることです。

第二は、資金力と組織力の脆弱《ぜいじゃく》さです。「NGO活動推進センター(JANIC)」がまとめた統計によりますと、四〇〇弱のNGOのうちの約四〇パーセントが三〇〇人未満の会員数であり、五〇パーセントが三〇〇人から二、〇〇〇人の会員数という状況です。SVAも、二〇年かかって二〇〇人から三〇〇人を前後する程度の数の会員しか確保できていません。毎年六〇〇人程度の新規会員があるのですが、三〇〇人から四〇〇人が退会していきます。会員が活動への参加意識を継続できないのです。これは、NGO側の運動論に原因があるのか、会員の側の参加意識の質に原因があるのか、おそらく両方なのでしょうが、今後さらに分析していく必要があります。

このことは、当然、NGOの資金力にも反映しており、活動資金が一、〇〇〇万円以下というのが二三パーセント、一、〇〇〇万円から三、〇〇〇万円までが三三パーセント、三、〇〇〇万円から一億円未満までが二九パーセントで、一億円を超しているのは三二団体に過ぎません。国内の事務所の活動を支える職員、スタッフについても、有給の専従スタッフを擁している団体は一一八に過ぎませんし、残りの団体は無給のボランティア、またはパートの非専従者によって支えられているというのが現状です。

海外の現場においても、国内の運動づくりにおいても、ボランティア活動の力の源泉は人材です。しかも、スタッフには専門性を持つことが要求されます。NGOの苦悩は、まさにこの点に尽きます。

第三は、NGOを支える日本の社会環境の未成熟さです。これには二つの側面があります。日本人の社会参加意識の希薄さと市民運動を阻害してきた社会制度の不備です。

第四は、そのような日本人の意識を変革し、社会制度を変えていくような運動論と方法論をまだ日本のNGOが見出していないし、多くの場合、欧米のNGOの手法や理念を翻訳して採用しているに過ぎないのではないかと思われます。市民社会といっても長い歴史を持ち、ときには多くの血を流しながら造り上げてきた欧米と、ムラ社会的な構造を温存する日本とではかなりの違いがあるのです。

一九九八年一二月に成立した「特定非営利活動促進法」(通称、NPO法)ですが、国会承認の直前まで「市民活動促進法」という名前の法案で議論されました。ところが、成立した法案は「特定非営利活動促進法」という名称に変更されました。これは、市民運動とか市民活動などに不快感を持つ国会議員の賛同を得るための苦肉の妥協策だったのです。これは、この法案を議員立法で成立させるために汗を流してきた複数の議員からの報告ですから、嘘《うそ》ではありません。

日本には欧米的な意味での市民社会は成立していません。善い悪いは別にして、ムラ社会的な社会構造は、そう簡単には変革できないのです。深く文化と歴史に根ざしたものだからです。としますと、このような社会を前時代的であるとか後進性だとか言って否定し去るのではなく、一度肯定したところから日本的な市民社会のありようを考え直したらどうでしょうか、というのが私の意見です。

今挙げました四つの課題は、今回の主題である「NGOが地球市民を育む」に深く関わりますので、なぜ私がそのように考えているのか、私自身のNGO活動の体験に即して話していくことにします。

難民問題に触発されて

さて、「曹洞宗国際ボランティア会（SVA）」は、一九七九年に活動を開始しました。昭和五四年の秋のことでした。一九七九年という年は、難民問題で日本全体が衝撃を受けた年です。カンボジア、ベトナム、ラオス、三つの国から多数の難民の流出が頂点に達したのです。なかでも、カンボジア難民の場合は悲劇的でした。米軍の敗退後に誕生したポル・ポト政権のあまりにも急進的で現実と遊離した社会主義化への政策のもとで、民衆は強制労働と飢餓に喘《あえ》ぎ、虐殺の恐怖に脅《おび》える数年間を過ごすのですが、ベトナム軍に支援されたヘン・サムリン軍の進攻によってポル・ポト政権が崩壊し、それまでポル・ポト政権の虐殺政治の桎梏《しっこく》に喘いできた民衆は、食糧を求め、平安を求め、さらに自国カンボジアで生きることに絶望し、難民となってタイに脱出しました。

また一方で、ベトナムは戦争終結後に、悲願の南北ベトナム統一を果たし、復興を開始するのですが、自由経済に馴染んできた南ベトナムの民衆は、社会主義体制と逼迫《ひっぱく》した経済情勢に絶望し、大勢の人たちが海路、船に乗って南シナ海やシャム湾（タイ湾）に逃げ出していくのです。いわゆる「ボートピープル」と呼ばれたベトナム難民です。そして、南シナ海を航海する日本のタンカー、油槽船などが波間に漂うボートに乗った難民たちを救出し、日本の港に運んで来るというようなことが日本各地で続出した、そういう年です。また、ちょうどそのころ宇宙に打ち上げた通信衛星が世界の通信や放送を大きく変えた時期であり、地雷原を潜り抜け飢えた体を引き摺《ず》るようにして脱出して来るカンボジアの難民たちや、それを救出する国連機関やNGOの活動、こういうものがリアルタイムで、即時に私たちの茶の間のテレビに連日のように報道されるというようなことがあった年です。そのなかで日本政府はもちろん、いち早く国連機関、とくにUNHCR（国連難民高等弁務官事務所）やタイ国などに拠出しました。支出額は日本が最大の援助国でした。けれども、国際世論は非常に厳しく、日本は同じアジアの地域で起こっている難民の流出に対してきわめて冷淡である、お金さえ出せばそれで片が付くとでも思っているのか、なぜボランティアや人が活動に参加してこないのかと、国際世論の批判が日本に向かって痛烈・に浴びせ掛けられました。

そんななかで、私どもの団体も、取るものも取りあえず団体を組織し、活動を開始したのですが、国際世論の厳しさに曝《さら》されて初めて問題の所在に気が付いたといっても過言ではなかったのです。こうして難民流出を契機にして、大小合わせて三〇以上のNGOが一挙に誕生しました。現在、約四〇〇程度のNGOがありますが、日本のNGOの歴史はきわめて短く、海外に現場を持つ国際協力型の団体となるときわめて少数です。一九七九年当時は、NGOという言葉すらつかわれていませんでしたし、それ以前は一〇団体に満たない程度です。大きな動きをしている団体は、三、四団体ぐらいしかありませんでした。阪神淡路大震災のとき、「ボランティア元年」という言葉が生まれましたが、一九七九年というのは、「国際NGO元年」という言い方をしても間違いではないのです。

NGO誕生を促した公的な資金の援助

続いて、NGOが急激に増えてくるのが、一九九一年以後です。それは、郵政省(現在、郵政公社)の国際ボランティア貯金の配分金がNGOに交付されるようになったことによります。それ以前は、毎年一〇から一五団体が誕生していましたが、一九九〇年以後、一挙に三五から四二の団体が生まれています。一九八九年に、外務省は、NGO事業補助金という制度を開設します。この制度はいくつかの運用上に支障を来す点があるとはいえ、ODA(政府の途上国援助)の公的な資金を民間の任意団体に交付する道を拓《ひら》いたという意味で画期的な意義を持つと私は評価していますが、補助金という性格上、どんな団体にもつかえるというものではありません。それなりの実施能力が厳しく審査されます。それに対して、ボランティア貯金のほうは国民の貯金の利息の一部を配分するのですから、郵政省の所管とはいっても運用には柔軟性があり、ＮＧＯを広く育成していくという点に力点が置かれていたため、誕生したばかりの小さいＮＧＯには大きな福音になりました。それと同時に、お金が貰えるのならＮＧＯを始めようかという感じの、ある意味では志や理念を曖昧にしたＮＧＯを多く生み出したのも事実です。

日本のＮＧＯ活動はまだ緒に就いたばかりで、このほかにも多くの課題を抱えています。とくに、今日の経済不況は、それでなくても少なかった民間からの資金援助のパイプを細くし、低金利政策のため国際ボランティア貯金の配分金を大幅に減少させ、助成財団からの助成金の申請はほとんど期待できないという状況を招来しました。また、政府の財政赤字克服のための財政改革で、援助金は大幅に削減されていくことになります。今、ＮＧＯは冬の季節を迎えています。自己募金能力を持たないで、公的な資金やボランティア貯金や外部からの資金援助に対する依存度の高い団体は淘汰されていく可能性もあります。

泣き言めいたことばかり言いましたが、でもご安心ください。日本のＮＧＯは、それほどやわではありません。むしろ、逆境こそ飛躍への好機だと考えています。厳しいときほど事の本質ははっきりと見えてきます。運動論や活動理念の見直しを図れる絶好の機会だと考えます。どんな団体も活動を始めたときはゼロから始めたはずですし、資金を作りながら運動を組み立ててきたはずです。お金を持っている人は、もともと市民運動とかボランティア活動はしないものなのです。

地球市民への志向

さて、今回の主題の「NGOが地球を育む」という大変恐ろしい題の内容に入っていかなければなりません。

最近、いろいろな形で「地球市民」という言葉が用いられるようになり大変嬉《うれ》しく思っているのですが、私は一九八一年ごろから「地球市民」という言葉を意識してつかい始めました。私どもSVAは『シャンティ』という名称で機関誌を発行していますが、以前は『地球市民ジャーナル』という誌名で刊行していました。NGO活動推進センター（JANIC）の機関誌も『地球市民』という誌名です。佐賀県には「地球市民の会」というNGOもあります。

それはさておきまして、「地球市民」という言葉がつかわれるようになった背景には、交通や通信の手段が発達し、国と国との距離が短くなってきたこと、そして人や物や経済が国境を超えて動くようになってきたこと、そのことに伴い国家間の相互依存性の度合いが強くなってきたことがあります。いわゆるグローバル化、地球規模化の時代の到来ということが非常に大きいだろうと思います。

国境を超える「地球市民」と「市民社会」へ向けて

経済が最初に国境を超える――高田屋嘉兵衛のこと

面白いと思うのは、一番最初に国境を超えるのは、経済なのです。人が国境を超えるというのは、精神的にも物理的にもそれほど簡単ではありません。司馬遼太郎の小説に高田屋嘉兵衛を主題にして書いた『菜の花の沖』という本があります。高田屋嘉兵衛というのは、江戸時代の北前船の船頭さんなのですが、大坂（大阪）を起点に瀬戸内海から下関を経由し、日本海を航海して松前、箱館（函館）を往復しながら商いをしていました。商う主力商品は、言うまでもなくニシンです。江戸時代の元祿年間以後、徐々に向上し、文化文政時代に一挙に花開いていく庶民の経済力は綿花産業を大きく育てました。裏返しますと、それまで日本の庶民は綿の布団で寝ることも容易ではなかったのです。木綿の着物も誰でもが着られるというのではなかったのです。ところが、綿花栽培というのは、大変な量の肥料を必要とします。そこで、魚肥としてイワシが使われるようになり、瀬戸内海から西海道（九州）にかけてイワシ漁が盛んになってきます。

実は、私の郷里である山口県の徳山市（現在、周南市）というところは、その拠点の一つでした。村井喜右衛門という男がいまして、肥前（長崎）や五島列島でイワシの漁場を経営していました。ところは、大量の南蛮滑車と酒樽を使ってこれを浮上させ、無事に出航させたのです。世界で最初にサルヴェージ、つまり沈没船の引き揚げ作業をやった男です。日本ではこのことはあまり知られていませんが、欧米の海上交通史では有名な話で、黒船でやって来たペルーも、喜右衛門のような男のいる日本は文化的に優れた国であるに違いないと、本の中で書いています。話が脱線しましたが、当時の船頭さんというのは大変優れた技術者であり、教養人であったということを言いたかったのです。その後、北前船の航路が開発され、蝦夷《エゾ》(北海道)のニシンが大量に安く手に入るようになり、魚肥はイワシからニシンに取って代わります。その取り扱い高は膨大な量だったのです。

そんな歴史の流れのなかに高田屋嘉兵衛は登場するのですが、当時の北前船というのは、今で言う総合商社なのですね。寄港する港々で商売をやりながらありとあらゆる商品を取り扱っています。主力商品のニシンは言うまでもありませんが、米あり、味噌あり、和紙があったり、出羽(山形)の紅花があったりするのです。そして、国後《クナシリ》島や択捉《エトロフ》島での漁場の開発までやっています。ところが、千島列島から北海道沖に出没して測量を行なうロシア艦船を松前藩が拿捕《だほ》し、艦長を捕らえてしまったことから、ロシアはその釈放を求め、択捉島にいた高田屋嘉兵衛を捕らえてカムチャッカへ連行してしまいます。捕らえられたロシアの艦長の名をゴロヴニンと言いますが、ゴロヴニンの書いた『日本幽囚記』は、ロシアで多くの人に読まれたようです。そのなかで、高田屋嘉兵衛の人柄を絶賛して書いているのですが、この本を読んで嘉兵衛の人柄に魅せられた一人のロシア青年が、嘉兵衛に会いたいという一心で日本にやって来ます。そのときには嘉兵衛はもう死んでしまっているのですが、そのロシア青年こそが日本にロシア正教を伝えた伝道師ニコライです。東京の御茶ノ水の駅の近くにあるニコライ堂はニコライの名に由来しています。

話が大きく脱線してしまいましたが、司馬遼太郎が実に面白いことを言っています。当時、日本には国民国家として統一された日本というものがあったのではありません。それぞれの諸藩が林立し各藩が独立国だったのです。人の移動には通行手形というパスポート、旅券が必要でした。政治はさておき、江戸時代の庶民、大坂を中心にした町人の経済力は物と金を動かすことによってやがて明治維新後にやってくる国民国家としての日本を造る下ならしをした、江戸時代の文化文政年間以後というのはそういう時代だったということを言っています。

そして、経済が国を超えていくときの最大の障害は言葉ですが、日本の国にそれぞれお国訛《くになま》りの方言というのがあって、テレビやラジオのない時代には、同じ日本のなかにあっても大坂商人には東北弁や九州弁はまるで理解不能な外国語だったに違いありません。たとえば、出雲弁というのがありますが、これはズウズウ弁です。私は山口県ですから、島根県といえば隣の県です。島根県西部の石見地方では、山口弁は通用します。でも、出雲地方へ行くともう通じません。本当の出雲弁を話すお年寄りとはお互い理解不能の状態になってしまいます。秋田の人と話しているような感じがします。薩摩の人と津軽の人が話をしたらどんなことになるのかと思うのですが、とくに北前船には天草諸島の牛深の人が盛んに活躍します。そういう人たちが、現在の秋田、山形、青森などで商取引をやっているのですよ。商売というのは契約に基づいて取引をするのですから、共通の言語を持たないと商取引は絶対成り立ちませんね。

そうしますと、江戸時代、あのころ共通の言語というのはあったのだろうかと思ったのですが、司馬遼太郎の説によるとですね、それは芝居言葉、とくに大坂で発達した浄瑠璃《じょうるり》の芝居言葉だったというのです。商人の共通の言語は歌舞伎や浄瑠璃の芝居言葉だったのです。これは、僕には非常に面白かったです。そういえば、全国各地と言うときに、「津々浦々」と言いますが、なぜ、津々浦々なのでしょうか。山々里々だってよいではありませんか。当時は海辺の津や浦こそが経済と文化が入ってくる場所であり、外へ向かって、世界へ向かって開かれている場所であり、人と物が交流する場所だったからに違いありません。これは江戸時代の話なのですが、今の世界の動きのなかでも同じようなことが言えるのではないでしょうか。

またまた、脱線しかかっています。要するに、経済は簡単に国境を超えるということを言いたかったのです。

巨大化した国際経済がもたらしたもの

でも、その経済の動きが高田屋嘉兵衛の時代、明治時代や大正時代のころまでなら、大したことはなかったのです。現在の国際経済は人間の意思を超え、もはや人によってコントロール、制御が不能なくらい肥大化し、巨大な化け物のようなエネルギー、力で動き始めてしまっています。経済というのは、いったん動き始めると、人間の意思を無視してそれ自体が勝手に一人歩きを始めてしまいます。核分裂が始まったら人間の力では制御が不能になるのと同じです。

ここに問題があります。もちろん、その経済の無限に拡大しようとする動きの根底に人間の飽きることのない欲望の追求があります。欲望は人間の生きようとする生命の当体です。生きたいという意志も欲望の一つですから、欲望を否定したら人間の存在そのものを否定しなければならなくなります。問題は、その欲望をコントロールする知恵を人類が失いかけているところにあります。欲望も、経済と同じで、いったんコントロールを離れて剝《む》き出しになってしまうと、欲望が次の欲望を生み出し、際限のない爆発を繰り返していきます。宗教の力が弱くなり、哲学が言葉を失い始め、欲望が剝き出しになってしまった時代、それが現代という時代なのです。経済による人間疎外の現象、これが現代という時代の病なのです。

その病がやがて地球に破滅をもたらす死に至る病になりかねないというところまで来ています。アダム・スミス以来、近代以降の経済学は産業活動は世界に富をもたらし、富は人類に幸福をもたらす、という仮説の上に成り立っていました。その仮説がどうやら成り立たないということがはっきりしてきました。産業はゴミを生産し、間違いなく地球の資源を食い潰《つぶ》し、地球環境の破壊をもたらします。産業と経済の活動が人の幸せどころか地球の存続すら危うくしかねないということになってきました。

ですから、地球市民の時代という言葉の持つ問題意識の背景には、こういう地球の苦悩への認識、危機意識というものがあることを見逃してはなりません。けっして地球上のみんなが仲良くというバラ色の世界を夢みて言っているのではないのです。

国連の国際会議の結論――市民の社会参加こそが必要

一九九二年に、ブラジルのリオデジャネイロで国連の主催による「環境と開発に関する国連会議」、いわゆる「環境サミット」という国際会議が開催されました。それ以後、一九九四年にはエジプトのカイロで「国際人口開発会議」が、一九九五年にはデンマークのコペンハーゲンで「社会開発サミット」が、同年に中国の北京では「北京女性会議」が、翌一九九六年にはトルコのイスタンブールで「国連人間居住会議」がというふうに、毎年のように国連の主催による会議が開催されてきました。これは、二〇世紀が創り出し地球上を覆ってしまっている環境、人口、貧困、食糧、女性の人権、人間の居住権などというさまざまな厄介な問題を議題に国連機関、各国の政府機関、地方自治体、NGOなどが一同に会して開催されたものです。その開催には現在の地球社会に対する危機感があり、二〇世紀が創り出した課題を二一世紀に無責任に引き渡すわけにはいかない、少なくとも二〇世紀を生きた人類の責任として解決のための行動計画だけは明確にしておこうという意志が強く滲《にじ》み出た国際会議でした。

これらの会議の内容に詳しく触れていくことは避けますが、すべての会議が、環境問題をはじめとする食糧や貧困などの諸問題は地球上の構造的な問題であり、国連機関や各国の政府機関の努力だけでは解決が不能であり、地球上に存在する人類の一人一人が問題解決のために参加して初めて解決できる事柄であるという認識で一致していました。つまり、人類の一人一人が問題解決のための担い手であるという自覚と自己認識のもとに、社会参加し行動する、その市民の代表としてNGOがこれらの会議に出席することが求められました。

それでも、日本政府は、会議に参加する代表団のなかにNGOを加えようとしませんでした。イスタンブールでの会議で初めてNGOの参加を認めたのですが、これも国際世論の外圧で渋々認めたものでした。日本では、まだまだNGOには市民権を与えられてはいないようです。残念ながら、「地球市民社会」に一番距離があるのが日本という国なのです。

地方自治体と市民の役割

もう一つご注目いただきたいのは、これら一連のサミットが地方自治体の参加を求めていたことです。これは、市民が社会参加をしようとするとき、市民に最も近い距離にある行政機関は中央政府ではなく、地方政府、地方自治体であるという認識に基づいています。裏返して言いますと、市民が社会参加できるような施策を実行できるのは地方自治体であり、市民によって構成されたNGOが地方自治体と提携しながら、地域を変え、国を変え、世界を変えていこうというのです。"Think Globally, Act Localy"（地球規模で考え、地域で行動する）という言葉がありますが、これはたんに理念として言われた言葉ではなく、「地球市民社会」を実現するための方策として地方自治体と市民の果たす役割のなかで言われ始めたのです。冒頭に、地域型のNGOが力を付け育ってこないといけないと言いましたのは、実は、このような意味からなのです。

過日、京都で開催されたCOP3（地球温暖化防止会議）の環境会議のときも問題になりました。COP3という会議は、先ほど話しましたブラジルでの環境サミットを受けて、具体的な行動規約を作成しようという会議なのですが、地球の温暖化を招くCO_2（二酸化炭素）の国別の排出基準を巡って国の利害関係が剝き出しになり、紛糾したことはご承知のとおりです。外国の代表団は、政府とNGOはお互いに意見や考え方の違いはあるのですが、内部で議論を重ねながら自分たちの国の提案をまとめ上げていくのです。ところが、日本の場合は、政府は政府だけで提案を出し、NGOはNGOで出します。政府とNGOの連携がまったくできないのです。まして地方自治体は三割自治ですから、意見など出てこないのです。政府のなかでも環境庁（現在、環境省）と通産省（現在、経済産業省）では意見が違い、その間の調整ができていません。そんな状態のなかで世界から顰蹙《ひんしゅく》を買ってしまいました。

一昨年（一九九六年）に開催されたイスタンブールでのハビタット（国連の人間居住会議）の国際会議のときも、あのときは国土庁（現在、国土交通省）の所管で日本から政府の代表団が出ましたが、NGOの代表として私どもSVAの事務局長の秦辰也君、神戸のNGOの草地賢一さんというような人が参加しました。この会議は人間の居住する権利、人間の尊厳を保障する居住権をどう確保していくかということを中心に議論が行なわれました。

経済の肥大化とともに、都市と農村との経済格差が大きくなり、農村から都市へ流入する人口が激増し、世界中に人口が一〇〇万人を超える大都市が増え続けています。やがて近い将来には地球の人口の四分の一が都市に住むようになるだろうと予想されています。とくに、第三世界でこの傾向は顕著になると言われています。そうなったら大変です。それだけの人口流入を支える力のない国では、町全体がスラム化していきます。住民の健康を約束する保健施設や安全な水道施設は整備されていません。学校などの教育施設は不完全です。それにガスや石油などによる家庭燃料は供給不能ですから、薪や木炭などに一〇〇パーセント依存するとなったら、その国の森林資源は完全に枯渇してしまうのは目に見えています。

農村の伝統的な相互扶助の社会システム、仕組みに守られた人たちが、経済的な理由から都市に出て来ます。都市で有機的な温かい人間同士の相互扶助のコミュニティ、共同体を成立させていくのは容易なことではありません。

SVAはタイではバンコク市のクロントイ・スラムのど真ん中に事務所を置き、数カ所のスラムでコミュニティづくりと地域開発の仕事を行なっていますが、気の遠くなるような仕事です。数年前に二、〇四〇カ所と言われたスラムは、現在ではさらに一、〇〇〇カ所は増えているのではないかと言われています。一九八五年に初めてスラムでの活動を開始した人口四、〇〇〇人、世帯数七〇〇のスアンプルー・スラムは、今では三倍近くの規模に膨れ上がっています。将来、都市問題が世界の深刻な問題になるのは必至だと私は予想しています。

阪神淡路大震災は都市問題が日本でも深刻だということを如実に教えてくれました。震災は大勢の人を一挙に奈落《ならく》の底に落とすような被害をもたらしました。市民の懸命な自己努力によって復興自立への歩みが続けられるなかで、震災弱者という言葉が生まれました。自立復興に立ち上がれない老人、障害者、在日の外国籍の人たちの存在でした。私たちＳＶＡは、震災の翌々日から神戸の兵庫区や長田区を中心に支援活動を開始し、今も関わり続けているのですが、おしゃれでハイカラな街、神戸にこれだけ大勢の孤独な老人たちがいるとは信じられませんでした。そして、これらの方々と関わりを深くすればするほど、「震災弱者」という言葉に腹が立ってきました。震災によって弱者になったのではなく、震災前から社会的弱者だったのです。それをあたかも震災によって弱者になったかのように言うのは、平常時に何もしてこなかったことの責任を震災に転嫁しているに過ぎないと思うようになったからです。事実、被害の大きかった場所のほとんどが都市計画や道路行政からも抜け落ち、行政が手を付けないで放置していた地域でした。

また、近代都市というのは、それが機能的で、合理的であればあるほど、無機化した社会になっていきます。それを補うために行政は効率的で完璧で巨大なシステムを作ろうとしますが、そのシステムが完璧であればあるほど震災のような大規模な自然災害には被害も大きくなるのです。事実、被災者の一人一人が共通して訴えていたのは、個として虚空に投げ出されたような孤独感と無力感でした。これは震災の問題であると同時に、現代文明の問題でもあるのですが、阪神大震災地元ＮＧＯ救援連絡会議の代表として参加した草地賢一さんは、イスタンブールの国際会議でこういうことを世界に訴えてきました。もし地方自治体の代表として神戸市とか兵庫県が一緒に参加し、ＮＧＯとともに問題提起をしていたら、さらに意義深いものになったろうと思います。

ボランティアは、人間疎外克服への道

現代文明の人間疎外は、人間存在の座標軸を見失わせてしまいました。人生の目標が見えなくなり、自らの存在理由が分からなくなってしまいました。見えているのは、欲望の実現ということだけです。欲望は次の欲望を生み、けっしてこれで満足という終わりをもたらさないのです。人は欲望の追求に疲れ果て、限りない欲求不満に陥ります。昔の人はこれを餓鬼《がき》と言いました。同時に、無機的な社会のなかで人との温かい関わりを拒絶するようになりました。孤独に喘《あえ》ぎながら人と関わりを持つことが苦痛だという人が増えてきました。自分の価値観以外は認めようとしないのです。

今ほど愛という言葉が多くつかわれる時代は過去にはありませんでした。そして、今ほど語られる愛が安っぽい時代もなかったでしょう。そんななかで人との関わりのなかに愛を発見し、自己実現を図ろうとしている人たちがいます。それは、ボランティア活動に従事している人たちです。その人たちはそんな大仰なことはこれっぽちも考えていませんが、その人たちの周辺からは自己実現の喜びと感動が漂ってきます。

私たちの神戸の宿舎には震災後、毎日百数十人の若者が雑魚寝《ざこね》で宿泊していました。北海道大学の水産学部で魚の養殖の研究をしていた大学院生で、独居老人の在宅ケア、介護の活動を担当しているうちに、人生観がひっくり返ってしまった青年がいます。その学生は、おそらく今まで水槽の魚の顔を見ていても、人間の顔を正面から見たことはなかったのでしょう。青年は老人との出会いに多くのことを学

び、被災地、神戸に住み続けることを決心しました。今、その青年は神戸の長田区で識字教室を開き、日本で一番活気のある識字活動を行なっています。差別によって学校に行けなくて字の読めなかった老人たちや在日のオモニ（母、おふくろ）たちとともに識字によって人間の尊厳を取り戻す運動に取り組んでいます。この間、識字生のおばあちゃんの作文が送られてきました。大変感動しました。それにはこう書いてありました。

「文字が読めるようになり、空がこんなに青く、どこまでも青く広がっていることを知るようになりました。それまで胸を張って空を仰ぐようなことはなかったからです。」

毎週土曜日の識字教室には五〇人の識字生が集まって来ます。希望者はもっといるのですが、教室が狭いため五〇人の定員が限度なのです。そして、それを教える先生役のボランティアがやはり五〇人やって来ます。遠く和歌山からやって来る姉妹、京都から駆け付けて来る大学生、会社勤務の管理職の男性など、全員がキラキラと輝いています。また、神戸を引き揚げた後、東京の山谷での活動に参加し、ここで寝泊まりをしながら大学生活をしている青年もいます。

バンコクのスラムに居を構え、生涯をスラム問題に捧げようとしている青年、北部タイの山岳民族に今後も永く関わり続けるだろうと思われる人、カンボジアの子どもたちのためなら自分は何もいらないと言う女性、いろいろな人の顔が浮かんできますが、なんて素敵な人生を生きようとしているのだろうといささか嫉妬めいた感じすら持ってしまうくらい、見事な人生を生きている人が大勢います。

まさに、ボランティア活動とは、社会参加による自己実現であり、自己発見であり、自己確認なのです。現在の人間疎外から自己を取り戻す社会活動なのです。

ボランティアの落とし穴

でも、それがボランティアのすべてではありません。ボランティア活動が求められる現場は、多くの場合、非日常的な性格を持っています。神戸もそうでしたが、とくに、自然災害や難民救援の場合、非常に緊迫した異常事態であることが多く、活動も緊急援助が中心になります。援助の現場も非日常的であり、援助を受ける人たちも非日常的な状態にあります。ボランティアを行なう人の活動も日常ではあり得ないことが求められます。当然、心理状態も非日常的になってきます。一種の興奮状態になっていきます。ここにボランティアの落とし穴があります。震災の直後、被災者とボランティアは篤い友情に結ばれ、善意と善意への感謝が交流し、瓦礫《がれき》の廃墟に美しい人間愛の花が開いたのです。ボランティアたちは感動に包まれていました。

けれども、時間の経過とともに、少しずつ変化してきました。「頑張ってくださいね」という声に、「これ以上にまだ頑張れというのか」「お前ら、帰る家があってええなあ」「えらそうに、善人ぶるな」という声が返ってくるようになりました。ボランティアたちは衝撃を受け、言葉を失いました。私は、毎夜、宿舎でミーティングの時間を長く持つようにしていましたが、その時間のほとんどを、このことをどう受け止めたらよいのかというボランティアの悩みを聴くことに費やしました。

被災者の方々は、罹災後の茫然自失の状態から、復興と自立へと歩みを始めなければなりませんでした。そうなると、非日常的な状態にいつまでもいるわけにはいきません。罹災《りさい》という非日常的な現実を、日常として受け止めていく以外に立ち直ることはできないのです。辛いけれど、これが現実なのだ、ここから逃げ出すわけにはいかないのだと受け止めるとき、自立の歩みは可能になってくるのです。それでも、ボランティアたちは、非日常的な心理状態のままで活動していました。このギャップに気付いていませんでした。そして、ある人は落胆し、ある人はもう援助はいらないといって活動から手を引いていきました。

でも、大勢の人は踏み留まり、活動の内容を少しずつ変化させながら、精力的に活動を続けていきました。その人たちは、被災者の抱えている問題点を探り、問題解決のために行動しようとしました。仮設住宅に住むようになった老人が生活しやすいように、手摺《てす》りを作ったり、玄関口に傾斜を付けたり、孤独死が発生しないよう安否確認の巡回訪問を始めたりしました。街の再建のために、市が定めた都市計画に対する住民の意見をアンケートで調査したり、学者や専門家を招いて勉強会の企画をしたり、「街づくり協議会」の事務局を手伝ったりする人もいました。

被災者の要求や関心は時間とともに変化します。心理状態も変化し、非日常の興奮状態から、冷静さを取り戻し日常を回復していきます。ボランティアも、同様に非日常から日常へと変化させていかなければならないのです。

それに対して、海外での開発協力の分野でのボランティア活動、たとえば農村開発とか都市のスラムでの地域開発とか、国内での障害者や老人介護のボランティア活動などでは、支援を受ける人たちは最初から日常のなかにいます。車椅子の方にとっては、それは日常ですし、スラムに暮らす人にとっては、そこ以外に生活する場所はないし、それが日常なのです。そこにボランティアが気負い込んだ気分や悲《ひ》愴《そう》感を漂わせてやって来るのです。つまり、非日常的な気持ちを持ち込んで来るのです。それでは、活動は成立しません。「同じ目線に立っての活動」ということがよく言われますが、これも同じような意味です。

ボランティア活動は、自分以外の人たちが自分の力だけでは解決できないでいるとき、その解決のために行動する無償の行為だと、私は考えています。その問題が一人だけでは解決できないとき、同じ問題意識を持つ人たちが集まり、協働して解決に当たろうとします。そのとき、NGOが誕生します。また、NGOだけで解決できないときは、国や自治体の行政に繋《つな》いだり、社会に問題提起をしたりします。個別の問題を一般化し、解決のための運動を開始したりする場合もあります。

市民社会は、可能か

従来の日本社会は、これらの問題解決は行政が行なうものだと考えてきました。社会や社会の仕組みは行政が造っていくものだと考えがちでした。でも、それは違います。市民社会は市民が主人公になって、市民が主体者になって造らなければならないのです。行政は、よりよき市民社会を造るためのサービス機関であり、市民の委託を受けたエージェント、機関であるのです。

産業界も、市民社会の一員です。企業市民として、受益する市民の幸せとよりよき市民社会を造り上げていくことを目的として存在すると考えていかなければならないのです。「護送船団方式」という言葉があります。政府の指導と保護のもとで、会社は企業利益を守るため、政府は省益を守ることを最優先にしてきたやり方が批判されていますが、これはもはや通用しません。明治維新当時は、藩が林立していた日本社会から中央集権化を図り、国民国家を築いていくためには、明治政府は強権を発動し、かなり強引な施策を行なう必要がありました。また、世界の列強に伍《ご》していくためには、富国強兵、殖産興業を政府主導で行なわなければなりませんでした。これは成功しました。そして、一〇〇年以上経た今日でも、その体制は続いています。

先ほど、日本のＮＧＯの活動を支え、成長を促すための社会環境が育っていないということを言いましたが、日本のＮＧＯのほとんどが任意団体として活動してきました。任意団体ですから法的な人格は認められていません。一例を挙げますと、ＮＧＯが事務所を借りようとする場合、団体の名義で賃貸契約を結ぶことができません。ＮＧＯの会長なり、代表者の個人の名前でないと契約ができないのです。法的な行為の主体者にはなれないのです。

公益のための活動をする団体ですから、社団なり、財団なり法人格を持って当たり前なのですが、現在の民法の規定では、認可のためのハードル、基準はきわめて高く、簡単には認可されません。ＳＶＡは、三年前から社団法人として認可するよう申請していますが、いつ認可されるか見当が付きません。主務官庁が絶対的な権限を持ち、役所にとって都合のよい団体以外は認可しないような仕組みになっているのです。ＮＧＯの扱う寄付金についても、税制優遇制度はまったく適用されません。ＮＧＯの活動を期待すると言いながら、ＮＧＯを育てる仕組みにはなっていないのです。最近、少しずつ変わりつつあるとはいっても、明治時代以来、制度はまったく変わっていないのが現状です。「特定非営利活動促進法」（通称、ＮＰＯ法）が成立し、これからは変わらないといけないと思いますが、市民が生き生きと活動できる社会の到来はいつのことでしょうか。

〈語る〉忘れ得ぬ人

――人生は人との出会いの旅

不思議なことですが、人生の岐路に立ったときとか、重大な決断を迫られて迷っているときとか、そんなときには必ずと言ってよいほど、善き「人」との「出会い」に私は恵まれるのです。高等学校時代、大学時代と自らの進路に迷い、信仰の帰趨《きすう》が見えなくなっていたとき、生涯の師に出会ったのです。

また、折りに触れ善き友と出会い、良き仲間にも出会いました。むしろ、これらの出会いがなかったならば、おそらく別の人生を歩いていたでしょうし、今のような生き方もしていなかったに違いないのです。

最近では、二者択一の選択をしなければならなくなったり、迷いが生じたり、仕事の節目がやって来たようなときには、決断の促しや導きをしてくれる誰かが現われてくるに違いないという予感のような気がして、今度はどんな人が現われてくれるかと楽しみなのです。

生来の楽天家だからなのかも知れないのですが、人生の解決は必ず向こうからやって来ると考えているのです。解決に向かって真剣に考え続け、念じ続けていればよいのです。余計な邪念や、下らない邪心や思惑を持ち込むことさえしなければよいのです。

大抵のことは三年間、考え続けていれば解決するのです。不動明王を「如来使」とも呼びますが、仏様の使者であるお不動様は、邪心には手厳しい刃を振るわれるのです。刃と炎と慈悲です。

編集者は「忘れ得ぬ人」という題で書いてくれというのです。懐かしい人との数々の出会いを思い出しているのですが、考えてみると、みんな「忘れ得ぬ人」ではなく、「忘れてはならない人」なのです。華厳経の入法界品に登場する善財童子は、道を求めて五三人の人に教えを請うたといいます。その一人一人は船頭であったり、市井《しせい》の巷《ちまた》を生きる人たちであったといいます。この故事にならって東海道の宿場の五十三という数が決められたと聞きますが、人生の旅はまさに善き人との出会いの旅でありたいものです。

II

アジアの民として、地球市民として、
〈共に生き、共に学ぶ〉

ボランティアは触媒——ＳＶＡと難民と私と

私の難民原体験

私の難民との出会いは、昭和五四年（一九七九年）一二月に始まります。同年の一月、ベトナム軍のカンボジア侵攻によって、飢餓と強制労働と虐殺で悪名高いクメール・ルージュ（ポル・ポト派）の桎《しっ》梏《こく》を解かれたカンボジアの人々は、一斉に国境を越えてタイに難民として流出しました。

その数の夥《おびただ》しさ、目も覆うばかりの難民の惨状は、全世界の人々に衝撃を与えたのです。日本も例外ではありませんでした。けれども、ほとんどの日本人が、それがなぜ起こったのか、それが何を意味するのか分からないまま、報道写真から受ける衝撃に呆然《ぼうぜん》としていました。国の歴史において難民体験を持ったことのない不思議の国、ニッポンでは、無理もないことであったかも知れません。私も、実はそういった平均的な日本人の一人でした。

ようやく事態の深刻さが見えてきたころ、国際世論は、金を出して人を送らない日本に対して痛烈な批判を浴びせ掛けてきました。昭和五四年一二月とはそんな時期であったのです。私が初めて訪れたのが、サケオ難民キャンプです。そこには欧米のボランティアが懸命の活動を続けていました。イスラエルの医師が私たちに言いました。

「日本人がやっと来ましたね。でも、タケダさんとトヨタさんはとっくに来ていますよ」と。見れば、医師団の使っている医薬品は、武田薬品工業など日本の製薬会社のものがほとんどでした。キャンプの中を走る車もトヨタ、ニッサン、そしていすゞ。この痛烈な皮肉は芯まで堪《こた》えました。

そして、そこで見た光景は、生涯忘れることはできません。まさに地獄絵でした。

力なく大地に横たわり、いつやって来るか分からない援助をひたすら待つことしかできない人たちの群れ。この人たちのどこに国境を越えるだけの力が潜んでいたのでしょうか。そして、この人たちの目はなんという目であろうか。人の心まで凍らせてしまうような目です。悲しみといった感情すらも失った、虚《うつろ》な目。そうです、地獄を見てしまったら、人はこんなになるに違いありません。目の前で肉親が虫けらのように虐殺され、飢えで次々と死んでいく、それでも強制労働に駆り立てられ、あるときは牛や馬の代わりに水田で犂《すき》を曳《ひ》かされるのです。人間として見てはならないものを見、体験してはならない体験をしてしまった人たち。心は冷たく、氷のように凍結してしまうようになったに違いありません。

この人たちに私たちは何ができるというのだろうか。自分の能力を思うとき、その場にいたたまれなくて逃げ出したい気持ちすら持ったのです。

同じ日、ある一人の少年に出会いました。名前はランソンと言います。一〇歳です。父親は撲殺され、母親とは国境を逃げる途中ではぐれましたが、銃弾に当たって死んだのを目撃した人がいると言います。

早い時期に保護され収容されたため、健康の回復も早かったようですが、どういうわけか、私の後を付いて歩くのです。聞けば、殺された父親に私がよく似ていると言うのです。一緒に歩いていると、ランソンは遠慮がちにそっと私の手に触れてくるのです。その顔を見ると、下から見上げながらにこっと笑いかけてくるではないですか。その笑顔の美しかったことといったらありません。そして、その笑顔で私の心は救われました。難民の目に、その表情に、二度と微笑みは戻って来ないのではないかと思っていたのです。嬉《うれ》しくなってその手をぎゅっと握ると、ランソンも力一杯握り返してきます。思わずその肩を強く抱き寄せたのですが、そのとき、私は思ったのです。

カンボジアの国で生きていくことに絶望し、国を捨ててタイに逃げ出ることを余儀なくされた人たち。けれども、タイ政府は不法入国者としてしか認めませんし、難民をタイに定住させる意志は持っていません。アメリカ、カナダ、オーストラリアなどの第三国へ定住するにしても、よほど恵まれた人以外は、その可能性は少ないのです。難民はまさに出口のないトンネルの中を歩くほかないのです。そんな人たちは何に希望を持って生きていけばよいのでしょうか。絶望のどん底に喘《あえ》ぐ人たちに、今のランソン少年の見せてくれたような笑顔を取り戻してやることはできないものでしょうか。子どもは、未来への希望の象徴なのです。もし子どもたちが、この難民キャンプで元気に遊び、元気な歌声を響かせるようになれば、大人たちも明るい表情を回復するに違いありません。今、ここで必要な援助は、食糧と医薬品なのです。けれども、それを調達する能力は私たちにありません。人々が少しずつ健康を回復したときに必ず必要となってくる精神的な援助を行なえるように、私たちは今からそれに取りかかろうと、そう思ったのです。

民族のアイデンティティ、帰属意識

やがて私たちは、軽印刷機器を据え付け、カンボジア語の図書の印刷を開始します。巡回による図書館活動の開始できる日に備えて、ひたすら印刷機を回しました。カンボジア系タイ人の住む東北タイの農村を歩いてカンボジア語の本を探し出してきては、それを復刻し、また、タイ語や日本語の絵本をカンボジア語に翻訳し、その訳文を絵本の一ページ一ページに貼り付けて、カンボジア語の絵本に改造するのです。

昭和五五年（一九八〇年）七月、マイクロバスに本を積み、巡回による図書館活動を開始します。ここで新しく困難に直面しました。せっかく作った貴重な本が次々に紛失するのです。図書館を利用したことはもちろん、美しい絵本に触れたこともない子どもたちに、絵本を自分だけのものにしたいという欲望を抑えなさいというのは無理というものです。自衛の手段としては、監視を厳重にするしかありません。

ある日、絵本を盗んだ女性を見つけ、図書館というものの役割を説明し、返却してもらったのですが、その女性の話には泣かされました。――私はまもなくオーストラリアへ行き定住するのですが、オーストラリアではカンボジア語の本など手に入らないに違いありません。自分には子どもがいますが、その子どもたちは、まもなくカンボジア語を忘れてしまうでしょう。でも、この子どもは間違いなくカンボジア人なのです。カンボジア語を忘れたカンボジア人っているのでしょうか。絵本を見ているうちに、どうしてもこの一冊だけでもオーストラリアへ持って行きたくなったのです。そして、子どもたちに、これがカンボジアの言葉だと教えてやりたかったのです。カンボジア人であることの証《あかし》、アイデンティティとしてこの絵本が欲しかったのです、と。

現場のボランティアから、この逸話の報告を受けたとき、このプロジェクト、図書館活動の選択が間違っていなかったことを確信しました。

難民問題の本質は、人間の尊厳と民族のアイデンティティをどのようにして守るかという点にあると私は考えていますが、近代国家においては、人間の基本的な人権は国家によって保障される仕組みになっており、国家の体制の枠組みの外にある人は、人権と人間の尊厳はどこからも保障されないのです。難民問題はとかく飢餓やその悲惨さで認識されがちですが、難民問題は人権に関することですから、仮に飢えが解消したとしても、問題が解決したことにはならないのです。そして、本来、何ものにも優先しているはずの人間の尊厳が、国家に保障される限りにおいてという前提を持つ以上、それはしばしば国家に隷属させられたり、抑圧されたりするのです。

また、人間は個人として孤立して生きることはできませんし、社会的な動物として、どこかに何かに帰属しないと生きていけません。国家は、その人間のアイデンティティを求めるなかで造られたものなのですが、国家と個としての人間の間に生じる緊張が破局に達したとき、難民が生じると考えられるのです。

ところで、その女性の告白ですが、これをたんに失われた祖国への郷愁と受け取ってはなりません。

祖国を失った人たちが、自分のアイデンティティ、自己認識を文化や言語に求めようとする痛切な訴えであると受け止めなければなりません。

自分は何者であるのかと苦闘しながら問い続けている在日韓国人や在日朝鮮人の問題、帰還した中国残留孤児の問題とも交錯してきます。

私たちのプロジェクト、事業は、図書の復刻と図書館の活動に始まり、まもなくカンボジアの民族音楽や民族舞踊を継承し保持するための活動を並行していくように展開するのですが、これもこういった問題意識から生まれたことです。

とくに海外へ定住してしまった難民には、このアイデンティティに関しては、ますます深刻になりつつありますし、東京に開設した「カンボジア語図書館」の活動が、在日カンボジア人自身による「カンボジア・カルチャークラブ」の創設の動きに結び付いたことは、それを物語っています。

緊急のための援助と自立への援助

次に、難民の救援活動には、「緊急のための援助」と「自立への援助」の二つがあるのです。今、アフリカの飢餓が世界の耳目を集めていますが、ここでは何よりも緊急のための援助が要求されています。食糧、医療など、生命を維持し、健康を回復するための援助が最優先するのです。でも、難民の援助は、緊急のための援助がすべてではないのです。緊急のための援助は、あくまでも緊急のためのものであり、いわば、緊急の援助をしなくても済むようになることを目的に緊急の援助は行なわれなければなりません。換言すれば、自立させ、自助能力を付けるための「自立への援助」に切り換えることができるようにするための援助なのです。もちろん、難民が難民である限り、完全な自立は不可能なのですが、緊急のときの援助はあくまでも必要最小限に留め、自立を図る援助を志向しなければなりません。

日本の難民救援のあり方で、この点がどの程度認識されているのか、とても不安を覚えます。大変失礼な言い方を許していただけるならば、人間の難民救援は、難民の悲惨さが日本人の涙腺を痛く刺激したことに始まり、そしてそれに終始しているのではないかと思えてならないのです。ですから、難民が飢えて死ななくなると、たちまち関心を失ってしまいます。難民キャンプで、舞踊教室や空手教室をやっているなどと言うと、目を剝《む》いて怒る人が出てくることになるのです。

自立の援助とは、何でしょう。それは、さらに二つに分けて考えられます。一つは、難民キャンプを出て行くこと、自分の足で大地を踏みしめて歩いていけるようにすること。そして、そのときが一刻も早く来るように支援すること。そのためには、教育や職業訓練が必要になります。

もう一つには、難民キャンプを出て行った人が、そこで生活できるよう支援し、見守っていくことです。それは、故国カンボジアに帰って行く道か、アメリカ、カナダ、日本など第三国への定住の道かのどれかでしょうが、難民キャンプの難民に深い関心を持っている人たちが、足元の日本に来て定住した難民にはまるで関心を示さないのはなぜなのでしょうか、このへんも気になることです。

ボランティア触媒論

「自立への援助」ということを言いましたが、自立のための援助も実は大変むずかしいのです。安全地帯にいる人たちに、難民の痛みが本当に分かるのでしょうか。痛みの分からない人間に、自立への援助など本当に可能なのでしょうか。言葉と論理をもて遊んでいるだけではないのでしょうか。不遜と奢《おご》りとの隣り合わせにいるかも知れません。私たちは、自助能力を付けさせるなどということは言わないほうがよいのです。難民を救うことができるのは難民自身なのです。難民が自立できるのは、難民自身が本来持っている能力によってなのです。本来その能力を持っている難民が、たまたま難民キャンプという状況のなかで、その可能性を閉ざされているだけなのです。

ボランティアは、ここを勘違いしてはなりません。ボランティアは「触媒」なのです。触媒は、化学反応においてそれ自体に変化を生じることがないのです。けれども、物質を活性化させ、化学反応の速度を速めます。化学方程式のなかには触媒は入り込む余地すらありません。でも、触媒が存在しない限り、化学反応はほとんど生じないのです。

ボランティア活動において、自分が主人公になることは慎みましょう。難民こそが主人公なのです。このことをもってボランティアの心得としたいですね。

ですから、私どもの会（SVA）には、特別な技術を持ったボランティアは一人もいませんし、また必要としません。手間はかかっても、難民の人たちと一緒に、必要とするプロジェクトを作り出せばよいのです。もし、技術を持ったボランティアが、自分が主人公となって作られたプロジェクトなら、そのボランティアがいなくなると、たちまちそのプロジェクトは沈滞化してしまうのです。

ど素人万歳、です。ど素人ゆえの失敗もありますが、ど素人ゆえの大胆な冒険も可能なのです。試行錯誤を恐れないで、試行錯誤を楽しむことです。でも、援助する側の奢《おご》りが入り込むことを恐れることです。

生きることの真剣さと技術においては、難民のほうが数段も上手なのです。青臭い、悲愴《ひそう》感を漂わせたボランティア精神論など、最初から立ち打ちができないと、心得ることです。

難民は心の鏡

滋賀県神崎郡能登川町に、「止揚学園」という重い知的障害の子どもたちの施設があります。その園長は、福井達雨先生です。知的障害の子どもたちの命を担いで、ひたすら歩き続けておられる全身が情熱の塊《かたまり》のようなお方です。

この止揚学園からパンフレットが送られてきました。小さな小さなパンフですが、重い言葉が一杯詰まっていました。そのパンフにこう書いてありました。

「学園でにわとりを飼うとき、人間が楽をし、少数の人間で多数のにわとりを飼えたらと、『ケージ飼い』という合理的な飼育方法をとることにした。

ある日、一人の女の子がこのにわとりを見て、目から涙をあふれさせながら『カワイソウヤ　トモダチ　ヒトリモイナイモン』と大声で叫んだ。多数のにわとりがいるのに、ケージという囲いの中に一羽ずつが隔離され、人間が楽をする方法で卵を産まされ、友だちが一人もいないその姿に、この女の子は、社会の中に人間は沢山いるのに、施設というケージに入れられ、私達の都合の良いように合理的に社会から離され、管理され、生活させられ、友だちが一人もいない悲しみや怒りを『カワイソウヤ』と叫んだのであろう。

私達は、あわててにわとりが一緒に生活できるような小屋に変えた。確かに私達は飼うのがシンドクなった。しかし、にわとりの毛は、つやつやとして元気になった。

合理的ということは、気をつけないと、多数の強い者の側が得をし、少数の弱い者の側が苦しんだり、悲しんだりすることが起こるのだと教えられた。」


現代という時代は、世を挙げて「合理化」を追求しながら動いているかのようです。けれども、不合理を否定し合理性を求めるあまり、もう一つ大切な世界も一緒に捨ててしまったのではないでしょうか。福井先生は、その大切なものを「非合理」なものと呼び、目に見えない「非合理」の大切さを見ようとするところに、福祉の原点を求めようとされているのです。でも、非合理の大切さを叫ぶことは、「しんどい」のです。でも、「しんどさ」を避けたら真実は見えないのです、と言われます。

現代という時代が追求してやまない「合理性」は、にわとりをケージ、籠《かご》で管理することを考え出したのですが、さて、ケージの中にいるのは誰でしょうか。孤独で渇いた、そのにわとりの姿や顔の表情は驚くほど人間自身に似ているのです。

一九八六年一二月一六日、ボランティア団体など、難民救援に関わる団体の会議の席で、タイ政府は、一二月三一日でカオイダン難民キャンプを閉鎖し、第三国への定住が不可能なカンボジア難民は、六月までに段階的に逐次、国境の難民村に送還すると発表しました。ついに来るときが来たという感じですが、カオイダンの人たちがこのニュースをどう受け止めているかを想うと心が痛みます。

祖国を喪失した難民の人たちにとって、国際政治の荒波は残酷なまでに厳しいのです。

昨秋（一九八六年）、東京で行なわれた国際社会福祉会議において、ジンバブエのジッワ氏が言った言葉を思い出します。

「私たちは、難民の人たちを可哀相な人としてではなく、私たちの心を映し出してくれる鏡として考えたい。私たちが難民の人たちを迎える心が貧しければ、難民の人たちも貧しく、私たちの心が美しければ、難民の人たちは美しく生きて行けるのです。難民の人たちが不幸であるとすれば、実は私たちが不幸な生き方をしているからなのです。」

まさに、難民は、現代の不幸を凝縮し、映し出しているのです。

カオイダンの〈はんねら〉

一九八九年五月二一日、山口県徳山市（現在、周南市）にあるお寺、曹洞宗原江寺でささやかなお茶会が催されました。徳山在住のSVAの会員で、茶道にいそしんでいる三人の女性が中心になっての発意でした。宣伝もしませんし、茶券の前売りもしません、口伝えだけでしたが、一〇〇人ほどの人たちが参加し、咲き乱れたツツジの下で楽しい一味和合のひとときを持つことができました。「ボランティア茶会」と銘打ち、今後毎年の行事にしていくと言っています。

募金で走り回っている私を見ていて、憐れを催してきたのかどうかは定かではないのですが、昨年（一九八八年）の秋、カオイダン難民キャンプを訪れたとき、私が持って帰った〈はんねら〉の陶器を見て、これを茶陶として使いこなしてみたいと思ったのが、動機だったらしいのです。

〈はんねら〉というのは、タイやカンボジアで今も盛んに作られ、鍋や水甕《みずがめ》として使われている素焼きの家庭用の雑器です。直径が二五センチから三〇センチの素焼きの土鍋みたいなものと思えば間違いないでしょう。でも、轆轤《ろくろ》にかけないで、〈叩《たた》き〉の技法で作られるのが特徴です。ルソン壺や宋胡録《スンコロク》などが南蛮からの舶載品として珍重され、茶陶器としてもてはやされた安土桃山時代のころ、この手の陶器がタイ方面から盛んに輸入され〈はんねら〉と呼ばれていたのです。

〈はんねら〉の語源はよく分かっていないのですが、唐津の御茶碗窯の中里太郎右衛門先生によれば、当時日本に招来された〈はんねら〉の土は間違いなく、チェンマイ周辺の土であるといいます。そして、今も、チェンマイ周辺には昔ながらの技法で作陶している村があり、中里先生自身、村に住み込んで〈はんねら〉を作った経験をお持ちです。唐津には〈叩き手〉の技法が伝わっており、中里先生は〈叩き手〉の技法の継承者として知られていますが、チェンマイの体験と研究から唐津の〈叩き〉のルーツ、起源がチェンマイ地方であるのは間違いないということです。

さて、カオイダンの〈はんねら〉ですが、これには忘れられない想い出があります。

一九八一年のことです。当時、SVAのカンボジア難民を対象にする活動の中心は、サケオ難民キャンプにありましたが、そこにKさんという若いボランティアがいました。そのKさんはキャンプを覆う赤土を見て、この土で焼き物は作れないだろうかと考えました。もし、それが可能ならば何万人もいる難民の食器の自給が可能になるばかりか、職業訓練になり、自助努力の営みとして画期的なプロジェクト、事業になると考えたのです。

土も燃料もあります。けれども、焼き物の技術を持つ人たちが一人もいないのです。

Kさんは木で手製の轆轤を作り、粘土をこねて、轆轤を回しながら自分で焼き物作りに挑戦をしたのです。まったくの素人ですから、その出来ばえたるやなんとも醜《ひど》いものです。日本人が変なことを始めたというので、物見高い難民たちが十重《とえ》二十重《はたえ》に取り囲んで、Kさんの粘土との格闘を見物しながら、失敗するごとにヤンヤの喝采で、爆笑の渦です。Kさんはそれに耐えて挑戦を続けていましたが、何日目でしたでしょうか、ある人が二人の中年のカンボジア女性を連れてやって来ました。

二人の女性は、手で粘土の板を作り、それを円筒形に丸めて、台の上に乗せるのです。円筒の内部を丸い木で押さえておいて、外から板状の木で叩きながら壺を作り始めたのです。轆轤を使わないで、トントンと叩いて成型していくのです。

あれよあれよという間に見事な壺を作り上げ、Kさんの肩を叩いてこう言ったのです。「こんなにして作るのよ。練習すればできるようになるからね……」と。

Kさんが、立ち去ろうとする二人の女性を摑《つかま》え、口説き落として、焼き物の教師になってくれませんかと頼み込んだのは言うまでもありません。Kさんがみんなの曝《さら》し者になって下手な焼き物に挑戦をしたのは、実は三万人以上もいる難民のなかには一人か二人は焼き物の経験者がいるに違いないと考え、名乗りを上げてくるのを待っていたからなのです。

こうして、「陶芸プロジェクト」は誕生し、いつも三〇〇人ぐらいの生徒の集まる難民キャンプで最も活気のある活動になっていったのです。

海外の国の団体が活動を行なおうとするとき、最も障害になるのは言語の壁なのです。成り行きで、英語の話せる現地の人を採用し、その人を調整役にして活動を開始します。英語はもちろん、自国語の読み書きもできない民衆は、素晴らしい能力を持っていても、ひっそりと沈黙を守っているのです。Kさんは、カレイやヒラメのように海底に貼り付いてひっそりしている人たちを活性化し、主役にすることを考えたのです。

うっかりすると、ボランティアが主人公になりたがり、恰格《かっこう》よく振る舞いたがることがあります。これは慎まないといけません。

千利休は、茶の心得を、「かならはよし、かないたがるはあしし」(『南方録』)と示しました。海外協力の現場で、する側とされる側とが、仕事のうえでも気持ちのうえでも、ぴったりと一つになるのが理想なのです。する側の論理だけが先行するのは、ボランティアのエゴ、自分勝手なことと知ることです。

ところで、徳山での茶会のことです。

カオイダンの〈はんねら〉は、水差しとして使われ、見事にその大任を果たしました。水が染み出た素焼きの肌が、初夏の茶席を涼やかにし、それでいて控え目なのが何よりもよかったのです。

民族の心を伝える「識字教育」を

「おーい、キヨコがきたぞーっ」

走りながら怒鳴って回っているのは、今年(一九八九年)一二歳のバンビナイキャンプでも屈指の悪《わる》餓鬼《がき》のジェイローです。ところが、この悪餓鬼君、どういうわけか安井清子さんの大ファン、そして、一番弟子を自認しているらしいのです。今日も、マイクロバスでバンビナイキャンプの巡回図書館活動に出掛けようとする親分の、前触れを務めているのです。

「さぁー、集まって。これから始まるよ。」

アコーディオンの伴奏で歌を歌って、紙芝居が始まるころには、マイクロバスの周囲には人垣ができています。続いてお待ちかねの指人形劇です。バスの窓を一杯に開けて、その窓枠がステージ、舞台なのです。演じるのはジェイロー君を中心にする悪餓鬼の仲間たちです。猛烈な暑さにもめげないで、バスの外の観客に向かっての大熱演でした。

演じ終わって、ジェイロー君、「キヨコ、今日の出来はよかっただろう。でも、台詞《せりふ》にもう一工夫必要だね」と。聞けば、台詞はほとんどアドリブ、即興でやっているといいます。いやいや、大変な弟子ができたものです。

明るいボランティア

安井清子さんが、SVAのバンビナイキャンプで図書館活動に参加したのは、四年前になります。図書館活動といっても、キャンプの人たちのほとんどを占めるモンの人たちは、文字を持っていなかったのです。もちろん、モン語の本など、過去においても出版された歴史はありません。本を読んだという体験もなければ、読書という言葉すらもないのです。仕方がないから、日本語やタイ語の絵本を書架に並べてはみたものの、利用者のいるはずがないのです。

そこで、子どもと一緒に遊びながら、子どもを教師にしてのモン語の勉強が始まったのです。そして、少しずつ覚えたモン語の単語を繋《つな》ぎながら、安井さんはモン語による「読み聞かせ」に挑戦していくのです。挑戦という言葉を用いましたが、安井さんは遊びのなかでやっているから悲壮感のかけらすらもありません。むしろ、底抜けに明るいのです。

海外の国におけるボランティア活動といえば、ボランティアが額に汗して、悲壮なまでの正義感と情熱を漂わせながら大活躍しているというイメージ、印象が一般的ですが、こんなボランティア像はどうにも我慢がなりません。主役を務めるのは、バンビナイで言えば、モンの人たちであると考えているのです。

難民救援（救援というのも気に入らない言葉ですが）の目的は、難民を自立させ、自立できる状態に近付けていくことにあります。難民をして永遠に被援助者の立場に置くことではないのです。そして、難民を自立させるのは難民自身の力であり、その力は誰もが本来持っているものなのです。たまたま不幸にして、難民という状態にあるため、その力が沈滞しているだけのことなのです。ボランティアというのは、その沈滞している力を活性化するための「触媒」に過ぎないのです。それなら、ボランティアは脇役が相応《ふさわ》しいのです。歌舞伎の黒衣《くろご》に徹することが、その使命なのです。

「識字教育」とは

そうはいいながらも、安井清子さんもこのことでは悩んだようです。思うに任せないモン語でのコミュニケーション、対話、唯一できることは子どもたちと遊ぶことだけなのです。でも、こんなことをしていて、よいのかしらね。けれども、一年を経たころには、こんな確信も生まれてきたのです。

「人工的に閉鎖された難民キャンプしか知らない子どもたち。囲われた世界しかないというのは異常な世界です。人間は自由であるべきです。とくに子どもたちは自由であって欲しい……。

でも、子どもたちが『おはなし』の世界で遊び、目を丸くして『おはなし』の世界に没頭し、自分の心の世界を無限に広げようとしている姿を見るとき、それは自由への羽ばたきであるように思えます……。

私は、子どもたちへの『おはなし』の活動を、いわゆる『識字教育』の手段とは考えません。『識字教育』の重要性を否定しようというのではありませんが、識字のための識字教育であってはならないと思います。字を読む頭と、お話を感じる心とは、まるっきり違うのですから。」

これは、とても重要な指摘です。文字を教えて、文字を覚えさせることに絶対的な意味がある、と勘違いしてはならないのです。文字は、心が知的な冒険の世界に羽ばたこうとするとき、手段として必然的に求められるものであり、その逆ではないのです。

一冊の本が伝える民族の誇り

二年目を迎えると、モン語の上達とともに、活動の幅が飛躍的に広がっていきました。それはやがて、今回展示された刺繍《ししゅう》絵本の製作にまで至るのです。SVAでは、次の展開として、この刺繍絵本を写真に撮り、カラーのオフセット印刷にしたいという夢を描いています。この絵本を、子どもたちに自分の本として持たせてやりたいのです。自分の宝物として一人一人がモン語の本を所有し、自分の好きなときに自由に読み、対話ができるようになったとき、子どもたちの心の世界はどんなに変わっていくでしょうか。

そして、アメリカなどの第三国へ行き定住した子どもたちにも送ってやりたいのです。自分が、誇り高いモンの一員だという民族のアイデンティティ、帰属意識の証《あかし》としてもらいたいからです。

今(一九八九年)から九年前、カンボジアのサケオ難民キャンプで、図書館の本を盗んだ難民の母親を発見し、咎《とが》めたとき、「私たちは間もなくオーストラリアに移住して行きます。私はともかくとして、この子はあと何年もしないうちに、自分がカンボジア人であることすら忘れてしまうに違いありません。この子に、お前はカンボジア人なんだよ、これがカンボジアの字なんだよ、と教えてやるために、このカンボジア語で書かれた本が、どうしても欲しかったのです」と言われて、思わず、貰い泣きをした思い出があるのです。

この活動は、けっして安井清子さんが一人で作り上げたものではない、ということなのです。バンビナイキャンプでは、他の日本人とタイ人のスタッフが、側でしっかりと支えてくれていて、そして、日本から多くの方々の温かいご支援をいただいてきたからなのです。

「地球市民社会」は、「意識改革を迫る」言葉

ある講演会の後で、SVAでは「地球市民社会」ということを提唱していますが、「地球市民社会」とは具体的にどういうことなのですか、と質問を受けました。「地球人社会」でも、「地球共同体」でもいいではないですか、なぜ、「地球市民」なのですか、という問いです。

SVAの月刊の機関誌を『シャンティ』と呼んでいるのですが、ついこの間までは『地球市民ジャーナル』の誌名で発行していました。この誌名には愛着があって、年二回発行の『増刊シャンティ』を「第三種郵便」で発送できるようにするため、月刊の誌名も『シャンティ』にすることで解決しました。SVAの顔である機関誌の誌名なのに主体性がないと笑われそうですし、郵政省（現在、郵政公社）が目を剝《む》きそうですが、経費の節約に知恵を巡らすNGOの裏話として白状しておきます。

ところで、「地球市民社会」という言葉ですが、この考え方の根底には、世界が狭くなり、政治的にも経済的にも、どんな国であっても独立的に、自立的に存続を図っていくことが不可能になってきたという認識があります。世界全体が相互依存性を強くし、世界を一つの「共同体」と考え、お互いの「共存」と「共生」を思考するしか仕方なくなったという世界認識なのです。

世界に忍び寄る人口の爆発と食糧の危機、環境の破壊に伴う地球環境の危機、続発する地域紛争、これらは人類の存亡に関わる深刻な事態であるにもかかわらず、人類は今でも問題の解決への方途を見出

していないのです。けれども、これらの問題が、一国家の努力で解決できるような事態でないことだけは確実ですし、国家の絆《きずな》を超え、世界を「地球共同体」であるという認識に立たない限り、問題は解決しないということだけは間違いありません。

さらに、「地球市民社会」という言葉ですが、「世界は一家、人類は兄弟」というどこかの巨大財団のコピー、宣伝文句とどこが違うのでしょうか。もっともこのコピーの元祖は、長野県在住のSVAの顧問、藤本幸邦氏で、氏は戦後間もなくこのことを標榜し活動されており、今では氏のほうがコピーの盗用ではないかと人に言われてしまうとか。「しまった、コピーを使わせてくれと言ってきたとき、使用料でも取っておけばよかった」とは氏の弁です。

それはさておき、この言葉は多くの真理を語り、二一世紀未来社会の目指していく方向を示唆していると思いながらも、同時に、安直に用いることには用心しなければいけないと思っているのです。

第二次世界大戦の前、日本は「大東亜共栄圏」の建設を唱え、満洲帝国に「五族協和」の楽土建設を訴えて、アジア進出の野望を正当化した「前科」があります。小学生のころ、山中峯太郎の『アジアにたつ曙』といった小説を血沸き肉踊る思いをして愛読し、「開拓団」に憧れた経験を持ちますが、実際に中国東北部（満洲）で、日、漢、満、蒙、韓の「五族協和」が行なわれたでしょうか。日本人による植民地侵略以外のなにものでもなかったですし、他のアジア地域も同様でした。

「地球市民社会」への安易な思考は、一つ間違うと、自らの価値観や世界観を他に強要する危険をもたらすのです。

「市民」とは、一人一人が「個」を確立し、しかも他の意見や価値観にも謙虚に耳を傾け、自らを相対化する力量を持った人のことを言うのです。

耳障りのよい「地球市民社会」という言葉、実は、自らの「意識改革を迫る」大変厳しい言葉であることを忘れてはなりません。

水牛の肉を食べたのは、誰か

今（一九九〇年）から三年前のことですが、タイのバーンサワイ村から三人の村人を日本に招待し、長野県や静岡県で農民同士の国際交流という催しをやったことがあります。日本の農業事情を各方面にわたって視察し、明日はタイへ帰るという最後の日、日本での感想を一人一人に聞いたときのことです。一人の農民が立ち上がってこう言いました。

「おれは今、とっても悩んでいることがあるんだ。おれたちの村は貧しい。日本みたいに豊かではないから、耕耘機《こううん》を買うことはできない。だから、おれたちの村では全部水牛に犂《すき》を曳《ひ》かせて農作業をやっている。そして、水牛が大きくなったら、それを食肉業者に売るんだ。貧しい農家にとって、これは大変な現金収入になっている。子どもたちを学校にやれるのも、水牛のお陰だと言ってもよいくらいだ。ある日のこと、食肉業者に、この水牛の肉は誰に売るのかと聞いたところ、それは日本だという。だから、おれは今度日本に来るまで、てっきり日本人がおれたちの育てた水牛の肉を食べてくれているのだと思っていた。

ところが、今度、日本に来て、日本人が食べる肉は柔らかい牛肉で、水牛の肉ではないということが分かった。それでは、日本に輸入される水牛の肉はいったい誰が食べているのだろう、と不思議に思っていたのだが、やっとその謎が解けた。なんと、水牛の肉は、犬や猫のペット・フードの缶詰になっていたのだ。

実を言うと、おれたちの村の小学校の子どもたちの半分以上は栄養状態に障害があり、栄養失調になっている。栄養が足りないんだ。子どもたちに肉を食わせてやったら、子どもたちはどんなに喜ぶことだろう。でも、それを我慢して業者に売るんだけど、それを日本人が食ってくれているのならまだしも、犬や猫の餌になっていると知ったら、村人はいったいどう思うだろうか。いっぺんに日本が嫌いになってしまうに違いない。おれたちは日本の犬や猫のために水牛を育てたんじゃない。でも、金持ちの日本だから水牛を買ってくれるんだ。おれたちは買ってくれる日本に感謝すべきなんだろうか。村に帰ったら村人たちは日本の土産話を心待ちにしているに違いないが、このことを村人たちにどう報告すべきか、おれは、今、それを悩んでいるんだ」と。

この話を聞いて言葉を失ってしまいました。皆さんだったら、これにどう答えられるでしょうか。

日本人の豊かな食生活は、実はこういった事実のうえに成り立っています。日本の豊かさはこうした南の貧しい民衆の痛みのうえに成り立っていると言っても過言ではありません。

私の家の近くに、歯が一本もないプードルを飼っている家があります。歯槽膿漏になったため歯を全部抜く治療をしたということです。獣医さんに、総入歯にしたらどうかと勧められたそうですが、それはやめたとのことです。それはそうでしょう。ワンと吠えるたびに入歯が外れたなんて笑い話ですものね。なんでも犬用の缶詰の肉など柔らかいものばかり食べさせていたのが原因だということです。
家の近くを散歩している歯のないくしゃくしゃの顔をしたこの犬を見るたびに、タイの村人の言った言葉を思い出し、頭を抱え込んでしまうのです。

「蓮の華を育てる沼地の泥になりたい」

禅では、食事の後やさまざまな行事の後に後唄《ごばい》と称する次のようなお唱えごとをします。

処世界如虚空
如蓮華不著水
心清浄超於彼
稽首礼無上尊

漢文なので分かりにくいですが、読み下せばこんな意味です。

世界に処すること、虚空のごとく、
蓮華の水に著することなきがごとし、
心、清浄にして彼を超え、
稽首して無上尊に礼せん

仏門に入って以来、この後唄の言葉を数え切れないほど口にしてきました。そして、無辺に広がる大空のように、広々としたこだわりのない生き方をしたいと考えてきたのです。そして、汚泥のなかに育ちながら、それに染まることなく、それを超越して美しい華を咲かせる蓮の華のような、清浄な心を持って生きたいと考えてきました。

でも、一九九〇年四月に、曹洞宗近畿管区教化ンターの招きで来日し、京都で講演を行なったタイのプラティープさんの言葉に大変な衝撃を受けたのです。プラティープさんは、タイのバンコクのスラム、貧民街での活動や、スラムの子どもたちの教育の問題を述べた後、こう語ったのです。

「私は、美しい蓮の華を育てる沼地の泥になりたいのです」と。

プラティープさんの活動の場所は、文字通り、汚泥と悪臭に充ちた沼地の上に作られたスラムです。プラティープさんは、そこに住む子どもたちが汚泥や汚水にまみれることなく、美しい華を咲かせる蓮のように育ってほしいと願って活動を続けてきたのです。

でも、プラティープさんは、自分は蓮の華ではなく、蓮を育てる沼地の泥になりたいと言います。泥であり続けたいと言うのです。

お名前のプラティープは、タイ語で〈灯火〉という意味を持っています。プラティープさんは、「マグサイサイ賞」を受賞した際、その賞金を基金に「プラティープ財団」を創設しました。おそらく、スラムを照らす〈灯火〉になろうという願いがあってのことでしょう。

けれども、スラムの問題に真正面から取り組もうとするとき、スラムが内包する厄介なさまざまな問題は、プラティープさんがもっと泥にまみれ、さらに汚泥そのものになることを迫るのです。

「泥になりたい」という言葉の向こうに、第三世界のさまざまな矛盾のすべてを凝縮させていると言っても過言ではないほどのスラムの深刻さを感じるとともに、スラムの苦悩を共に担おうとしているプラティープさんの生きざまに感動を覚えるのです。

そして、同時に、その言葉を日本人自身に向けられた厳しい問い掛けであると受け止めたいのです。

曹洞宗ボランティア会は、同じクロントイ・スラムに新しい事務所を移転し、「スラム研修センター」を建設しました。さて、あなたたちは、どんな覚悟でスラムに取り組もうとしているのですか。人の生命を担いで生きることの重さを本当に分かっているのですか。

プラティープさんの言葉は、喉元に刃を突き付けられて返答を迫られているような恐ろしい言葉なのです。

そこで、一句、作麽生《そもさん》。

誰でもが参加したくなる「ボランタリズム」を

一九九〇年、四月の一三日から二七日までの一五日間、タイのバーンサワイ村から教師や小学生などの一行一四人をご招待し、静岡県と山口県において教育の場を中心に国際交流を行ないました。両県とも、会員を中心に、スタディ・ツアーなどで、古くからバーンサワイ村とは交流を重ねてきたところです。

今回は、地方支部における「開発教育＝地球市民教育」活動の一環として計画され、海外に現場を持つ開発協力型のNGO（非政府組織）の地方での実験的な試みとして実施されました。

日本の「開発教育」

「開発教育」という言葉は、日本では関係者以外にはまだ耳新しく、聞きなれない言葉かも知れませんが、欧米諸国では学校教育や社会教育や市民運動のなかできわめて日常的に行なわれている活動ですし、国際化の時代を迎えた日本が、最も急がなければならない教育活動の一つです。

「開発教育」を短い言葉で説明するのは至難の業ですが、次のように要約することができます。
①開発途上国の問題と南北問題の本質を理解しようとする学習活動（開発途上国のことを理解しよう）。
②開発途上国が抱える諸問題が、先進工業諸国との関係のなかで生み出される、世界の構造的な問題であり、より豊かな世界を創造していくための協力関係はどのようにするのかを学習する（何ができ、何をしなければならないかを考えよう）。
③開発途上国との関係を、地球共同体のなかで「共に生きる、共に学ぶ」という視点から捉え直し、「地球市民」「地球家族」として共生していこうとする教育活動（どう生きるべきかを考えよう）。
こういって「開発教育」の運動が大きく注目されるようになった背景には、（1）世界が狭くなり、政治や経済のみならず、ありとあらゆる分野において国家間の相互依存関係が強まってきたこと、（2）資源問題や環境問題などで代表されるように、もはや一つの国だけではなく、運命を共にする地球共同体の問題として考えなければならない状況が生じてきたこと、さらには、（3）開発途上国と先進工業

国とのいわゆる南北問題が世界の緊張をもたらす要因の一つになっており、しかも南北間の経済格差や富の分配の不平等が日を追って深刻の度合いを増しつつある、といった状況認識があります。

また、人類の平和と平等を願うヒューマニズムの精神や、差別や貧困によってもたらされる国際人権への問題意識が根底にあるのは論を俟《ま》たないのです。

でも、残念ながら、日本においてはこういった「開発教育」への問題意識はきわめて希薄ですし、学校教育、社会教育の分野でも本格的な議論が行なわれるには至っていないのです。最近、わずかに「国際理解教育」という視点で、学校教育のなかでも取り上げられるようになってきましたが、国際的な視野を持ち、異文化理解を進めようといった程度の域を出ていないのです。

もちろん、これらの活動も重要ですし、それを否定しようというのではありませんが、交流したり、国際理解を深めたりしていくだけでは、ただ見聞を広め、知識や情報を増やしただけのことですし、「開発教育」とは言いません。開発途上国の社会やそこに住む人たちが抱える問題を自分自身の問題に引き寄せ、地球社会全体の問題として共有しようとする姿勢が求められるのです。そうでないと、北の先進国の視点や価値観で誤った判断をしたり、それを強制したりしてしまうのです。

「地球市民教育」の勧め

ところで、今まで無造作に「先進工業国」とか「開発途上国」とかいう言葉をつかってきましたが、考えてみれば嫌な言葉です。

近代化とは工業化であり、ゴルフ場開発とか、自然開発とかいうように、開発とは自然や豊かな資源を、資本や経済の価値観のなかに組み込んでいくことと考えている日本では、その価値観で南の国々を理解し、これから工業化をしなければならない国と決めてかかっているような響きがするのです。

今後、誤解を避けるために、私たちは、「開発教育」という言葉をつかうのをやめて「地球市民教育」という言葉をつかっていきたいのです。そして、開発途上国ではなく、「第三世界」と呼ぶようにしたいのです。

NGO（非政府組織）の役割

すでに述べてきたような「地球市民教育」の運動は、SVAのように海外に現場を持って開発協力活動を行なっているNGOにとって重要な意味を持っています。「第三世界」に身を置き、それらの国の人たちと連帯しながら、解決に向かって努力してきた試行錯誤の体験は、生きた「地球市民教育」の教材でしょうし、それを日本社会にフィードバック、還元していくことは、不特定多数の市民の支援に支えられて活動を続けている団体の義務でもあるのです。

けれども、開発協力型のNGOの現実は、資金不足と人材不足、それに加えて組織の弱さもあって、海外のプロジェクト、事業への対応に精力のほとんどを費やし、SVAでも、辛うじて昨年（一九八九年）から、非常勤ながら地球市民教育担当のスタッフが置けるようになったというのが実情です。日本のNGOは、それほどにまだ弱体なのです。

そして、現在のNGOのありように対しても反省をしなければならないと思っています。日本の有力なNGOのほとんどが東京や大阪などの大都市に活動の拠点を置いて活動をしていますが、一向に地方に活動の輪が広がっていっていないことです。SVAにしても、地方支部づくりを目指していますが、数支部があるだけで、その後の展開がうまくいっているとはお世辞にも言えません。いくつかの原因が考えられますが、最も大きな原因は、活動の対象が都市の知識人や学生に向けられていて、地方の人たちや一般市民に向けられていないことにあるのではないでしょうか。

アジアに関しての本は一向に売れないという日本なのです。依然として、「第三世界」の人たちに対する差別や偏見を拭《ぬぐ》い去れないでいる日本です。海外協力などは政府がやればよいという考え方が一般的な日本なのです。たしかに、一般市民に向けて活動をしようとしても、残響のない部屋で声を出しているようなもので、音はすべて空しく壁に吸収されてしまうのです。ですから、反響の聞こえてくる人たちを対象にして声を出していくことを余儀なくされるのですが、それに甘んじている限り、運動は永久に広がっていくことはありません。

東京には、日本の人口の一割を超える人が集中しています。首都圏や全国各地の大都市に集中している人口は、おそらく三割から四割にもなるのかも知れません。でも、これら大都市に住む人も、意識のうえでは田舎を引き摺《ず》り、ムラ社会的な思考で生活をしているのですし、西欧的な市民意識を確立しているのかというと、少し心もとないのです。「ボランタリズム」は、近代の市民意識の確立のうえに成り立つものですが、市民意識が確立していない日本にボランタリズムが育ちにくいのは、きわめて当然のことなのです。けれども、そのことを嘆き、批判してみても、事は始まりません。善きにせよ、悪しきにせよ、それが日本の文化なのです。

とするならば、逆に、ムラ社会のなかに根ざしたボランタリズム、日本的なムラ社会の構造のなかから育ったNGO活動というものを考えてみたら、どうでしょうか。

制作すれば必ずヒットする映画といえば、「寅さん」のシリーズです。腹巻に雪駄履《せったば》きです。どう考えても、ダサくって、やることなすこと、いつも「とんちんかん」な寅さんなのです。なぜ、そんな寅さんが受けるのでしょうか。おそらく、日本人の心の機微を捉えているからに違いありません。こんな寅さんや、寅さんに共感を覚える日本人に働き掛けていくNGO活動は、不可能なのでしょうか。

相手が寅さんとなれば、おそらく「とんちんかん」は避けられません。でも、それを意識が低いといって、軽蔑したり、一笑に付したりするような不遜な態度は許されません。

むしろ、寅さんが面白いと言って参加してくるような、NGOを目指して、寅さんたちを対象にした「地球市民教育」をこそ試みなければなりませんし、その方法論を見出すことができない自らをこそ恥じなければいけないのです。

「地球市民教育」への第一歩

タイのバーンサワイ村からの教育交流使節団の来日のことですが、支部における「地球市民教育」の実験的な試みとして行なったということはすでに書きました。それは、地方のなかから「地球市民教育」を考えてみたかったからなのです。

場所は、瀬戸内海に面した山口県徳山市（現在、周南市）を中心にした地域を選びました。主催の団体は、「学びあう、地球人の集い」実行委員会です。その主管団体をSVA山口県支部が担当しました。この「学びあう、地球人の集い」は、組織体というよりも、趣旨に賛同する若い青年たちが自発的に参加してできた集合体のようなもので、何回かこの種の催しを実施してきました。

事業は、教育交流を柱にして、「地球市民教育」を推進しようとするもので、
（1）「タイ教育交流使節団」の招聘と研修交流事業
（2）「地球市民講座」の開催（四期、一六講座）
（3）タイへの「教育交流使節団」派遣とワークショップ（研究集会）の開催
（4）「地球市民教育研究会」の組織
といった、四つの事業で組み立てました。

実施期間は三月までの一年間です。
（1）と（3）の事業での交流経験を踏まえて、四期の「地球市民講座」を開催し、最終的には、学校教育、社会教育の関係者や市民有志による「地球市民教育研究会」を組織していこうというのです。最後の研究会の組織化は、それほど簡単にはいかないと覚悟していますが、二、三年継続すれば必ず定着していくと思います。

タイと日本の市民による実践

ところで、バーンサワイ村教育使節団の一行は一四人です。小学校の教師が六人、小学生が四人、僧《そう》侶《りょ》が二人、村の婦人会長と村の開発を担当するSVAのタイ人スタッフという構成です。僧侶が参加しているのは、タイの村で開発を進める場合、村と寺院と学校の三者の連携や協力は不可欠なのです。

それでは、教育交流をどう進めていくのか。

主催する地元としては、この事業はあくまでも地球市民教育活動の一環として行なうのですから、たんなる交歓交流に終わっては困ります。次の活動に展開していく動機付けになり、バーンサワイの農村と教育が抱える課題を通して、「第三世界」のさまざまな問題が見えてくるような交流にしたいのです。また、バーンサワイの人たちにとっても、村と教育の開発を進めていくために役に立つような研修を行ない、併せてきちんとした形で日本を理解して帰ってもらわなければなりません。そして、その研修プログラムは、バーンサワイの人たちの視点や立場と一致するものでなければなりません。

バーンサワイ村まで何度も足を運び、以上のような点を踏まえ、基本的な考え方として、次のような研修と交流のプログラムを行なうことで意見の一致をみました。

【研修プログラム】

①地縁産業教育学習

押し寄せる近代化の波は、地域で育ってきた伝統的な産業を次々に浸食し、破壊させつつあります。

これは、日本においても、タイにおいても同様なのです。とくに、バーンサワイでは、養蚕と機織《はたお》りが盛んで、クメール文化の影響を受けた独特なタイ・シルクが織られており、村の重要な現金収入源になっているのです。けれども、若者はあまり興味を感じなくなりつつあり、このままでは伝統的な技術はいつしか村から失われていく可能性もあります。

学校教育のなかで機織りに関する教育を行ない、技術の伝承とその意義を学習していくことは、村の歴史と文化を学ぶという意味でも意義があるのではないでしょうか。

徳山市（現在、周南市）の山間部の須金地区は、江戸時代から和紙の生産が盛んであったのですが、その後、衰退し、技術の継承者も老齢化し、ほとんど絶滅しかかっていました。

須金地区の須金中学校では、生徒の郷土学習の一環としてこれを取り上げ、今では卒業証書は自分たちの漉《す》いた和紙を使うようになりましたし、和紙を使った作品の展覧会も随時開催するようになっています。

機織りと紙漉きの違いはあっても、須金中学校が紙漉きを年間どんなカリキュラム、教育課程を組んで学習しているかを研修することは、意義のあることと考えたのです。

②郷土学習教育の研修

次に、タイの教育に郷土学習教育の視点が欠けていることを考慮し、その方法論やカリキュラムの組み立て方を学習することにし、徳山市の岐山小学校を選び、ここで行なっている郷土学習教育を研修し、特別に研究授業を行なってもらうことになりました。

バーンサワイ村の開発を進めていくためには、まず村が抱えている問題点を客観的に把握し、それがなぜ起こってきたのかを知らなければなりません。そのためには、村の人たちが、村の歴史や地理や村自体のことを知る必要があります。自分の座標軸を知らなくては、自分の進もうとする方向は見えてこないからです。

③伝統文化教育

バーンサワイ小学校では、伝統文化教育として、伝統的な民族音楽や民俗芸能に関する教育を熱心に行なっています。日本では、この分野に関する教育をどのように行なっているかを学びたいという声に応え、山口県佐波郡徳地町を訪問することにしました。徳地町は、徳山市に近い山間部の町ですが、ここには独特な人形浄瑠璃《じょうるり》が伝承されており、人形の操りから三味線、浄瑠璃の語りまでのすべてを、小学生、中学生、高校生たちが見事に演じるのです。
これは、徳地町で食堂を経営し、貴重な文化財の継承者でもある池田さん夫妻の、長年にわたる熱心な指導の成果なのです。

【交流プログラム】

また、交流については、次の五つのプログラムを用意しました。

①「市民フォーラム」の開催

各地での研修計画の間を縫い、三カ所で一般市民の参加する交流会とフォーラム（公開討論会）を開催し、教育と文化を主題にしたシンポジウムを開催します。

②児童交流
タイの使節団には四人の小学生が参加しており、日本の児童との交流を深められるよう配慮し、音楽や踊りを中心にした交歓行事を開催するとともに、授業にも参加します。
③ホームステイによる家庭交流
宿泊のほとんどをホームステイ方式で行ない、普段着の日本人の家庭生活を通して交流を行ないます。
④文化交流
日本の宗教行事やお茶会などにも参加し、日本文化の紹介に努めます。
⑤「平和の祈り集会」の開催
タイの使節団に僧侶が参加していることを配慮し、日本とタイの仏教僧侶による礼拝行事「平和を祈る集会」を開催し、併せて平和と人権を守り、地球市民として相互の国際協力の可能性を探るためのシンポジウムを開催します。

「内なる国際化」を問う痛棒

「あなたと友だちになったのですから、これからは日本語でお話ししましょう。」

韓国、釜山市の大昌国民学校のA校長先生は、とある喫茶店に腰を掛けると、流暢《りゅうちょう》な日本語で話し始めました。山口県で、戦時中、日本に強制連行され、軍需工場などで強制労働を強いられ、空襲などで死亡し、県下の寺院などに無縁仏として放置されている韓国人・朝鮮人の遺骨の送還運動を行なっていたころのことです。

「先生、そんなに日本語お上手だったのなら、昨日、学校を訪問したときも日本語でお話しくだされば、通訳なしでお話しできましたのに」と言いますと、奈良高等女子師範学校（現在、奈良女子大学）を卒業したというA先生は厳しい顔をしてこう言ったのです。

「あなたは、私たちの世代の韓国人が日本語を口にするときに感じる屈辱感をご存じないでしょう。日本の朝鮮総督府は、私たちから姓を奪い、日本式の名前を名乗ることを強要し、学校では、朝鮮語の使用も禁止しました。親と祖国から貰った名前と言葉を奪われる、これがどういうことか分かりますか。

小学校六年生のとき、国語の時間、教室で私は机の脇に足を出して腰掛けていました。教科書を読みながら教室を歩いていた先生は、わざと私の足を踏み付けました。思わず、朝鮮語で〈アイタッ〉と叫んだのですが、先生は学校で朝鮮語をつかったといって、冬の寒空の下、上半身を裸にして運動場を三周する罰を下したのです。私は、日本語を口にするとき、このときの屈辱感を思い出してしまうのです」と。

韓国での苦い思い出をもう一つ。古代史や美術史の好きな私は、無縁仏の調査で韓国に行ったとき、時間があれば近くの遺跡や古刹を訪れるのを楽しみにしていました。なかでも古都、慶州の町は古代史と新羅美術の宝庫ですし、慶州国立博物館の訪問は最大の楽しみでした。ふとした縁で博物館の職員と懇意になり、館が秘蔵する〈エミレの鐘〉を内緒で採拓させてもらうことになりました。でも、人がいない早朝でなければならないというので、早起きしてホテルで朝食をとっていると、隣のテーブルにいた一人の紳士が私の拓本の道具を見て、「韓国の古代史がお好きですか」と話し掛けてきました。

〈エミレの鐘〉の拓本が採れることで興奮していた私は、古代朝鮮と一衣帯水《いちいたいすい》の関係にあり、朝鮮の文化と歴史を知らずして日本の歴史も美術も語ることはできないと力説したのです。その紳士は、韓国の高等学校の教師でしたが、「わが韓国の歴史をそんなふうに理解していただいて光栄です。でも、本当に日韓の歴史を理解しようとするなら、近代以後の勉強も忘れないでください。とくに、一九世紀以降の歴史を、ね。古代や中世を語っているぶんには、誰も傷付きはしません」と。

脳天に痛棒を喰《くら》ったような衝撃を覚えた私には、〈エミレの鐘〉の採拓に出掛ける勇気はもう残されていませんでした。


近来、「国際化」への議論が賑やかです。けれども、「外への国際化」とともに「内なる国際化」への問い掛けを忘れてはなりません。その「内なる国際化」の努力は、多くの痛みを伴うことも覚悟しなければいけません。たとえ自分が関知しない遠い過去の歴史といっても、民族の歴史は背負って生きることを余儀なくされるのです。最近、アジアへの旅行者が増え、アジアが大好きという人が増えたことは嬉《うれ》しいことです。でも、アジアの歴史、とくに日本がアジアで犯してきた過ちの歴史を知らない人が多いのは気になります。無邪気な国際化は、謹まないといけません。

クルドの悲劇は、問い掛ける

人の痛みの見えない戦争

イラクのフセイン大統領のクウェート侵攻の野心は、多国籍軍の超ハイテク兵器の圧倒的な威力によって敗退し、湾岸戦争は終結をみました。

けれども、この戦争は史上に例を見ない不思議な戦争でした。テレビのブラウン管をとおして、世界中の人が瞬時に戦争の進行を見ていました。それは、ハイテク、超精巧な兵器が目標物を捉えてほとんど誤差がないという威力を映し出し、まるでテレビゲームを見ているかのような錯覚を人に与えたのです。そこには、戦火に脅える民衆もいなければ、恐怖に震えながら銃を構えているはずの兵士の姿もありません。これは、恐ろしいことなのです。

戦争とは、もともと非人間的な行為であり、ヒューマニズムなどあるはずもありません。でも、そこで血を流している無数の人間がいるのです。その人たちの痛みや呻《うめ》きの伝わってこない報道は、もはや報道ではありません。そんな映像で戦争を理解してはならないのです。が、映像の絶対的な迫力はいつしか人間の感性を変えつつあります。恐れなければならないことなのです。

「正義」の激突

また、この戦争は、「正義」と「正義」のぶつかり合う闘いでした。一方は、〈国際正義〉を主張し、ついには国連の決議を取り付け、これを錦の御旗として自らを正当化し、片方は、〈アラブの大義〉を掲げて、聖戦化しようとしました。

多分に、フセイン大統領の「正義」は、付け焼刃的な感がありましたが、多国籍軍の包囲網によって窮地に陥ったイラクが、アラブ諸国との連帯を求めるために〈アラブの大義〉を持ち出し、クウェート侵攻を対イスラエル問題に摩《す》り替えたのですが、一部のアラブ諸国がこれを支持し、また、アラブの民衆が熱烈にこれを支持したことからも分かるように、中近東における最大の、そして、根底に潜む問題がパレスチナ問題であることは間違いないのです。

フセイン大統領が言うように、もし米国の主張する〈国際正義〉に基づく国連の決議が絶対的な正義として意味を持つのなら、なぜ同じ国連の安全保障理事会で決議されたパレスチナ問題に関する決議が正義として力を持ちえないのでしょうか。なぜ、イスラエルに対して最も影響力を持っている米国が決議の実行を迫らないのでしょうか。世界の警察官として、世界の人権と正義を守るというのなら、パレスチナの民衆の人権が抑圧され、無数の難民を発生させている現実に対応しようとしないのは、なぜなのでしょうか。

第一次世界大戦後、トルコ帝国が支配していたアラブの地を、自国の論理で植民地として分割して支配し、当時発見された石油の利権を確保するためにクウェートを分離して保護領としたのは、イギリスやフランスではなかったでしょうか。また、本来、ヨーロッパの問題であったユダヤ人問題を自らのなかで解決することができなくて、イスラエル建国という形で中東に転嫁したのは、誰なのでしょうか。

「正義」の主張は、相反する立場を否定して破邪し、最終的には武力の行使によって自らを正当化する以外に解決の道はないのです。二者択一を迫り妥協を許さないお互いが、共に正義のイデオロギーとしてぶつかり合うときに、どんな結果が生まれるでしょうか。血による解決しかないのではないでしょうか。

「和を以って尊しとなす」

聖徳太子の『十七条憲法』の第十条に「我れが絶対正義であるとすれば、彼の正義は誤りである。逆に彼が正しいとすれば我れの主張が誤りだということになる。我れも彼も、決して聖人ではない。共に凡夫なるのみではないか」との意味の条文があります。

聖徳太子の「和を以って尊しとなす」という言葉は、まさにこの「共に凡夫なるのみ」という自覚のうえに成り立つのです。

ここには自らの正義によって他を圧しようとする姿勢はありません。他を活かすことによって自らも共存し、共生していこうとすることです。絶対を否定し、すべてのものを相対化し、相対的な関係のなかに自と他を共に認識していこうとする考え方です。力で他を圧することによって、自らの正当性を勝ち取るのではなく、他を許容し、他との共存のなかで、問題の本質をどう解決するかなのです。真の解決は、自を救い、他をも救うのでなければなりません。

「地球社会」と「地球市民」

世界は、交通や通信の発達によって狭くなり、経済も政治も国際化によって、相互依存性を深くしつつあります。もはや、どのような国も閉鎖的に自国だけの力で存続できると考えることは不可能になってきました。けれども、同時に、民族主義の運動と宗教の対立による地域紛争が顕在化してきました。

「ベルリンの壁」の崩壊が象徴しているように、資本主義と社会主義という東西の対立の図式は崩れ去り、イデオロギーという枠組みを失った人間は、民族主義と宗教というもう一つのアイデンティティ、独自性を求めて、異なったアイデンティティを求める人たちとの間に新しい緊張関係をもたらしています。それは、けっして大規模ではありませんが、地域紛争という形で世界の平和の脅威になっていくでしょう。湾岸戦争は、まさにそういった動きのなかの一つなのです。

求められなければならないのは、人間の心に民族主義や宗教やイデオロギーを超える方向なのです。それは、国家を超え、民族を超え、地球人として連帯しようとする「地球市民」への意識改革です。自を超え、他を超える道の発見なのです。「地球市民」として、「地球社会」の実現と平和と共存のために、どんな行動と提言をしなければならないのでしょうか。安逸に耽《ふけ》り、小市民的な平安に安住することは許されないのです。

クルドの悲劇

ところで、湾岸戦争は終わりました。けれども、戦争の終結は、新しい悲劇の始まりでもありました。イラクの敗戦は、イラクの北方に居住し自治権を求め続けてきたクルドの人たちの運動を刺激し、反フセインの内戦へと展開していきました。けれども、多国籍軍に敗れたとはいっても、圧倒的に優勢な軍事力を誇る政府軍の攻勢にゲリラ軍は敗北しました。イラン・イラク戦争の際、化学兵器の攻撃に曝《さら》された恐怖を体験しているクルドの市民は、フセイン政府軍の報復を恐れ、トルコ、イランを目指して、難民となって脱出を図りました。UNHCR（国連難民高等弁務官事務所）の発表によれば、一九九一年四月三〇日現在、イランに逃れた一一〇万人、トルコには六〇万人、合計約一七〇万人のクルド難民がいるといいます。

曹洞宗ボランティア会は、湾岸危機がいよいよ高まり、イラク国内に居住する外国籍の労働者が難を避けて国外に多数脱出を始めた二月、国連の提唱する「湾岸地域における人道行動計画」に賛同し、曹洞宗と共同で一億円を目標にする募金を開始し、避難民と難民の救済を開始することを決定しました。四月五日の国連による緊急アピールに応えて、取り急ぎ四、〇〇〇万円をUNHCR駐日事務所に寄託し、トルコとイランにおける毛布とテントの購入に充てました。

「人はいかなる事情にあろうとも、人間としての尊厳を保持し、基本的人権を保障されて生きるべき存在であります。難民問題とは、国家を追われ、または、国家を捨てざるをえなかった人々の人権喪失の問題であります。われわれは、いかなる原因に由来するものであれ、これら人権喪失の悲劇を座視することは許されません。これを看過することは、自らの尊厳を放棄することに等しいからであります。われわれは、この地球上に存在するありとあらゆる人々が地球社会の一員として〈共に生きる〉ことのできる社会の実現を願い行動しようとするものであります。

難民の人々が人間としての尊厳を回復し、微笑みと安息を取り戻さないかぎり、われわれにも安らぎはありえないと考えます。」

以上は、国連への寄託に当たっての声明の一節ですが、トルコ国境の三、〇〇〇メートル級の山岳地帯で、イランのザグロス山系の難民キャンプで、クルドの人たちは寒さと恐怖に震える生活を強いられています。そして、一日、二、〇〇〇人を超える人が死に至らしめられているのです。

そして、湾岸の悲劇は、クルドだけではなく、戦禍に泣くイラク国内の名もない市民、クウェート国内でイラクを声援したために裁判もなく処刑されているパレスチナ難民など、無数の人に及んでいることも忘れてはならないのです。

〈クメールの微笑み〉が戻るとき

国連の安全保障理事会の決議を受けた形で、数次にわたって開催されながら決裂と挫折を繰り返してきた、和平のためのカンボジア四派の会議が、六月二四日、タイのパタヤで開催された会議でようやく合意に達し、国外からの武器導入の中止と戦闘停止、並びにSNC（カンボジア最高国民評議会）の発足を決議し、和平に向かって大きな一歩を踏み出しました。

安全保障理事会の決議事項と大きく違ってきている点もあり、未解決のまま棚上げにされている重要な問題も残されているのです。ポル・ポト派への怨念と不信感はそう簡単に拭《ぬぐ》い去れるとは思えませんし、呉越同舟のSNCは順風満帆とはいきそうにはないのです。不安だらけの前途多難の船出というほかありませんが、カンボジアの国土と民衆の疲弊は極限に達しているのです。国際世論も、これ以上の絶望的な内戦の継続を許さないでしょう。

不安を危惧《きぐ》することよりも、あえて困難の彼方に希望を見出そうとする勇気と叡智を期待したいのです。

それは、民族和解への勇気ある挑戦なのです。クメール民族の知恵が試されるのです。

カンボジアの民衆に〈クメールの微笑み〉が再び戻って来る日が近いことを願い、切望しないではいられません。

でも、和平への期待とともに、カンボジアに忍び寄る危険な足音にも警戒しなければならないことも指摘しておきます。

「戦場から市場へ」と言ったのは、先のクーデターで失脚したチャチャイ前タイ国首相ですが、戦場で荒廃したカンボジアを市場にと狙っているのは、タイだけではないのです。おそらく、遠くないうちにプノンペンの町は、タイと日本の商品で席巻《せっけん》されていくに違いありません。

カンボジアが復興していくためには、港湾、道路、鉄道、電力などインフラストラクチャー、社会基盤の整備を急がなければなりません。国外の技術と資本の導入も図らなければなりません。おそらく、自力更生は不可能でしょう。国外からの援助がなくては復興計画はありえません。そして、最も期待されるのが日本からのODA（政府の途上国援助）であり、日本はその期待に応えていく責任と義務を持っているのです。

でも、国際経済の圧倒的な力に抵抗力を持たないカンボジアは、一つ間違えば取り返しのつかない経済的な混乱を招来し、自立的な国造りへの道を失っていく危険性があるのです。

ODAの執行に当たって、日本は慎重を期し、カンボジアの歩んでいく復興への道はどのような道なのかを、まずカンボジアの人たちと共に模索し、間違ってもカンボジアを日本経済の「市場」にするための援助にしてはなりません。

カンボジアが経済復興のために最も欲しいのは外貨でしょう。外貨を獲得するための最も安易な方法は、森林資源などの自然の切り売りです。無計画な森林の伐採は、カンボジアの自然を破壊し、豊かなカンボジアの農業を破壊していくのです。危惧が過ぎると笑われるかも知れませんが、今からこのことが心配されてなりません。

「戦場から市場へ」ではなく、自然と人間が「共生」し、荒廃を「再生」に導く人間の叡智がカンボジアで問われているのです。

SVAは、今年（一九九一年）から首都プノンペンに活動の場を得ました。カンボジアの民衆と共に再生への道を歩き、日本の経済活動を注意深く見守っていく所存です。

プノンペン時間か、東京時間か——カンボジア復興への歩み

一九九二年一月四日、田舎でのお正月もそこそこにプノンペンを訪問してきました。郵政省（現在、郵政公社）の「国際ボランティア貯金」の配分金の交付を受けて計画を進めていた職業訓練センターの完成が間近になり、今後の事業の進め方を具体的に決定することが主な目的でした。

職業訓練センターの建物は二棟で構成され、一棟は技術訓練を兼ねた印刷所、残りの一棟は縫製、刺繡《しし ゅう》、木工、機械修理、電気製品修理の五部門の職業訓練を行なう教室からなります。印刷部門のほうは、日本やタイで調達した機械の据え付けが終われば直ちに馴らし運転を開始できる状態になっていますが、五部門の教室のほうは教材になる機械や器具の調達が一九九一年度の予算で用意できなかったため、一

九九二年度の予算で整備を進めなければなりません。

印刷のほうは、当面、最も必要とされる五五点の教科書を各一、〇〇〇冊ずつ、合計五万五、〇〇〇冊を第一期計画として、五、六月ごろまでに刷り上げることにしましたが、電気事情が極端に悪く、長時間にわたる停電が日常茶飯事のプノンペンで、予定どおりに作業が進められるかどうか、正直なところ自信がないのです。

オフセット印刷で、印刷中に一時間以上の停電が起こると、印刷機の上に乗っているインクは乾燥してしまいます。一度インクを洗い落とし、もう一度新しいインクを乗せ換えてやらなくてはならないのです。紙を裁断している最中の停電も厄介ですし、製版中でしたら全部やり直しです。電流や電圧が不安定なことも気になります。変圧器や整流器を導入してはいますが、うまく作動するかどうかなのです。

「大丈夫ですよ。ここにいると、機械だってここの風土に合わせて動くようになるのですから」というのは、すっかりここプノンペンの風土と時間の流れに馴染んでしまっている手束耕治君の言葉です。

なるほど、プノンペンを流れるシェムレアップの河の流れのように、ゆったりと鷹揚《おうよう》に構えて、日本の時間の速さを持ち込むことが間違いなのか、と反省はしてみるのですが、何もかもゼロから出発しなければならないカンボジアの復興の緊急性を考えますと、そうのんびりしているわけにもいかないのです。

時計の刻む時の流れは、万古の昔より、そしてどこの地にあっても、つねに一定なのです。でも、時の享受の仕方は人によって、民族によって多種多様で、それはその国や民族の文化に深く根ざしているのです。

カンボジアは、和平と復興に向けて大きく動き出そうとしています。今後、どのような政権ができようと、破産状態にあるカンボジアに自立的な再建は不可能ですし、日本を始めとする先進工業国の経済援助に支えられながら、国連機関を中心にして再建を進めていくことになると思われます。一国の再建を国連機関が管理し、指導していくという人類の歴史で初めての壮大な実験が行なわれようとしているのです。けれども、国連の名のもとに、政治、行政、経済、産業と、国のあらゆる分野において、カンボジア以外の国の人が関与していくようになったとき、カンボジアは否応なく変質し、変容していくことになっていくことは確かです。とくに、時の流れの変質は、この国の文化に大きな影響を与えないではいられません。

そして、ＮＧＯ（非政府組織）の活動も、その変質に一役かっていることも忘れてはなりません。

ところで、ＳＶＡの仕事は、プノンペンの時間で行なっていくのでよいのでしょうか。それとも、東京の時間で行なわなければならないのでしょうか。

です。」

涙の国際電話——タイの民主化運動に思う

「広場には大勢の死体が転がっています。タイの国の民主主義が銃弾を浴びて滅びようとしているのです。」
「この悲劇を抑止できるのは、日本だけです。日本はODA（政府の途上国援助）の実施の四原則の第一番に人権尊重を掲げ《かか》たではないですか。今、ここで起こっていることを日本政府に伝えてくれ。そして、人権を抑圧するスチンダ政権にはODAは出せないと日本政府に言わせてくれ。それも今すぐに。明日では遅すぎる。」

バンコクの民主記念塔広場に集まった二〇万人を超える市民による反スチンダ政権デモは、軍隊の出動と発砲によって、ついに流血の惨事になったのです。五月一八日、広場の大地に伏せて銃火を避けながら、タイのNGOやスラムの友人たちは携帯電話で悲痛な声で支援と連帯を求めてきました。ひっきりなしに掛かってくる国際電話です。声を引きつらせ、涙ながらに訴えてくる電話の声は、現場の緊張した深刻な状況を如実に伝えていました。そして、ついにデモのリーダーであるチャムロン氏の逮捕、やがてプラティープさんにも逮捕状が出されたという情報も入ってきたのです。プラティープさんは、言うまでもなく、タイの代表的なNGOで、「プラティープ財団」の創設者であり、スラムの地域改善と教育に挺身《ていしん》している活動家であり、SVAのアジア地域事務所長の秦辰也君の夫人でもあるのです。

プラティープさんの安否が気遣《きづか》われますが、連絡がつかないのです。何よりも妊娠五ヵ月の身重なのが心配されました。SVAのバンコク事務所の電話は盗聴されていて、うかつなことは話せないのです。クロントイ・スラムに軍の装甲車が配備された、軍隊や私服の警官が見張っているという情報も入ってきます。東京事務所も緊張の極に達しました。

その後、プラティープさんと連絡がつき、あるホテルの一室に身を隠していることが判明して一安心したのですが、ここにも危険が迫っており、夫の秦君の安全も危ぶまれる状態になったため、バンコクの日本大使館に保護を求めることにして、現地と東京との両方から手配を進めることにしました。

幸いにして、秦・プラティープ一家は、日本大使館の保護を受けることができ、事なきを得ました。その国で逮捕状の出ている人物を日本大使館が保護をしたということは前代未聞の出来事ですし、この点は高く評価されることと思いますし、心からの感謝を申し上げます。これを機に、とかく評判の悪い日本の外交が民衆の人権を重視した外交に転換していくことを願わないではいられません。デモの鎮圧のために軍隊が出動した時点で、または発砲が始まった時点で、タイ政府に警告を発し、人権を無視し抑圧する政府には、日本の援助の執行を停止しなければならないという声明を発表していたら、流血の惨事は最小限に食い止められたでしょうし、日本の外交姿勢は世界から評価されたに違いないのです。ビルマ（ミャンマー）での民衆への弾圧、中国の天安門事件にも沈黙を守り、結果として権力の側を支持し、民衆を抑圧する側に加担してしまった日本の外交が、世界の民衆に失望を与えたことを反省する必要があります。

その後、二一日のプミポン王国の調停もあってスチンダ政権は退陣し、憲法の再改正、総選挙、軍部の政界や財界への影響力を排除する動きも出て、民主化を要求するデモは終結へと向かったのですが、このタイの民衆の行動に、心からの声援と賛辞を送りたいのです。そして、デモの参加者の一五パーセントから二〇パーセントがスラムの住民たちであったことも記憶しなければなりません。つねに抑圧され、抑圧に耐えることしかしなかった人たちが、自分たちの主張を開始したのですから。

二枚のレコード――『鳥の歌』と『運命』

最近はゆっくりレコードを聴くような時間も持てなくなってしまったのですが、たまにそんな時間ができたときにはつい選んでしまうレコードが二枚あります。一枚はカザルスが国連の議場で演奏した『鳥の歌』で、もう一枚はフルトヴェングラーとベルリン・フィルによるベートーヴェンの『運命』（一九四三年の録音）です。共に、音楽を愛し、平和を愛し、そして誰にもまして祖国を愛し続けた音楽家の演奏なのです。

『鳥の歌』は、チェロの神様、パブロ・カザルスが最晩年、国連の議場で行なったコンサートのライヴ版です。かつての名チェリストも老いて、けっして名演奏とは言えませんが、旋律を口ずさみながら演奏するカザルスの唸《うな》り声のような音も入っていて、迫力のある感動的な録音です。この演奏はかつてテレビでも放映され、バルセロナ・オリンピックの際にも再放映されたので、お聴きになった方も多いでしょう。『鳥の歌』は、スペインのカタロニア民謡をカザルスが編曲したのですが、演奏に先立ち国連の議場に向かって、全世界に向かってカザルスは語り掛けます。「わたしの故郷カタロニアでは、鳥はいつも人たちに“Peace”“Peace”〝平和よ〟〝平和よ〟と囁《ささや》き掛けます。そして、私も今、平和の祈りを込めて『鳥の歌』を演奏しよう」と。

フランコによるファッショ政権の誕生とともに祖国スペインを去り、自由と平和が甦《よみがえ》るまで二度とスペインの地を踏まないと誓い、平和を求め、戦い続けてきたカザルスの生涯を象徴するような演奏であり、望郷への想いを切々に歌い上げるような演奏です。カザルスの『鳥の歌』、それはカンボジアやラオスの難民の人たちを考えるとき、心のどこかで通奏低音のように鳴り続けてきた音楽でした。

もう一枚は、交響曲『運命』ですが、フルトヴェングラーにはたしか五種類か六種類かの『運命』の録音があったと記憶しているのですが、なかでも戦時下のベルリン、連合軍の空襲の合間を縫って行なわれたコンサートをライブ録音したドイツ・グラモフォンの演奏が最高に素晴らしいのです。音はけっしてよくないのですが、緊張感に溢《あふ》れ、聴く人に精神の充実を迫ってくるような凄《すご》い演奏なのです。

ベートーヴェンの曲の指揮棒を振って右に出る人はないと言われたフルトヴェングラーは、ナチス支配下のドイツに留まり、演奏活動を続けたのです。ベートーヴェンの音楽はドイツの地を離れて演奏することはできないと考えたフルトヴェングラーは、祖国を捨てようとはしませんでした。ヒトラーのために演奏することを余儀なくされたときもあったでしょうし、おそらくこのレコードに録音されたときのコンサートにも、鉄十字の腕章をした親衛隊の兵士もいたに違いありません。そのため、戦後、ナチスへの協力の責任を問われ、楽壇から追放され、しばらくは演奏活動を禁じられるという不幸に見舞われるのです。そのフルトヴェングラーを糾弾する先鋒《せんぽう》になったのが、いち早く国を捨て難民となり、アメリカへ亡命した音楽家たちでした。

大事にしている二枚のレコード、敬愛する二人の音楽家は、国家とは何か、自由とは何か、平和とは何か、と問い掛けてくるのです。

SVAがプノンペンで運営している「職業訓練センター」には国境から帰って来た帰還難民の青年が働いています。でも、苦難の時代を祖国に留まり、辛酸に耐えてきた同僚たちの青年を見る目は冷たく、厳しいのです。出身地の村に帰って行く難民たち、親戚の縁故を頼って帰って行く難民たちも、冷やかな視線に曝《さら》され、けっして温かく迎えられてはいないのです。人が求めてやまない自由とは何か。平和とは何か。カザルスと共に『鳥の歌』に耳を傾けてみたいのです。

カンボジアの復興と仏教の役割

先行き不透明なカンボジアの情勢

カンボジアに平和は訪れるのでしょうか。カンボジアの復興は本当に可能なのでしょうか。

カンボジアでは、国連主導による国家の再構築という、人類の歴史でいまだ体験したことのない実験が行なわれています。すでに明石康氏（現在、特定非営利活動法人 日本紛争予防センター会長）を代表とするUNTAC（国連暫定統治機構）が配置され、五月に実施予定の総選挙に向けて準備が進められています。しかし、ポル・ポト派は、頑《かたく》なに武装解除を拒否し、総選挙に応じる気配はないのです。

明石代表は、ポル・ポト派の参加がなくとも、予定どおり総選挙を実施すると言っていますが、紛争の当事者を欠いたままで行なわれる選挙、そこで選ばれた新政府にどれだけの統治能力を期待できるのでしょうか。混沌としたカンボジアの情勢のなかで予断することは不可能ですが、一つ間違うと、国連はカンボジアから引き上げが不可能になり、国連のPKO（平和維持活動）が駐留する限りにおいてカンボジアの束の間の和平が維持されるという事態にもなりかねません。そのときには、国連のPKOは停戦監視の域を超えて、平和維持のための武力行使の権限を持つようになるでしょうし、カンボジアは国連の直接統治、もしくは信託統治領のような国になっていくかも知れないのです。

草の根による援助を

また、カンボジアの経済も危機的な状況にあるのです。経済の復興は、政治による秩序の回復よりも困難かも知れません。

第一に、道路、港湾、電気、通信など、国の経済と市民生活を支える社会経済基盤が破壊されてしまっていること。

第二には、工業生産力がゼロに等しく、ありとあらゆる工業産品のすべてを輸入に依存しなければならないこと。

第三には、民族資本が皆無ですし、経済の復興と産業の育成のための資金のすべてを国外からの援助に依存しなければならないこと。外貨を稼ぐ手段を持ち合わせていないこと。

第四には、頭脳の喪失が著しく、専門的な技術者はもちろん、中堅になる技術労働者さえおりませんし、これから養成にかからなければならない状態にあること。

第五には、ポル・ポト時代の灌漑《かんがい》用水施設の破壊、強制移住や難民流出などによる農村の労働力の不足などによって、農業の生産力が極度に低下していること。

その他、数え上げれば際限がないほど、経済が抱える難題は深刻なのですが、この国の人たちの逞《たくま》しさと、強《したた》かな生活力だけが国の未来に希望を感じさせる、と言ったら言い過ぎでしょうか。

プノンペンは、国連のＵＮＴＡＣ景気で異常なまでの賑わいを見せています。ＵＮＴＡＣやＰＫＯが持ち込んだ資金がどれほどの金額になるのか計算をしてみたこともありませんが、カンボジア経済を完全にドルの経済圏にしてしまったことだけは確かです。そのドルに群がり甘い蜜を吸えた人だけが富み、新しく貧富の格差が生み出されました。国連が予定どおり引いていったとき、この国の経済はどうなるのか、考えただけでぞっとします。

その後を引き受けるのは、抜け目なく着々と浸透しつつあるタイ商人ということでしょう。インドシナを〈戦場から市場へ〉と言ったのはチャチャイ元首相でしたが、タイの経済は着実にこれを実現しつつあるのです。

まもなく本格化してくる海外の国からのＯＤＡ（政府の途上国援助）、その筆頭格を担うのが日本ということになるでしょうが、国民の購買力もなく、技術力も資本力もないところに無秩序に大量の資金が流入し、大型のプロジェクト、事業が一挙に進められていくことは慎まなければなりません。一つ間違うと、永久に援助に寄生する国を造ってしまう危険性があることを指摘しておきます。秩序ある、カンボジアの人たちの背丈にあった援助を考えていくことが必要なのです。

カンボジアを支える農村の復興と仏教

でも、カンボジア復興の鍵は、「農村」が握っていると考えています。カンボジアは、もともと豊かな農業国、稲作で高い生産性を誇ってきた国です。民族の文化も思惟《しい》の方法も、そして社会の秩序も稲作文化を背景に築かれてきました。そして、国民の九〇パーセントが農民という国です。プノンペンという都市だけでカンボジアを考えてはなりません。

稲作は、労働集約型の農業です。田植えにおいても、刈り入れにおいても、村ぐるみの共同作業を必要とします。日本の農業においても、かつては「結《ゆい》」と呼ばれる相互扶助的な共同作業の仕組みがありました。

カンボジアの農業に欠かせない灌漑用水路の保守や管理には、多大な労働力が求められるのです。当然、そこには日本で言う「普請」のような考え方が生まれ、計画的に村ぐるみで維持に当たってきたに違いないのです。そうでなければ、村の農業は成り立たちません。地縁に強く結ばれた相互扶助のシステム、労働の相互提供によって支えられた生産力、それが村を生き生きとした共同体に造り上げてきました。

そして、そのコミュニティ、共同体の核になっているのが、仏教寺院でした。寺院は、村人の精神的な安らぎの場であるとともに、「公界《くがい》」の場所として、政治や世俗の権力の支配構造のなかに属さない、民衆のための公の場所、聖なる場所として存在し、アジール、避難所としての性格を持っていました。タイなどで犯罪者として追われる人が寺院に保護を求めることによって警察の追及を逃れたという話をよく聞きますが、寺院は権力の及ばない場所としてあったのです。日本で言えば、鎌倉の駆け込み寺、東慶寺（現在は、臨済宗）などもそれでした。

一二月の初めの『毎日新聞』で、バッタンバン近郊の村の寺院の僧侶《そうりょ》がＵＮＴＡＣを非難する記事が紹介されていました。それは、ＵＮＴＡＣが僧侶に対して選挙人登録を強制していることへの非難でした。つまり、僧侶が選挙登録するということは、政治権力の支配下に入ることですし、村のコミュニティの核になる資格を放棄することになるというのです。日本の僧侶はとっくに支配下にあり、そのことによって多くのものを失ってしまいましたが、この記事を読み、カンボジアの仏教は健在なり、と喝采《かっさい》を送ったのです。

話が横に逸《そ》れましたが、その農村が危機に直面しています。灌漑用水路の破壊による生産性の低下、悲劇の時代の虐殺や飢餓による労働力の低下、とくに男性の人口が少なくなったことによる労働力の不足、強制移住によって地縁や血縁に強く結ばれていた社会秩序が崩壊してしまっていること、コミュニティの核となる寺院が破壊され、僧侶が殺され、強制還俗させられてしまったこと、そして、村人同士の相互不信が村を共同体として機能させなくなっていることも、大きな原因の一つです。

人の心を癒す仏教と村おこし

米国でカンボジア難民のカウンセリングを行なっているハーヴァード大学の精神病理学者の訪問を受けましたが、米国に難民や移民としてやって来た人たちのなかで圧倒的にカンボジア難民の患者が多く、その症状は深刻であるとのことです。とくに、人間不信からくる症状が顕著で、夫婦や家族の間でも不信感があり、これは国境の難民キャンプやカンボジア国内の調査でも同様の結果であったといいます。悲劇の時代、飢餓と恐怖の限界状況を体験し、わが子によってオンカー（中央および地方の革命組織）に密告される恐怖を体験した人たち、永く四派に分裂して対立し、いつも疑心暗鬼のなかで生きてきた人たちの心の傷が容易に癒《いや》されないのも無理はありません。

ハーヴァード大学では、仏教による治療で効果を上げており、今後のカンボジアの復興には仏教の果たす役割を軽視してはならないのです。日本の仏教系のNGOであるSVAと協力関係を持ち、相互に情報を交換したいというのが、訪問の主旨でした。

重ねて言います。農村の復興なくしてカンボジアの復興はありえません。農村をいきいきとした有機的な共同体に回復させるにはどうすればよいのでしょうか。それにはカンボジアの仏教寺院が果たす役割は大きいのです。寺院があることによって村に求心力が生まれるのです。事実、寺院が復興した村では、住職の呼び掛けで橋の改修や学校の建設が村人の布施や労働奉仕で始まっています。カンボジアの東南部のスバイリエン州のチアルセイ村では、ウドム・リアサイ・パゴダという寺の住職の呼び掛けで学校の建設が開始されましたが、資金難のため屋根と壁の工事だけを残して工事は途中で停止したのです。住職は、徒歩で数百キロの道を歩いて何回となくSVAのプノンペン事務所に援助を求めてやって来ました。この話を聞いた宮城県曹洞宗青年会（会長、早坂文明師）は、バッタンバン郊外のバーンアンピル村の小学校の建設に続いて、この村にも学校建設の資金援助を決定されました。連絡を受けた住職が歓喜し、村人と共に工事を再開したのは言うまでもありません。

僧侶を養成する仏教学校も、一〇〇校以上できました。SVAは、その仏教学校の生徒のための教科書の印刷を行なっています。

〈語る〉大自然

――山や森も眼を持ち、人を見ている

この夏（一九九六年）、ある若者が中央本線の木曽福島の駅から興奮した声で電話を掛けてきました。名古屋への出張の帰り、急に山に行きたくなり、御嶽山に登ってご来光を拝んで来たとのこと。山にはまるで縁のないその若者が、出張帰りの時間を利用して簡単に登れる山として、とっさに思い付いたのが木曽の御嶽山であったということらしいのです。雲海の向こう、みすずかる信州の山々の間から刻一刻と周囲の彩りを変化させせながら昇ってくる太陽の輝きは、天地がひっくり返るような神秘体験だったようです。

若者の「ご来光を拝む」という言い方には驚きましたが、手を合わせて拝んでいる自分にびっくりして、わざわざ電話を掛けたのだというのです。人はどんな人でも、大自然の前で謙虚になるのです。己の小ささと愚かさを思い知らされます。大自然、それは宇宙の真実なのです。人もまた自然の所産なのです。

修験道の修行者は、「六根清浄《ろっこんしょうじょう》」と唱えながら山に登り、人間の感性を清め、自然と一体になろうとするのです。自然の息吹に包まれ、自らも自然に還ろうとするのです。かつて、日本人なら誰でもが感じていた、そんな自然観を、人はいつのころから見失ってしまったのでしょうか。地球環境の危機が叫ばれ、「地球に優しく」などという訳の分からないことを言い始めています。こんな地球に対して横柄で放漫な言葉はありません。地球環境問題の解決は、人間がいなくなれば解決するのです。

タイの北部やラオスに住むモンの人たちは、山岳民族として焼き畑農業をしながら山河踏破の生活をしてきました。モンの人たちは自らを「青い空の民」と呼ぶのです。大自然を友とし、大自然に抱かれて生活をしてきたのです。モンの女性たちは、刺繍《ししゅう》の天才です。その女性たちが好んで作る刺繍のパターン、型に渦巻きが二つ連なったような模様があります。どんな意味があるのか古老に聞いてみたことがあるのです。

すると、こう言うのでした。人が山を見、森を見るように、山や森や自然もみな眼を持っていて、わしらを見守ってくれているのさ。

〈語る〉子ども
――伝えなければならないこと怠っていませんか

一九九六年九月一九日、長野市で絵本の出版祝賀会が開催されます。主催しているのは、長野県下でカンボジアやラオスへの支援活動を続けている「マイトリーしなの」というNGOです。主婦や曹洞宗の青年僧たちが中心になって組織された会です。『白いゾウをすくったウサギ』という書名です。カンボジアの民話を素材に、マイトリーの人たちが構想を練り、在日カンボジア人のNさんが絵を描《か》きました。三六ページのカラー印刷です。文章は、カンボジア語と日本語の対訳です。会の人たちは、内戦やポル・ポト時代の圧政によって、ずたずたに切り裂かれたカンボジア社会や民衆の心の傷の深さに衝撃を受けました。とくに、母親でもある代表の神津さんや南さんたちは、子どもたちが教育や学びの機会を奪われ、地雷の危険と隣り合わせのなかで、ただ生き延びることに懸命になるしかない姿に心を傷めました。人間の精神の形成は、幼児期に「驚き」とか「感動」を体験できたかどうかによってなかば決定されるのです。添い寝する親から絵本を読んでもらったり、昔話を聞きながら、お話の主人公になりきって、同じお話に胸をときめかせるのです。カンボジアの子どもたちは、そんな経験を持っているでしょうか。

そんな思いをしていましたら、日本の子どもたちも同じような状態にあることに気が付いて驚愕《きょうがく》しました。モノでは豊かになりましたが、心の貧しい子どもたちの世界です。大人が一番大切な「感動」や「驚き」の体験を伝える努力をしなくなったことに原因があるのではないでしょうか。生きることの喜び、人のいのちの尊厳、人への思いやりと自然への謙虚さ、子どもたちに伝えなければならないことを怠っているのではないでしょうか。

III

多様な価値観の尊重、文化が呼吸する〈国際協力〉を

©篠田有史

『南方録』に学ぶ「ボランティアの心」――桃山の茶人は国際理解者

『南方録』という茶道の古典をボランティア論の書として読んでみたいと思い始めたのは、文化人類学者の川喜多二郎先生が、大阪、千里の国立民族学博物館の広報誌『みんぱく』で、館長の梅棹忠夫先生との対談のなかで、国際協力の心は茶の心に尽きると述べておられるのを拝見してからです。川喜多先生はそれ以上述べておられなかったのですが、『南方録』を思い浮かべ、わが意を得たりと興奮したのです。同じころ、バンコク事務所で『みんぱく』のこの対談記事を読んだ八木澤克昌君もとても共感し、それから、「ボランティア論」として『南方録』を読み直してみようというのが宿題になっていたのです。
なにはともあれ、本文を読んでみましょう。

小座敷の花は、かならず一色を一枝か二枝をかろくいけたるがよし。勿論花によりてふわふわといけたるもよけれど、本意は景気をのみ好む心いやなり。
四畳半にもなりては、花により二色もゆるすべしとぞ。

ここでは、四畳半にも満たない小座敷の茶室での花の活け方を述べ、一色を一枝か二枝を軽く活けるのがよいと言っているのです。えてして気に入った花があると、あれもこれもと彩りよく活けてみたくなったりするのですが、華やかさや花の美しさを強調したがる心が、小座敷では邪魔になるのです。四畳半以下の三畳ほどしかない小さな空間です。客は一人か二人です。茶の湯の道具も、必要最小限に留められています。そこでは、亭主のもてなす一服の茶に、亭主と客とがどう「出逢い」を持つかが大切なのです。「心」と「心」の「出逢い」に、装飾や演出は要らないのです。

「ボランティアの心」も、そうであってほしいものです。

慣れない風土、それも開発途上国で何かをしようとするとき、大抵の場合、珍しい機材を持ち込むことによって、人々の興味を集め、人々の歓心を買おうとするのです。たしかに、手段として有効な方法ではあります。けれども、道具立てで始めた仕事は、道具立てによって潰《つぶ》れていくのです。最初は手段であったものが、いつしかそれが目的になってしまうからです。

「出逢い」と海外救援

難民キャンプとタイの農村などで謄写版による軽印刷の普及を行なっています。当初、これを見たタイの人たちの多くは、オフセット印刷機のほうが能率的ですし、印刷も鮮明であると言い、大して興味を示してもらえなかったのです。日本の援助関係者からなにを今さらと言われました。たしかに器機としてはオフセットのほうが進歩したものであることは間違いありません。けれども、謄写版に頑固にこだわり続けたのは、目的が印刷技術を伝えるということよりも、タイの農村や難民キャンプに印刷文化を伝え、創造していくことにあったからです。オフセットであろうと謄写版であろうと、それ自体は器機であり、それが操作できるというだけでは大した意味はないのです。印刷は、大勢の人に意思を伝達し、自己表現をしたいという願望の発露です、個人や社会が自己を客観化するという営みです。そのためにも、誰もが、どこででも行なえる印刷手段を所有していることが大切なのです。こういった環境が育ってきたとき、印刷は印刷文化になるのです。ですから、謄写版で製版と印刷ができるようになったというだけでなく、学校や村やさまざまな共同体のなかで超ミニのメディアとして創造的な使われ方が生まれてこない限り、成功とは言えません。

そのためには、ボランティアが村や地域社会の人たちのニーズ、要請や要望をどう理解しているのか、村人や難民の人たちと問題意識をどう共有しているかが問われるのです。さらに言えば、村人とどんな出逢いを持っているのか、です。私自身が謄写版とどう出合っているかです。

一昨年(一九八五年)でしたか、東北タイのコンケーン大学において、「僻村教育におけるトーシャバンの有効性について」という教育論文が発表されたと聞きます。ようやく少しずつですが、定着しかけているようです。

景気をのみ好む心

次に、こういう疑問が出てくるのです。「花は一色で軽く」というのですが、それでは、たくさんの機材や資金を必要とする大型のプロジェクトは間違いなのでしょうか。

そうではありません。今、言っているのは、小座敷での話しであって、「四畳半にもなりては、花により二色もゆるすべし」とあるように、四畳半、さらには書院の茶ともなれば、その空間の広がりに伴い、花の活け方も変わり、プロジェクトの仕掛けが変わってくるのは当然です。
けれども、四畳半であっても、書院であっても、小座敷の心が基本であることには違いないのです。海外国際協力で、政府が行なうような大型のプロジェクトでも、民間団体の行なう小さな草の根のような援助でも、やはり「景気をのみ好む心」を慎み、「出逢い」をこそ大切にしなければなりません。

「いのち」との出逢い

さて、話は変わりますが、一九八七年一月三日、秦辰也君とプラティープさんが結婚しました。結婚にあたり、はなむけの言葉を求められ、色紙に次のような芭蕉の句を書いて贈りました。

いのちふたつの
なかにいきたる　さくらかな

『野晒《のざらし》紀行』のなかの句です。槍名人、服部半左衛門、のちの服部土芳が、俳諧の道への思いが断ちがたく、芭蕉が関西を旅していることを聞き、伊賀上野を脱藩し、芭蕉の後を追います。ついに近江の水口の宿で二人は出逢い、一夜を語り明かすのですが、そのときに詠んだ句がこれです。

久しぶりの再会を喜び、二人は人生を語り、二人が歩もうとする俳諧の道の深遠さについて語ったのです。そして、沈黙が訪れました。二人の志す道の深遠さの前では、言葉は空しいものに過ぎなかったからです。けれども、その沈黙は、感性を超え、知性を拒絶するがゆえに、お互いの存在そのものを実感させ、お互いの「いのち」の出逢いを確かなものにしてくれるのでした。

水口の旅籠の床の間には、一枝の桜が活けられていたのでしょう。芭蕉は、旅籠の女中が無造作に活けた桜の花に、芭蕉と土芳との二つの「いのち」の出逢いを包んでくれている、もっと大きな「命」を実感したのです。

ところで、二人は結婚後の新居をクロントイ・スラムのなかに構えるというのです。二人の歩む道は、今後とも貧しく、険しいものでしょう。でも、貧なることは、二人の人生が貧しいということではありません。貧なるがゆえにこそ「いのち」は隠蔽されることなく、露堂々するのです。堂々と命が露われている人生、素敵ではないですか。

二人がスラムで作り出していくであろう生きざまのなかに、利休の言う小座敷の「出逢い」の創造を期待しているのです。

南方録とは

堺の南宗寺の住持であり、また、千利休の弟子でもあった南坊宗啓が、利休に師事し、茶を学びながら、折りに触れて師が語った言葉や教えを記録したものです。全体は七巻で構成され、第一巻の『覚書』では、利休のわび茶の美学が述べられているのですが、第二巻以後は、茶道の専門的な知識がないと、とうてい理解できませんし、歯が立つ代物《しろもの》ではないのです。けれども、最初の『覚書』は、茶道の心得のないものにとっても、実に面白いのです。茶聖、利休居士の語録を面白いなどと言うこと自体、茶の道にある人には許せないことでしょうが、無茶の茶を喫し、横千家流を自認する素人のこと、お許しをいただきたいのです。

『南方録』をボランティア論の書として読む、という暴挙を試みようとしているのですが、「蚊子、鉄牛を噛《か》む」の類と、笑い飛ばしてお見逃しを乞《こ》う次第です。

水なき里に豊かな潤いを――ジャヤヴァルマン七世とアンコール王朝

初めてカンボジアを訪れたのは、たしか一九八三年で、ヘン・サムリン政権が誕生したものの、国境地帯ではゲリラ勢力との間で依然として激しい攻防戦が繰り返されていたころのことです。SVAのカンボジア国内での活動の可能性を調査するためでした。

調査活動の合間を縫って訪れた博物館で、ジャヤヴァルマン七世の石彫の座像を発見したときには、ほっと救われたような気持ちがしました。町中が破壊の跡ばかりで、この座像も破壊を受けているのではないかと思っていたからです。そして、もっと驚いたのは、博物館の一角で石彫による像の模刻が行なわれていたことでした。技術者が生き延びていたのでしょう。首から上だけの模刻でしたが、さっそく、そのなかの一点を買い求め、カオイダン難民キャンプに持ち帰ったのです。難民たち一同が大喜びしたことは、言うまでもありませんが、SVAがそのころから製作を始めていたシルクスクリーンによるカレンダーの図柄にこの像のスケッチが使われているのには、驚かされました。

ジャヤヴァルマン七世は、今もなおカンボジアの人たちのなかにアンコール・ワットと共に生き続ける大王のなかの大王なのです。

アンコール王朝は、内乱を避けてジャワに逃れていたジャヤヴァルマン二世(八〇二年に即位~八五〇年)が帰国して即位し、アンコールに近いプノン＝クレーンに遷都し、水真臘《すいしんろう》と陸真臘《りくしんろう》に分裂していた国々を統一し、クメール王国の基礎を築いたことに始まります。

その子、インドラヴァルマン(八七七年に即位~八八九年)は、王都アンコール・トム建設を開始します。その子ヤショヴァルマン一世(八九九年~九〇〇年)がアンコール・トム(大都城)に遷都します。

スールヤヴァルマン二世(一一一三年~一一四五年ごろ)のころにヴィシュヌ神を祀《まつ》るヒンドゥー寺院として建設されたアンコール・ワットが完成します。一一七七年、チャンパの攻撃で、首都は陥落します。

ジャヤヴァルマン七世(一一八一年~一二二〇年ごろ)は、チャンパを駆逐し、首都を再建します。アンコール・トムの中心にバイヨンを建設します。王朝の栄光は頂点に達しますが、全国各地に薬師如来を祀る祠堂を建て、そこに一〇二の病院を建設します。要地を結ぶ道路を整備し、一五キロごとに一二一の宿舎を建設したといいます。チャンパとの壮絶な戦いに明け暮れ、勝利を収めた王が、仏教による楽土を建設しようとしたのでしょうか。おそらくそれは、同じように外敵と戦い続けて北インドを統一し、仏教による平和国家の構築を目指したマウリヤ王朝のアショカ王の故事に倣《なら》おうとしたのでしょう。

その後の王朝は、しだいに勢力を南下して来るタイ族に浸食され続け、ついに一四三一年に、タイのアユタヤ王朝の攻勢によってアンコールを放棄することになってしまい、アンコール王朝は落日を迎えていくのです。

アンコール王朝の歴史は、つねに襲いかかってくる外敵と戦いながら、そのなかで巨大な土木建築を行ない、王権を誇示し続けた王朝でした。

「アンコール」は、「都市」を意味するサンスクリット語の「ナガラ」が訛《なま》ったものという説もあるように、アンコール文明は都市文明でした。これだけの土木事業を推進するにはかなりの労働力人口を必要としたでしょうし、その人口を維持するにはそれ相応の農業生産力が必要とされたはずです。空から見るとよく分かりますが、アンコール・ワットの周辺には見事に設計された巨大な人工湖「バライ」が配置され、灌漑《かんがい》の水路が張り巡らされているのです。これらの農業水利施設を建設し、それを維持し管理するには、中央集権的な権力体制の確立を前提にして初めて可能であったのでしょう。

その王権の支配力が低下したとき、その豊かな農業生産力は外敵の好餌として狙われたのです。

ジャヤヴァルマン時代の碑文に「聖なる堤を築き、水なき里に豊かな潤いをもたらし給える主、云云」と記されたものがあるといいます。そして、それは、大和朝廷の中央集権的な権力構造が確立しようとするころ、馬の腹まで浸るような深田に排水灌漑を行ない、良田とした天皇の王権を、「大君は神にしませば赤駒の腹ばう田居を京《みやこ》となしつ」と讃えた『万葉集』の歌が連想されるのです。

遺跡復興の主人公は、カンボジア人――もう一つの国際協力

カンボジアへの関心は、三〇年くらい前になりますか、東京の神田神保町の古本屋で薄汚れた一冊の本と薄っぺらな展覧会の図録を見つけたことから始まります。昭和一八年（一九四三年）に発行された『アンコールワットの美術』（富田亀邨著）と、その本にはさまっていた昭和二四年か二五年（一九四九年か一九五〇年）ごろに東京、日本橋の三越で開催された毎日新聞社主催の『インド古代壁画展　アンコール美術展』の図録がそれです。

そのときは、アンコールの美術への関心からというよりも、まだ闇市が並んでいた戦後まもない日本でアジア美術の展覧会が開かれていたことへの驚きがこの本を求めさせたというのが正しいでしょう。

その展覧会は、戦時中の昭和一七年（一九四二年）に、京都の東本願寺アンコール美術遺跡調査団が杉本哲郎画伯以下一二人で組織され、半年をかけて調査研究を行なった際の浮彫壁画の模写や拓本、写真などを展示したものらしいのです。

写真集『アンコールワットの美術』の「まえがき」によれば、富田亀邱氏もこの調査団の一員に選ばれたが、病に倒れ参加できなかったらしく、無念の思いを込めて調査団の留守中にこの本を出版したようです。

挿し絵の昭和一〇年代の写真を見ますと、フランスの極東学院が植民地政策の一環だったとはいえ、この遺跡の保存にどんなに心血を注いでいたかが窺《うかが》えて、とても興味深いのです。

それにしても、戦時下、京都の東本願寺が行なった調査団の調査報告書は、はたして出版されたのでしょうか。杉本画伯などによる模写や写真は、どこに所蔵されているのでしょうか。気になりながらまだ調べていないのです。

時代は移り変わり、上智大学の石澤良昭教授を中心に、アンコール遺跡保存への気の遠くなるような挑戦が行なわれています。従来のような先進諸国の学者が、復興や保存の名のもとに、技術と資力に任せて一方的に工事を行ない、結果として研究の成果を独占し、文化略奪をしてきたのではないかという反省から、遺跡復興の担い手、アンコール研究の主人公はカンボジアの人たちでなければならない、という視点や立場に立って進められています。ですから、研究報告書にはすべてカンボジア語の訳文が添えられています。調査活動に並行してプノンペン大学に考古学講座を開設し、研究者を養成する努力も行なわれています。

大英博物館、ルーブル美術館、ベルリン博物館といった西欧諸国の博物館のコレクション、収集品が、帝国主義の文化略奪の歴史の証人であることを思うとき、メソポタミアやインドの考古学研究が宝探しと紙一重であったことを思うとき、こういった地味な学術文化面での国際協力の姿勢はもっと評価されなければなりません。

けれども、多くの人材、とくに知識人や学者の多くが人命を奪われてしまったこの国では、研究者を育てることから始めなくてはならないのです。遺跡の崩壊は速く、研究者の養成の時間を待ってはいられないのです。当然、養成と保存の工事が同時進行となるのです。

カンボジアへの国際支援を考えるとき、学術文化の面での気の遠くなるような国際協力が、世界の学者のネットワーク、連携網によって進められつつある、ということを忘れてはなりません。

上野にアンコール・ワットの遺品が……

上野の東京国立博物館の東洋館にはアンコール・ワットやアンコール・トムの石彫美術の作品が数点展示されています。カンボジアが最も栄えたアンコール王朝期に華開いたクメール美術の逸品です。何度かこの作品を鑑賞するためだけの目的で館を訪ねたことがあります。特別展示で混雑しているときでも、ここだけはいつも静かなのです。数年前に訪れたアンコール・ワットの偉容を思い出しながら、ジャヤヴァルマン大王のロマンに思いを馳《は》せるのです。

それにしても、アンコールの作品がなぜここにあるのでしょうか。一九四〇年(昭和一五年)の仏印進駐の際、日本軍が略奪してきたものとばかり思い込んでいたのですが、東京国立博物館の東洋館の前考古室長であった杉山二郎氏（現在、国際仏教学大学院大学教授）にお会いする機会があり、雑談しているうちに話が上野のクメール彫刻に及び、これらがフランスの極東学院から寄贈されたものであることを教えられました。

戦前、カンボジアはベトナムやラオスと共に仏領印度支那として、フランスの植民下にあったのです。フランスの極東学院は、これら諸国の文化研究と保存に力を注ぎ、なかでもアンコール・ワット遺跡群はその中心的な活動をなすものであったのですが、仏印進駐が始まり、アンコール・ワットのあるシェムレアップ地方に日本軍が布陣して来たとき、極東学院は遺跡の破壊と略奪は避けられない、と覚悟したといいます。けれども、軍の大隊長は、遺跡が歴史的にも文化的にも重要なものであり、人類共有の貴重な財産であることをガリ版で印刷し、隊の全員に配付し、遺跡の破壊を厳に戒め、これを徹底したのです。

極東学院のフランス人の学者たちは、軍隊がこのような配慮を行なうことに驚き、何よりも一兵卒に至るまでがそのガリ版の布告が読めるという識字率の高さに驚いたといいます。そして、遺跡の破壊がまったく起こらなかったことに感銘し、一九四三年（昭和一八年）、その感謝の印としてアンコールの作品のなかから選んで、極東学院が日本政府に寄贈したのです。そのときの感謝状は、今も東京国立博物館に保存されているということです。

もちろん、風雲急を告げる太平洋戦争への突入直前の一九四〇年（昭和一五年）の出来事で、戦略的な意味を込められていたでしょうが、秘められた戦時史の一コマとして記憶されてよいことです。

日本では、『大英博物館展』が開催されています。東京と山口での展示は終わり、最後の大阪での展示が行なわれているのですが、エジプト、メソポタミア、インダス、シルク・ロードなど、古代文明史を飾る逸品が集められており、観る人を圧倒します。でも、ここに展示されている一つ一つの作品がどんな経緯で大英博物館の所蔵になったかを考えてみますと、まさにそれは大英帝国の海外侵略史そのものであり、文化略奪以外の何ものでもないことに気が付きます。

それに引き換え、日本が世界に誇る宝物館、正倉院のなんと慎《つつま》しいことでしょう。シルク・ロードの終着駅として、西域や中国から招来した天平の宝物が色彩も鮮やかに保存されていること自体奇跡に近いのですが、大英博物館のそれに比較すれば、質素で慎しく、平和的です。そのほとんどが紙と竹と木が素材なのですから、たかが知れています。

こんな平和的な文化を珍重し大切にしてきた日本は誇ってよいのではないでしょうか。もっとも、金余りに任せて法外な価格でルノワールやセザンヌを買い漁る愚かな連中が徘徊する世の中ですが……。

鶴岡の善宝寺に「龍神信仰」を訪ねて

対談者　五十嵐卓三

龍蛇に対する信仰は、日本でも広く行なわれてきました。

名工の龍の彫刻が上野の不忍池から天に昇っていった話、江戸時代に民家の屋根に上げてあった防火用水は「龍吐水」と書かれていましたし、白蛇が福をもたらすとか、蛇の脱け殻を財布に入れておくとお金に不自由しないとかいった俗信は今も広く行なわれています。

漁業や航海業の人たちの龍神を崇《あが》める信仰は熱烈で、「東の善宝寺、西の金毘羅」と言われるように、日本の漁民信仰の双璧です。

山形県鶴岡市にある善宝寺を訪ね、元兼務住職であった五十嵐卓三氏に善宝寺の龍神信仰とそのルーツ、起源についてお話を伺いました。

五十嵐卓三（いがらし　たくぞう）
一九三二年、山形県鶴岡市生まれ。鶴岡市の曹洞宗乗慶院住職。
駒澤大学大学院修士課程修了。曹洞宗教化研修所研修員、京都大学歴史学特別研修員として研鑽を重ね、「曹洞宗伝道史」、「海外開教伝道史」など発表論文多数。主著の『禅――点からの道』（曹洞宗宗務庁）は、英、独、仏、ポルトガル各国語に翻訳されている。他に『東と西の出合い――禅とキリスト教』（さんまあ出版）、『道元思想の本質――道元禅師の垂語参究』（国書刊行会）がある。
元国立鶴岡工業高等専門学校講師。

有馬　龍や蛇への信仰は、水の信仰と深い関係があると思われますが、インドの起源と考えてよいのでしょうか。
五十嵐　ナーガ（龍）のルーツは、インドのアッサム地方ではないかと私は思っています。国境を越えるとすぐ中国の雲南ですね。民族学的に見ても、両者はよく似ています。からからに乾いた乾季の大地に龍にも似た竜巻がしばしば発生します。モンスーン、季節風の時期になると、黒雲が天空を覆い、やがて車軸を洗うような激しい雨をもたらすのです。大地は潤い、収穫をもたらしますが、ときには大洪水となって災禍をもたらします。
　インドのシヴァ神は、創造と破壊という相矛盾する両面を持つ神として信仰されますが、この神様は首に龍蛇を巻き付けた荒ぶる神として登場します。まさにそれはモンスーンを象徴し、水のもたらす豊穣と災禍を表わしています。
有馬　善宝寺の龍神さんも、インドから中国経由というわけですか。
五十嵐　日本に龍神信仰が入ってきた系譜は、三つあると考えています。一つは、純粋な龍神信仰が東南アジアから日本に入って来た流れ、二つ目は、インドから中国に入り、『龍王経』といった教典の誕生に見られるように教義化されて入って来る流れ、三つ目は、さらに韓国を経由して入って来る道です。
　善宝寺の龍神信仰は、韓国経由と考えています。韓国の慶尚南道《けいしょうなんどう》あたりから、一四世紀から一五世紀ごろ、潮の流れに乗って大内氏時代の山口県に入ってくるのです。善宝寺で毎朝読経している『龍王経』の木版本の版木を、岩国市の近くの善住寺で発見しました。この寺には父幼老卯という禅僧がいて、善宝寺の二十六世の住職と昵懇《じっこん》だったらしいのです。
有馬　そういえば、大内氏には百済《くだら》の琳聖太子《りんしょうたいし》の末《まつ》裔《えい》という伝承があります。それでは、善宝寺の龍神信仰は、初めから今のような形ではなかったということですか。
五十嵐　そうです。天慶年間（九三八年〜九四六年）のころ、妙達上人という方がこの地に来られて、草庵を結んで龍華寺としたのが、善宝寺の開基です。もともとは天台宗で、法華経によって龍の信仰を説いていたようです。
有馬　現在の善宝寺の龍神信仰のことを聞きたいのですが、全国各地からの参詣があるようですね。
五十嵐　北は北海道から、南は福井県あたりまでありますす。太平洋側は三陸から静岡の焼津あたりまで信者が広がってます。最近は、長崎方面も多くなりました。
有馬　航海安全の祈願が多いのですか。それとも、大漁祈願ですか。
五十嵐　両方ですが、やはり、大漁の祈願でしょう。
有馬　善宝寺の裏山に「貝喰《かいば》み の池」という沼がありますが、龍が本当に出てきそうな感じの池ですが、大木が鬱蒼《うっそう》と生い茂っていた昔を想像すると、すごい感じの沼だったでしょうね。
五十嵐　善宝寺では、朝には『龍王経』、昼には『般若心経』、夜は『法華経』の提婆達多品《だいばだったぼん》を読んでご祈禱をするのですが、提婆達多品には八大龍王のことが書いてあります。その八大龍王の一人、沙竭羅龍王《しゃからりゅうおう》が第三の龍女を伴って善宝寺のご開山の妙達上人の説法をいつも聴きに来ていたというのです。そして、ついに悟りを開き、それ以来、縁者眷属《えんじゃけんぞく》ともども善宝寺の守護神になり、我らに祈願するものにはその願いを叶えんと言って、その身を「貝喰みの池」に隠したと言われています。
有馬　とても面白い話ですね。その話で思い出したことがあります。カルカッタのインド博物館にバールフット遺跡の欄楯《らんじゅん》が提示されていますが、そのなかにエーラーパトラ龍王のレリーフ、彫刻の浮き彫りがあります。お釈迦様の伝説を図像化したものですね。この図像の解釈にはいろいろな説があるのですが、エーラーパトラ龍王が王女たちを引き連れ、人間の姿に変身してお釈迦様の説法を聴きに来たのですが、お釈迦様は正体を見抜き、なぜ人間の姿をするのか、龍王は龍王のままで聞法《もんぼう》しなさいと諭《さと》したというのです。龍王はそれを喜び、沼に帰り、沼の中から説法を聴いたというのです。
五十嵐　なるほど、思想的にも興味深い話ですね。善宝寺では、漁業関係者の方にご祈禱をするのですが、実は二大龍王の法脈の伝授をしているのです。法華経の提婆達多品に則って、お釈迦様の説法を聴いて信心したいという二大龍王が、善宝寺の守護神になるのです。そのご祈禱の法脈のお札を持ち帰り、不漁のときにお札を海に投げ込むと、魚が寄ってきて豊漁になるのです。難破しそうになったときは、これを投げると助かるというのですね。
有馬　「板子一枚、下は地獄」という、命を賭《か》けた生《なり》業《わい》をする漁民にとって、破壊と創造といった矛盾する二面を持ったシヴァ神につながる龍への信仰は、海の豊かさと同時に怖さを知るきわめて自然で、素朴な信仰と言えるでしょうね。
東南アジアの各地にも龍への信仰がありますし、カンボジアのアンコール・ワットの橋の欄干《らんかん》も、守護神としての鎌首をもたげたコブラが彫られています。
五十嵐　龍神は海の神様である以前に、水を司る神であり、農耕の神でした。海の神として漁民に信仰されるようになるのは、だいぶ後になってのことなのです。
有馬　春を迎え、雨季を迎えて、乾き切った大地に鍬《くわ》を入れるとき、最初に出てくる生命が蛇や蛙などの爬《は》虫類《ちゅうるい》です。蛙や蛇が農耕の神になるのも、きわめて自然なことです。
五十嵐　西洋では、蛇は邪悪な存在として忌み嫌われますが、アジアでは嫌われながらも、ブッダの弟子になり、守護神になるのです。その違いは面白いですね。
「万物の根源は、『水』である」と言ったのは、ギリシアのタレスですが、私は、龍神信仰とは、水という根源への信仰であり、自然への謙虚な畏怖《いふ》の念であり、自然との共生関係を示すものと考えます。
有馬　今日は大変貴重なお話を伺いました。

「文化」に根ざした「開発」協力を

対談者　ティエリ・ヴェルヘルスト

ティエリ・ヴェルヘルスト氏（文化と開発・南北ネットワーク所長）は、トヨタ財団が東京で主催した国際シンポジウム「二一世紀アジア太平洋の文化の課題——国際文化協力を考える」の参加者として来日しました。

ヴェルヘルスト氏は、著書（『文化・開発・NGO』、原題は『根がなければ花は咲かない』）のなかで、文化は社会の基礎を構成するものであり、文化のうえに経済や政治、産業、教育、保健衛生などの人間の活動がある、したがって、あらゆる分野の開発協力であっても、文化を軽視した開発協力は失敗に終わると、現在の国際協力のあり方を問い直しています。

ヴェルヘルスト氏と望ましい援助のあり方について対談しました。

ティエリ・ヴェルヘルスト
一九四二年、ベルギー生まれ。「文化と開発・南北ネットワーク」所長。
ブリュッセルに本部があるキリスト教系NGOで一五年以上にわたって開発援助の仕事に携わった。現在勤めているネットワークは、開発と文化の関係についての研究、情報交換を行なうNGO。ご夫人はヨーガの先生で、本人もブリュッセルの禅センターに通う仏教通である。著書に『文化・開発・NGO』（原題は、『根がなければ花は咲かない』）（新評論）などがある。

有馬　今日に至るまで数多くの開発協力事業が行なわれてきたのですが、ヴェルヘルストさんは従来の開発協力事業の多くは成果を上げていないし、破綻《はたん》を来していると言われています。ヴェルヘルストさんのおっしゃる開発協力の破綻とはどういう意味ですか、またそれはなぜ起こったのでしょうか。
ヴェルヘルスト　たとえば、アフリカ諸国は、約四〇年間にわたって開発事業が行なわれてきたにもかかわらず、四〇年前と比較して現在の状況は悪くなっています。構造調整の影響によって飢餓、保健衛生、住環境、教育の状況は、四〇年前よりも深刻になっているのです。なぜ、このような事態になってしまったのかについて、NGO（非政府組織）の関係者はこれまで、経済や政治のせいだと言ってきました。植民地主義や新植民地主義がこれらの諸国の経済的な搾取をもたらしたためだとも言ってきました。政治的な依存のせいだと言う人もいます。これらの理由はすべて正しいと思います。
著書『文化・開発・NGO』のなかでこれらの理由に付け足したのが、文化です。でも、文化的な要因はこれまでに言われてきた要因に取って代わるものではなく、あくまで補完するものです。ですから、経済的な搾取、政治的な支配、文化的な疎外という三つの要因を考える必要があります。三つめの要因、文化的な疎外については、これまでの開発論者はNGO関係者も含めてほとんど議論してきませんでした。なぜなら、開発はそれ自体が善であると無条件に考えられてきたからです。開発は良いことです、ですから、誰もが開発を望んでいると考えていたのです。
けれども、開発という概念は、根本的に西欧の近代化と結び付いているのです。近代化の概念の人間に対する見方は、物質主義的で合理主義的で、個人主義的です。言い換えれば、人間についての近代化の考えは間違っていたのです。物質はたしかに重要ですが、人間は他のニーズ、要求を持っています。精神的なニーズもあれば、霊的なニーズもあります。人間は身体、心、精神という三つの要素で成り立っているのです。イエス・キリストも言いました。「人はパンのみで生きるにあらず」と。このような人間についての考え方はすべての宗教に通じるのですが。

アフリカの人たちは、自分たちの人間についての考え方を悪い方向に変えるような形の開発に対して、意識的にか、無意識のうちか分かりませんが、反発し、抵抗してきたのです。このような形の開発をアフリカの人たちが拒否してきたということは、アフリカ文化の生命力だと言えます。もちろん、アフリカの人たちは、自分たち自身にとっての開発の意味を定義しなければなりません。開発の定義は、アフリカの人たちの文化を基盤に据えたときにのみ可能になります。経済や政治は文化に支えられて成り立っているからです。

日本、ヨーロッパ諸国、アメリカ合衆国は、物質的な開発に成功した国々です。けれども、それらの国々の人たちが言う開発のために、自然や文化はどれほど大きな代償を支払ったことでしょう。

有馬　日本も、近代化の過程で日本文化が壊されてしまいました。日本は「脱亜入欧」つまりアジアの後進性を逃れて、西欧の近代化に追い付け、追い越せ、そしてヨーロッパの近代化社会の仲間入りをしようと猛烈な速度でこの一〇〇年間走り続けてきたのです。近代化の過程のなかで、日本文化は変容し、大切なものを喪失してきました。日本の宗教、なかでも仏教は致命的な打撃を受けました。日本の場合、自ら意図的に文化を破壊してきたのですが、日本と同じような問題が、開発の試みの過程で多くの途上国で起きているのですね。

日本は近代化に成功したと言われているのですが、その間に失った代償はきわめて大きいのです。日本の伝統的な価値観が崩れており、人間疎外の状況のなかに日本社会はあるのです。開発協力に関わるNGOとして、途上国には日本のような真似だけはしてほしくない、という気持ちを強く持っています。

望ましい援助とは

有馬　タイ、ラオス、カンボジアといった国々において開発僧と言われる人たちの実践があります。仏教を開発の理念に据えて、村人たちと共に、自分たちの力で自分たちの置かれた状況を変えていこうという動きです。このような開発僧がネットワーク、連携網を作り始めているのです。たいへん興味深い動きです。SVAは、開発僧を支援しているのですが、開発僧たちに協力したり、支援したりというよりも、私たちこそが開発僧から学びたいと思っています。日本は、開発僧たちの思想と実践から、伝統文化に根ざした、近代化を超える開発の思想を学べるでしょう。ヴェルヘルストさんがおっしゃっている「第三世界が近代社会を救う」という考えを、活動を通じて痛感しています。

ディベロップメント（Development）を日本語では「開発《かいはつ》」と言いますが、実は「開発《かいほつ》」という仏教の言葉からきているのです。「かいはつ」と読んだときは、外からの力で開発していくという意味の「他動詞」なのですが、「かいほつ」と読んだときには、中から発露してくる、現われてくるという意味なのです。内的な力が現われて外に押し出していくという「自動詞」なのです。まさに「かいほつ」の視点、開発僧たちは村づくりをして、自分たちを変えようとしているのです。

東南アジアの開発僧以外にも、自主的な、あるいは内発的な開発の動きは多くあると思います。重要なことは、開発僧たちのそういう動きと何らかの関わりを持とうとする場合、どういったスタンス、姿勢で関わっていけばよいのかということなのです。非常に困難なことがあると思います。支援することによって、開発僧の自主的な動きを歪めてしまうことが多いのです。この点をどのようにお考えですか。

ヴェルヘルスト　タイの知識人、スラック・シワラック氏をベルギーのブリュッセルに招き、開発についてNGOの関係者に話していただいたことがあります。面白かったのは、シワラック氏は一時間半にわたって開発についてではなく、「気付き」（Mindfulness）について話したのです。「気付き」は仏教における重要な考えの一つです。

開発事業のすべての段階において、いつも念頭に置かなければならないことは、第一に、なぜこの事業を行なうのか、つまり、プロジェクト、事業の意義について意識しておくこと、第二に、誰がプロジェクトを実施し、誰が受益者になっているのか、つまりプロジェクトの進捗状況を把握しておくことです。この二点についてできるだけ純粋に明確にしておくことが重要です。これが質問に対する一般的な答えです。ヨーロッパのNGOは、シワラック氏の話を聴いて大変驚きました。なぜなら、「開発」とは、資金や行動、事業であり、「精神性」であるとは思ってもみなかったからです。けれども、実証主義や科学万能主義に内在する「精神性」の欠如は、開発の前半において、とくに開発援助において致命的なことなのです。

　次に、具体的にお答えしましょう。開発援助において重要なのは、援助そのものではなく、そこに生きる人たちです。援助やお金は補完的なものに過ぎません。援助のお金は多過ぎてはいけません。また、あせってはいけません。そうでなければ、地域の人たちの生活を破壊することになります。また、重要なことは、自分の考えを押し付けるのではなく、人々の話を聞き、その価値を認めることです。また、私たちはその地域の人たちの外の世界についての情報（人々は外部の世界についての情報を持っていないかも知れません）を持っているのですから、私たちはたとえば国際経済や国際政治についての情報を人々に提供する義務があります。人々に伝えなければならない重要なことの一つは、ヨーロッパや日本はモデルではない、ということです。私たちが犯した失敗や抱えている問題について明確に伝えなければなりません。

有馬　情報の提供が重要とのことですが、その地域の人が自分たちの今いる位置、置かれた場所を認識していないことがよくあり、驚かされます。たとえば、一九七九年に多くのカンボジア難民がタイに流入しましたが、難民の人たちは自分がなぜここにいるのか、どうしてこういう状況がもたらされたのか、そして今では誰でも知っていることですが、当時、難民はポル・ポトという名前さえ知っていなかったのです。自分が置かれている座標軸が見えていないことは、非常に不幸なことなのです。

　開発援助における大切な点をいくつか挙げていただ

いたのですが、これは仏教の基本的な教えである「波《は》羅蜜《らみつ》」、サンスクリット語の「パラミッター」に通じるものがあると思います。「パラミッター」とは、つねに他者と平等であるということです。ある人に対して援助をしたとします。援助をする過程で援助する側、援助される側という対立があるのです。ところが、援助をしたとたんに、援助したものやお金は援助する側のものではないのです、完全に独立したものになって、両者の関係は対等になるのです。両者の関係が対等でないとするならば、援助したこと、援助されたことにこだわりを持っていることになるのです。こだわりを持つことが人間のありようにおいて最も悪いことだと仏教は説いています。ですから、シワラックさんが人間の心のありよう、「精神性」を開発援助において重要視しているのは、きわめて当然のことなのです。
ヴェルヘルスト　お金はお金に過ぎません。お金は、人間関係において中心的な役割を果たしているのではありません。タイの農村に村があり、日本やヨーロッパにはその村を支援する援助機関があるのです。両者はお互いに与え合う関係にあります。私たちは多くのものをタイの人たちからいただき、もちろん、タイの人たちも私たちから多くを得ています。そういう関係のうえにお金が存在するのです。最初からお金があるのではありません。どんな人間関係であっても、誰もが誰かから何かを受け取り、誰かに何かを与えています。まず、互いに与え合うという関係があって、その後、お金がやって来るのです。ですから、平等、パラミッターがまずあります。もちろん、お金の力を否定しているのではありませんが。

理解されなかった「仏教書の復刻事業」

有馬　ヴェルヘルストさんは、ＣＩＳＤＥ（カトリック系開発援助団体の連合体）の事務局長をなさっていたこともあるそうですが、ＣＩＳＤＥと言えば、カンボジアで仏教書がポル・ポト政権時代に焼かれて、なくなっていた時代にいち早く仏教書の復刻事業というユニークな、独自の活動をされましたね。実は、同じ時期に同じ活動をＳＶＡも難民キャンプで始めていたのです。
ヴェルヘルスト　このプロジェクト、事業は非常に小規模なものでした。なぜなら、当時のプノンペン政府は仏教書を復刻するという考えを評価しませんでしたし、このプロジェクトを奨励しませんでしたから。当時、ベルギーのブリュッセルの本部におりましたが、プノンペンの駐在員が僧侶《そうりょ》からこの事業の支援要請を受け、この事業を始めました。この事業を高く評価しました。けれども、私たちを支援してくれる市民からは「なぜ、これが開発なのだ」と言われ、募金はあまり集まりませんでした。
有馬　当時、タイのカンボジア難民キャンプで仕事をしておりました。難民のなかには仏教信者や僧侶が多くおりましたから、その文化的アイデンティティ、主体性を守っていかなければならないという考えのもとに、仏教書の復刻事業を始めました。タイ国内ですから、クメール語の原本がないのです。いろいろな所に行って本をかき集めました。難民キャンプで全部で約一〇〇万冊ほど印刷しました。ところが、この事業は評判が悪かったのです。他のNGOからは、SVAは難民キャンプのニーズ、要求をどう考えているのだと一笑に付されたり、日本の支援者にもこの事業の意味をなかなか理解していただけなかったのです。
ヴェルヘルスト　少なくとも、日本は仏教国だからましですよ。ベルギーはなんといってもカトリックの国ですし、カトリック系のNGOですから、お金集めはもっと困難でしたよ(笑)。
有馬　でも、愉快だったのは、そのころ『クメール語大辞典』を日本で印刷して、難民キャンプの人たちや第三国に定住した難民に配付したのです。この事業もあまり評価されなかったのですが、その後、プノンペンに行ったとき、私たちが作った『クメール語大辞典』の「海賊版」がマーケット、市場で売られていたのです。それを見たときは「やった」と思いましたね。日本の市民やNGOからも評価されなかったのですが、カンボジアの民衆は「海賊版」を作って使ってくれているのです。マーケットに出ているということは「市場性」があるのですから。これは良かったと、とても愉快でした。

文化重視の開発援助

有馬　最後に、文化を重視した援助のあり方についてお伺いしたいのです。文化は、人と共にたえず変容しており、文化そのものは単独では存在できませんし、人間が生きていることのなかに文化はあるのです。ところが、文化協力の分野では、普通、開発途上国の伝統文化の保存を支援しようというと、伝統文化の変化は悪いことだ、変容をもたらしてはならないという論議があるのです。としますと、人間が持っているさまざまな文化は博物館に展示するようなものになってしまいます。そんなものは、文化ではないのです。
ヴェルヘルスト　まず、文化についての私の考えをお話しします。文化は、他の分野、農業、工業、漁業、教育、経済と遊離しているのではありません。文化は、このようなさまざまな人間の営みの基底にあるものです。ですから、どんな協力事業を行なっても、文化的な要素が関わってきます。文化的な要素が援助のニーズ、要請に反映されていることが必要になります。具体的には、文化重視の援助とは、住民を尊重し、住民の参加を重視し、自分たちの知識から始めるのではなく、住民の知識から始める、ということです。文化を考える際に重要なことは、文化の内容ではなく、文化の持つ社会的な機能なのです。文化には、四つの基本的な社会的な機能があります。まず、「自尊心」です。たとえば、一九六〇年代にアメリカ合衆国の黒人の指導者は、「黒は美しい」と叫びました。当時、誰も、「黒人は美しい」と思っていませんでした。白人にとって、黒人は醜く、貧しく、無知な人たちでした。そういうときに黒人の指導者は「黒は美しい」と言ったのです。これが、「自尊心」なのです。
文化は、共同体に属する人たちに誇りを与えます。もし、「誇り」がなければ、運命論者になってしまいます。言い換えれば、文化の内容が変わっても、「誇り」は残ります。ですから、もし、変化が押し付けられたものならば、「誇り」は失われます。でも、もし、変化が選ばれたものならば、「誇り」は強化されます。

日本の明治維新のように。これが、文化の第二の機能である外部の影響を「選択する能力」です。世界中の文化は、新聞やテレビ、ビデオ、情報、開発協力機関、NGOなどを通じて外部の影響の爆撃を受けています。自分たちが欲しいもの、要らないものを選択することが重要なのです。これを可能にするのは、文化です。

文化の持つ第三の機能は、「抵抗の戦略」です。人間は、抑圧されたとき、抵抗し、戦わなければなりません。この抵抗の能力、抵抗の闘争の方法論を生み出すのは、文化です。

最後に、最も重要なことは、文化は「価値」を与えてくれるメカニズム、仕組みであるということです。文化とは、自分の生に価値を与えてくれるものです。生の価値、死の価値、愛の価値、お金の価値、モノの価値、自由の価値、経済の価値です。文化の中身が変わっても、これら四つの機能を維持していれば、文化を持っていることになります。すべての援助は、このような文化の機能を維持し、これらに活力を与えるものでなければなりません。

有馬　まったく同感です。

〈語る〉ファッション

――個性を求め、孤独を恐れる

人はつねに個性的でありたいと願い、他との差異性を求め、強調しようとします。それでいて、孤独を恐れ、社会や他の人との同一性、アイデンティティを求め、そのなかで安定を求めようとします。

「ファッション」という普段考えたこともないテーマ、題目を与えられたのですが、世界のファッションはなぜ、パリであり、ニューヨークから始まるのでしょうか。世界のファッション界で華々しく活躍する日本人が輩出するようになり、日本人女性のファッションに寄せる並々ならぬ関心の高まりにもかかわらず、街行く女性の服装が平均的なのだろうと考えているうちに、東西文明の自己認識、アイデンティティの仕方の違いに原因があるのかしらと考えてみました。

電車に腰掛けていて、目の前に臍《へそ》出しルックの女性が立ち、目のやり場に困り、大胆さは、自己主張というよりもナウい感覚に遅れないで、流行のなかに自分を置いていることに安心感を求めたいという意志のほうが強いように感じるのです。当たっているかどうか皆目見当がつかないので、何人かの若い女性に聞いてみましたが、ニヤニヤ笑っているばかりです。

昔聞いた、今輔か誰かの新作落語だったと思いますが、小学校のPTAの会合で、毎回違った着物でやって来るご婦人のことが話題になり、着物の上に割烹着《かっぽう》を着用してくるようにしようという申し合わせになったのです。すると、件《くだん》のご婦人たちが「まぁ、あなたがいつも違った着物をお召しになってこられるから、こういうことになったのですのよ」と言うと、「私こそ、みなさま方がうらやましくって。だって、みなさまはご自分のお召し物でしょ。私は毎回、店の商売のものを着てくるのですから、恥ずかしくって。」

その女性の家は、古着屋さんだったのです。二、三〇年も前の着る物に十分なお金をかけることのできなかったころのお話です。おあとがよろしいようで。

〈語る〉神話

――描かれた主題の永遠性

毎週、東京と山口を往復する生活を繰り返していま す。一、〇〇〇キロの移動は疲れますが、自分だけの時間が持てるという意味では、贅沢《ぜいたく》な時間です。最近は、読書は眼が疲れるので、もっぱらCD(コンパクトディスク)を持ち込み、音楽を聴くことにしているのです。この間、『ワルキューレ』の全曲を久しぶりに聴きました。新幹線の騒音のなか、けっして音楽鑑賞には相応《ふさわ》しくないのですが、こんな長いオペラ曲を聴く時間など作れないのですから、騒音のことは我慢するほかありません。この曲は、北欧の神話を題材にしたワーグナーの楽劇『ニーベルンゲンの指輪』四部作の第二部です。世界支配の権力の象徴なのです。ラインの黄金を巡り、神ヴォータンと小人民族ニーベルンゲンの権力争奪のドラマ、最後には両者とも滅亡し、世界も没落していく物語です。

その『ワルキューレ』を久しぶりに聴いて感じたことがあるのです。それは、「神話」の世界が描く主題の永遠性ということです。世界支配の権力の象徴であるラインの黄金の争奪という神話は、まさに人類の歴史そのものですし、人類に問い掛けられている古くて新しい課題なのです。神話とは、荒唐無稽《こうとうむけい》な古代の話ではなく、人類の永遠のテーマ、主題を古代人は神話に託して表現していると理解することなのです。もし、それが永遠性と普遍性を持っていなかったら、その話はけっして語り継がれなかったに違いありません。

神話や神話の舞台を民族の心の源泉として理解できる民族は、心豊かな民族なのです。

それに引き換え、日本人は神話の継承をいさぎよく捨ててしまいました。悲しいことです。でも、それも故なきことではありません。神話が政治のイデオロギーに利用され、歴史の事実として教えられた不幸な体験に由来するのです。日本神話を民族が語り続けてきた永遠の主題として、もう一度、読み直してみる営みをするときなのではないでしょうか。

IV

仏教にボランティアの先駆者と NGOの源流を探る

©篠田有史

「餓鬼」の苦しみと援助の心

お釈迦さまのお弟子で神通力がすぐれていた目蓮尊者が、亡くなった母親が餓鬼道《がきどう》に堕《お》ちて苦しんでいる姿を見、母親の苦しみを救うために、雨季の修行の終わる八月一五日、大勢のお坊さまたちに食事の供養《くよう》をしたのが、「お盆」の始まりだと伝えられています。

餓鬼道の苦しみは、水や食べ物は目の前にあるのに、それを手にして口に入れようとした途端に、それは炎に包まれてしまい、とうとう何も口にすることができないで、痩《や》せ衰えてひもじさを訴え続ける苦しみなのだそうです。子どものとき、祖母からそんな話を聞き、もしかして父親も餓鬼道に苦しんでいるのではなかろうかと、猛烈な恐怖感に襲われたのを思い出します。父は戦争で死んでいったのですが、中国大陸の戦線で飲み水がなく、溝《どぶ》水を飲んで中隊のほとんどがアメーバ赤痢で苦しんで死んでいったということを、生き残りの人から聞いていたからです。

「ひもじさ」と人間性

そして、もう一つ、「餓鬼」について、こんな子どものころの恥ずかしい思い出があります。ご承知のとおり、戦後の日本は食糧危機に見舞われたのですが、子どもたちは誰に教わるともなく、進駐軍のジープに向かって「ハロー」「ギブミー、チョコレート」「アイ、アム、ハングリー」と叫んで食べ物をねだることを覚えました。食べたチョコレートの美味《おい》しかったことといったらありませんでした。でも、食べ終わって友だちと別れ、夕暮れのなか、家に帰る途中、なんとも言えない屈辱感と惨《みじ》めさに襲われ、子ども心にも「餓鬼」というのはこんな惨めさを言うのかなぁと感じたのです。

食べ物では、もっと屈辱的な体験があります。家は、瀬戸内海の山陽本線と支線とが分岐する駅のすぐ側にありました。戦後まもなく、日本の食糧危機を援助するため、アメリカからいろいろな食糧が民間救援団体の手で贈られてくるようになり、そのおかげで学校給食も行なわれるようになったのですが、救援食糧の貨車からの積み替えが、その小さな駅でも頻繁《ひんぱん》に行なわれていました。積み荷はトウモロコシが多かったようですが、積み替えのとき、トウモロコシが少しずつですが路線に落ちるのです。汽車が出て行った後、路線のバラス（じゃり）の間に落ちているトウモロコシの粒を拾って、粉に碾《ひ》いて食べるのです。ところが、ある日のことです。警備のために貨車に乗っていた米軍兵がこのことに気付いたのでしょう。子どもたちにウインクして、袋をわざと大きく破って大量に落としてくれました。貨物列車が出て行き、すぐに駆け寄って拾おうとしたのですが、後続の旅客列車が入ってきました。尾籠《びろう》な話で恐縮ですが、当時の客車のトイレは汚物がそのまま路線に流れ落ちる仕組みになっていて、なんと、トウモロコシの上に汚水が流れ落ちているではありませんか。怨《うら》めしかったですね。汽車が出て行った後、汚水を被《かぶ》ったトウモロコシを見ながら悩みました。拾うべきか、拾わざるべきか。でも、ついに拾いました。海水で何度も何度も洗いながら、いつしか顔中が涙でくしゃくしゃになっていました。

食べ物がなくてひもじいほど、残酷で惨めなことはありません。ですから、生き延びるためにはどんなことでもするのです。あのとき、もっと大人でしたら、もっとひどいことでもしたでしょう。けれども、生き延びるためとはいっても、人間としての尊厳を捨てなければ生きていけなかった、その屈辱感と自己嫌悪は終生忘れることはできないでしょう。

「布施」と「援助」の心

一九七九年以来、SVAは、タイに逃れて来たカンボジアとラオスの難民の救援活動を続けています。日本の人たちや世界中からの募金や救援活動のおかげで、飢えて餓死《がし》する人はいなくなりました。けれども、活動を始めた当時の難民キャンプは、本当に凄惨《せいさん》極まりない状態でした。当時、サケオ難民キャンプには約三万五、〇〇〇人の難民が収容されていましたが、毎日一〇〇人を超える死亡者が出ていました。

それは、日本の終戦直後の食糧難をはるかに上回り、地獄絵さながらの光景でした。こんななかで救援活動を行ないながら、子どものころの体験を思い出していました。今、ここで「チュイポン（助けてください）」と言って助けを求めているカンボジアの人たちに必要なもの、それは間違いなく食糧なのです。もし、難民の人たちに生涯忘れられない屈辱感を体験させているかも知れないとすれば、やっている援助とは、いったい何なのでしょうか。そんな疑問から逃れることができませんでした。

「援助」、それは仏教の言葉で言えば「布施《ふせ》」ということですが、お盆の行事に因《ちな》んで言えば、お釈迦さまが目蓮尊者の母親を餓鬼の苦しみから救うために示されたという食事の供養（施食）をするということですが、こう考えていきますと、「布施」や「援助」というのは、たんに物や食糧を上げればよいというものではないということに気付かされます。

極端な言い方をすると、「援助」というのは、援助される人よりも、援助する人の心が問われることなのかも知れません。そんなばかな、援助を必要とする人がいるから援助しているだけなのに……と反論されそうですが、もう一歩進めて考えてみましょう。

人の痛みを分かち合う

なぜ、地球上に飢える人がいるのでしょうか。戦争、旱魃《かんばつ》、自然災害などいろいろな原因が考えられます。けれども、それらは、飢餓の根本の原因ではありません。

実は、豊かな先進国と、貧しい途上国との間の、富や食糧の配分の不平等に最大の原因があるのです。飽食の時代という言葉があるように、日本は食べ物に贅沢《ぜいたく》の限りを尽くしていますが、その贅沢な食生活を支えている食糧のほとんどは輸入品であり、その輸入される食糧の大部分は貧しい飢えた途上国からのものであるとすれば、どうでしょうか。ハマチの養殖が盛んですが、ハマチ一キログラムを育てるのに東南アジアなどから輸入された小魚八キログラムを餌《えさ》に使っているという事実、アフリカやアジアで主食とされているトウモロコシやマイロ（コーリャンの一種）を日本は輸入し、家畜の餌にしているという事実、さらに、一キログラム二五〇円のバナナのうち、フィリピンの農民が手にできるのはたった二円五〇銭、一杯三〇〇円のコーヒーのうち二、三円しかブラジルの農民は収入を得ていないという事実があります。どう見ても日本の飽食は開発途上国の犠牲のうえに成り立っている、途上国を食べていると考えるしかありません。

お釈迦さまは、目蓮尊者に食事の供養を勧められましたが、欲望に任せて飽食を貪《むさぼ》ることが、実は、多くの人の飢餓を招き、人を苦しめることになるのですよ、と教えられたのではないでしょうか。

人の痛みを分かち合う生き方、暮らし方、それがお盆の教えと受け止めてみませんか。

「怨念に報いるに怨念で行なってはならない」——来日したカンボジアの僧

カンボジアの西部国境地域では依然として内戦が続き、混迷のなかで復興への道を模索しているカンボジアから、三月の初旬、一人の仏教僧が来日しました。ネム・キム・テン師が、その人です。

一九九四年三月一〇日、一一日の両日、日本が議長国になり、カンボジアの復興を支援する各国の関係閣僚を東京に招聘《しょうへい》し、「カンボジア復興国際委員会（ICORC）」が開催されるにあたり、カンボジアの開発協力に関わる日本のNGOが連合し、NGOの視点からカンボジアの復興と開発における諸問題をICORCに向けて問題提起をしようという趣旨で「カンボジア市民フォーラム」を開催しました。その討論に参加したカンボジアからのゲスト、招聘者の一人にネム・キム・テン師が招かれたのです。

師は、一九五六年に、カンボジアの南東部のスバイリエン州に生まれ、一九七〇年に、一四歳で出家しました。スバイリエンは、通称「鸚鵡《オウム》の嘴《くちばし》」と呼ばれ、米軍とベトナム軍、それに当時のロン・ノル政権軍とクメール・ルージュとが入り乱れて激戦を繰り返した地域にあります。師の村も戦場と化し、一九七三年には、ついに難民としてベトナムへ逃げて行くしかなかったといいます。やがて、戦争が終わり、ポル・ポト政権が瓦解《がかい》した一九八〇年に、師は故郷の村に帰って来るのですが、そこで見たものは破壊し尽くされた故郷、散乱する人骨の原野、そして飢えと絶望に泣く子どもたちの姿でした。師は、込み上げてくる涙を堪《こら》え、心の中で泣きました。師は、言うのです。

「もし、僧侶《そうりょ》でなかったら、大地を叩《たた》いて号泣《ごうきゅう》したことでしょう。それができたら、どんなに楽だったでしょうに」と。出家者は、この世の喜怒哀楽を超えていなければならないのです。

師は、自問しました。

「私は、私の国で何をしなければならないか。ブッダは、国の同胞のために何をなせと命ぜられるのか」と。

そして、次のような決心をしたのです。

「わが同胞はわが命。同胞の涙はわが涙。同胞の求めることをなせ。それがブッダの同悲の誓願に生きることになる」と。

二四歳の青年僧が最初に手掛けたのは、村にいた三〇人の孤児のための教育活動でした。ただ一棟焼け残っていた寺の僧房を昼間は学校に、夜間は子どもたちの宿舎に当てました。やがて、それは一、〇〇〇人を超える学校になったのですが、一二の教室しかないため三部制をとり、午前、日中、午後で児童を入れ替えるという教育しかできなくて、年間五、〇〇〇時間の授業が理想とされているのに、一、〇〇〇時間の授業しか子どもに提供できないというのです。

また、植林運動や有機農業の指導も、村での重要な活動になっていますが、師が最も精力的に力を注いでいるのが、平和と人権を守る運動なのです。昨年（一九九三年）、カンボジアは総選挙を巡って大揺れに揺れました。内戦を続けてきた四派の政治勢力が武装解除し、国連主導のもとに総選挙を行ない、平和に向けて新しい政治体制を作っていくというのが「パリ平和会議」での合意でしたが、ポル・ポト派は、武装解除に応じないまま武力闘争を継続して選挙をボイコット、拒否しました。また、選挙には二〇の政党が乱立し、選挙事務所が襲撃されたり、運動員が暗殺されたりするといった血なまぐさい選挙戦になっていくのです。師は、自らの師とも仰ぐマハー・コーサナンダ師に、非暴力による平和実現のための行動を提案し、両師の提唱によって「平和の行進」が行なわれました。カンボジア民族の象徴、アンコール・ワットを起点にして首都プノンペンまでの三五〇キロメートルを、非暴力を訴えながら摂氏四〇度を超える炎天下を行進するのです。ロケット弾が飛び交う、戦闘が行なわれているなかを僧侶や市民の一団が合掌し、祈りながら行進するのです。

「怨念に報いるに怨念で行なってはならない。赦《ゆる》しと寛容で報いよ。共に仏子ではないか。」

祈りのなか、頭上を飛び交っていた砲火は止み、最初三〇〇人であった行進は、万を超える人数に増えていったのです。

選挙は無事終わり、新政府が誕生するに至ったことは、周知のとおりですが、この「平和の行進」がカンボジアの民衆に与えた力はいくら過大に評価してもし過ぎることはありません。

けれども、師らの行動に対し、僧侶にあるまじき政治的行動と批判する人もいるのです。事実、師らに対しいくつかの政治勢力から暗殺命令も出されていたというのです。

師は、笑いながら言うのです。

「僧侶の生活は、民衆によって支えられているのです。布施ということは、そういうことでしょう。そんな私が民衆や同胞の幸せのために働くのは、当たり前ではないですか。人々の不幸や涙を止めるのが僧侶の勤めなのです」と。

仏教の教えは、「苦集滅道」の「四聖諦《ししょうたい》」に要約できますが、「苦」の現実を凝視し、その苦を生じさせる「原因」つまり「集」を理解し、その苦悩が「消滅」した幸せを実現するために、苦悩の原因を取り除くための「道」を実践しようというのが、仏教の実践の道程なのです。

ですから、師の行動は、仏教の平和運動というよりも、仏教者の必然なのです。仏教者であることの証《あかし》なのです。

師は、この四月にはポル・ポト派の拠点であるパイリンまで再度「平和の行進」を行なう予定です。地雷原のなかを歩き、ポル・ポト派との和解を訴えるというのです。

時あたかも政府軍のパイリン攻撃が始まったため、この行進はまだ行なわれていないのですが、師の平和と非暴力を訴える祈りの行進は、今後も続けられていくことでしょう。

それにしても、間近で見るネム・キム・テン師の横顔の穏やかさは、とても魅力的でした。シンポジウムや対談で何回となく隣の席に座ることがありましたが、この静寂な表情のどこに厳しい行動を駆り立てる力が潜むのか不思議な感じがしました。師にそのことを言うと、それには応えないで、こんな話をしてくれました。

「師匠のマハー・コーサナンダ師が、あるとき、左足だけで立って歩いてみよ、と言いました。私は二歩、三歩を歩いただけで倒れてしまいました。すると、今度は、右足だけで歩いてみよ、と言いました。やはり、二歩か三歩で倒れてしまいました。コーサナンダ師は、言ったのです。慈悲のない智慧《ちえ》、智慧のない慈悲は片足で大地を歩こうとするに等しい」と。

日本の仏教への、仏教界への痛烈な警策の三十棒と受け止めたのです。

そのコーサナンダ師は、今年（一九九四年）の「ノーベル平和賞」にノミネート、推薦されているというのですが、マハー・コーサナンダ師、ネム・キム・テン師のご健勝を心から祈念してやみません。

「開発の学としての仏教」を学ぶ

「曹洞宗国際ボランティア会（SVA）」という仏教系のNGOに、私は所属しています。山口県の徳山（現在、周南市）という小都市のお寺で住職もしています。本書、ピッタヤー・ウォンクン著『村の衆には借りがある――報徳の開発僧』の訳者である野中耕一氏とは同郷ということ、氏の姉上と二〇年来昵懇《じっこん》にしていただいているという誼《よしみ》からでしょうか、いつも格段のご厚情をいただいているのです。

おまけに本会から自費出版したスラムの天使、プラティープさんの半生を描いた『アジアにかかる虹』についても、野中氏の労になる翻訳を無償で提供していただき、さらにすでに二冊刊行されている〈NGOと開発シリーズ〉についても、氏の自費出版であるにもかかわらず、曹洞宗国際ボランティア会を発売元にするというご厚情をいただいているのです。

ところが、ところがです。どういう間違いからか、同シリーズの第三冊目の出版となる『村の衆には借りがある』の巻末に解説を書いてほしい、と言われるのです。先生に言われては仕方がない、と安易に引き受けたものの、読了するや否や、たちまち後悔してしまったのです。でも、後の祭りです。いくら厚顔無恥でも、幾分かの恥じらいをまだ持っています。これまでに今度ほど困ったことはありません。

私事にわたって恐縮ですが、お寺の住職と、SVAというNGOの事務局長という二足の草鞋《わらじ》を履いて十余年、月曜日から金曜日までを東京の事務局に勤務し、週末だけを寺で過ごすという生活をしています。住職というのは、寺に住まう職の人をいうと言った人がいますが、週に二日しかいない住職、明らかに「不良住職」です。住職の「職場放棄」なのです。

そのうえ、徳山の郊外にある半農半漁の長閑《のどか》だった町は石油コンビナート、臨海工業に海岸を占領され、沿岸漁業は成り立たなくなってしまったのです。後継者はなく、一番若い漁師ですら五〇歳を超えています。農業も自家用の米を作る程度で、農業に未来の希望を託しているような人はいなくなってしまいました。若者は町を捨て、独居老人がだんだんと増えてきました。孤独を訴える人、自分の人生の座標軸が見えなくなった人、寺に苦悩を訴えて来る人が急増してきました。

私は自動車を持たないことにしています。スクーターや自転車なら、道で人に呼び止められたり、道草を食ったりして立ち話ができるからです。立ち話をしていると人々が何に悩んでいるのか、手に取るように分かります。命の底を揺さぶられるような孤独があることを教えられるのです。そんな孤独と対面したくないから、老人たちは金と物にしがみつき、自分を納得させようとするのです。わが故郷《ふるさと》は荒廃し、人の心も病んでいます。

NGO活動の重要性とその意義を認識しているからこそ、NGOのスタッフとして活動に参加しているのですが、僧侶《そうりょ》としての自分に、住職としての私に何が求められているかを知りつつ、それでいてすることをしないでいることは罪悪であると言えます。

南北問題と言うけれど、地球で最も病んでいるのは、南の国ではなく北の国であり、日本ではないでしょうか。南の貧困の原因は南の国にあるのではなく、むしろ北の国によって作り出され、輸出されているのではないでしょうか。もし、そうであるとすると、変革を迫られているのは北の国であり、それは日本なのです。そして、日本の仏教の僧侶は、そんな病んだ日本の地域社会の真っ只中にいるのです。その仏教寺院こそが、古い閉鎖的なムラ社会という伝統的な社会に風穴を開け、意識改革の旗手になることが求められているのではないでしょうか。その変革こそが、病んだ日本の地域社会を〈地球市民社会〉に止揚《しよう》させ、南の国と北の国とが連帯した、新しい価値観に基づく平等な〈地球社会〉を造り上げていくのではないでしょうか。

ところが、ナーン和尚の僧としての生きざまはまことに強烈な衝撃でした。ターサワーン村での和尚の開発への営みは、仏教そのものであり、仏教教理の忠実な実践になっているのです。

「開発の学としての仏教」をこの本に学びました。この本は、警策の三十棒よりもこたえました。禅の言葉に、桶の底を抜くというのがありますが、まさに打破漆桶底《たはしっつうてい》の本でした。日本の僧侶こそが読まなければならない本なのです。

何はともあれ、どんなに辛くても、野中氏への責務は果たさなければなりません。

上座部僧たちとの出会い

曹洞宗国際ボランティア会（SVA）は、タイ、カンボジア、ラオスといった国々にボランティアを派遣し開発協力の活動を行なっています。

一九七九年（昭和五四年）、カンボジア難民が多数発生したことを契機にして、難民支援活動を行なうことを目的にして発足しました。思えば、組織も資金も経験もないままでの、情熱に任せての無謀な出発でした。この間の試行錯誤の体験は、赤面しないでは語れませんが、そんな団体が一四年も活動が継続できたということ自体、奇跡としか言いようがないのです。おそらく危なっかしくて見ていられなくなった人たちが、手を貸してくださったからに相違ありません。事実、大勢の人に助けられました。なかでも、カンボジア難民の人たちやスラム、貧民街の名もない民衆にどれほど助けられ、多くのことを教えられたことでしょうか。そして、そのなかにはタイやカンボジアの僧侶たちがいました。その出会いがあったからこそ、今日の活動が可能になったと言っても過言ではありません。

一九八〇年の初めのころのことです。最初の活動地、タイのサケオ難民キャンプでは、辛うじて国境を越え、難民キャンプに収容された約三万五、〇〇〇人ものカンボジア難民がいましたが、毎日、一〇〇人近い人たちが栄養失調で死亡するといった状態が続いていました。資金力がないので、最も必要であった食糧援助などの緊急援助活動を断念し、やがて健康を快復していくに違いない子どもたちのために、図書館活動を中心にした教育支援活動をすることにして、その準備を行なっていました。そんなある日、キャンプの近くにあったバンキャン村の寺院に止宿する黄衣の僧侶のグループに出会うのです。そのなかに一人のカンボジア僧がいました。マハー・コーサナンダ師です。インド留学中に政変が起こり、祖国に帰れなくなり、そのとき以来、国境で同胞の救援活動を行なっているといいます。活動を支える資金集めに奔走し、死線をさまよう病人があれば、それがたとえ女性であっても腕に抱きとって病院に運んでいくのです。上座部仏教の戒律では、出家僧が現金を持つことは禁止されており、そのために必要な買い物をするときは、「デック・ワット」と呼ばれる寺小僧を連れて歩き、現金の支払いをさせるのです。僧侶が女性に接触するだけで破戒の行為になるのです。破戒にはならないのかと聞きますと、「大丈夫。ブッダは目をつぶってくれるよ」と言いながら、片言の日本語で言います。「マサカノトモガ、シンノトモ」――まさかのときに手を携えてくれる友こそが、真の友ではないですか、と言うのです。

巡回による図書館活動のための絵本作りでも、カンボジア人の僧侶に助けられました。タイ語の絵本をカンボジア語に翻訳し、その訳文を謄写印刷したものを絵本に貼り付けて、カンボジア語の絵本に改造するという作業を行なっていましたが、困ったのは、正しい翻訳ができ、誤りのない表記で、美しいカンボジア文字が書ける翻訳者がいないことでした。そのとき、バンキャン村の寺院の僧たちが知恵を貸してくれたのです。タイで修行してバンコクの寺で住職をしているカンボジアの僧侶、難民となってタイに逃れてタイの寺院に止宿しているカンボジア僧を紹介してもらい、翻訳を依頼し、バンコクの寺院の住職には翻訳の監修を依頼しました。こうして絵本ができあがり、巡回による図書館活動が始まったのです。若い僧侶の何人かは同行してくれ、集まってきた難民キャンプの子どもたちに絵本の読み聞かせを担当してくれました。生まれて初めて絵本を読んだ子どもたちの目の輝き。絵本を貪《むさぼ》るようにして読み耽《ふけ》る子どもたちの姿を、バリバリと音を立てて桑の葉を食べる蚕のようだと評した人がいましたが、戦争しか知らないカンボジアの子どもたちにとって、絵本との出合いは生まれて初めての知的冒険の体験だったのでしょう。

復刻出版するためのカンボジア語の図書を探し出すために、東北タイのクメール語文化圏の地域の寺院をしらみつぶしに探し回ったときも、若い僧たちが車に同乗してくれ、通訳と道案内を買って出てくれました。僧の黄衣への信仰を持つタイでは、野盗が横行していた国境地帯を走るとき、黄衣の同乗者がいることは心強いガードマン、警備員でもあったのです。

カンボジアの僧たちは、やがて不法滞留者として、タイの官憲に身柄を拘束され、難民キャンプに収容されてしまい、活動を共にすることはできなくなってしまったのですが、このころのことは、今でも最も美しい思い出の一つになっています。僧たちのなかの何人かはアメリカへ渡り、この国に定住した同胞のために仏教者として支援活動を行なっています。また、何人かは帰還難民と共に祖国へ帰り、カンボジアのどこかで仏教復興のために頑張っているはずです。

黄衣の人たちの思い出は、語り出せば際限がないのですが、東北タイ、スリン県バーンサワイ村の開発僧、センブラパー寺院の住職、パンヤー・ウティスントーン和尚との出会いも忘れられません。

手探りで始めた活動が軌道に乗り、難民問題の本質が少しずつ見え始めるとともに、バンコクのスラムや東北タイの農村の教育の問題に関心を持つようになってきました。東北タイの村の教育の現状は厳しいのです。児童の半数は、昼の弁当を持参することができないのです。そして、児童の半数は、軽度、重度の差はあっても、栄養障害の症状を示しています。一着しかない制服を兄弟で共用しているため、一日おきにしか通学できない子どもです。一冊の教科書を五人とか六人で使っているのです。その教科書も授業の都度、学校の教科書図書館（？）から借り出し、終われば返さなければなりません。家庭をのぞいてみても、図書を持っている家はほとんどありません。新聞を読んでいる家庭すらないのです。ですから、学校を卒業した少年たちは、いつのまにか文字を忘れていきます。

それにもかかわらず、子どもたちの瞳は明るく、汚れを知りません。笑顔も天使の微笑の顔に似ています。でも、その純真な笑顔が無知からきているとしたら、悲しいではありませんか。自分たちの村や家庭に襲いかかってくる貧困や不条理の現実、その原因を知らないことからくる純真さであるとしたら、どうでしょうか。

こんな村に図書館を造りたいと思いました。小さな図書館でもよい、子どもたちに読書体験をとおして知的冒険の旅に飛び立たせてやれるような、そんな場所を造ってやれないものかと考えました。人は自らが立つ座標軸を知り、歴史を学ぶことによって、自我を確立し、現実を客観化し、苦悩を克服する術《すべ》を学ぶのです。もし、このささやかな図書館が、村で育っていく子どもたちに対して、そんな学びへの動機付けとなるかも知れないと考えたからです。

こうして、民家の一角を間借りした小さな図書館が誕生しました。そして、その民家は、本を読みに来る子どもたちによって占拠されていきます。こんなちっぽけな図書館を熱心に支援し、村人たちに本を読むことの大切さを説いてくれたのが、パンヤー和尚でした。やがて、村で二番目の図書館を造ることになり、寺の一角が図書館に当てられたのです。

パンヤー和尚は、開発僧です。いつも村の発展と村人の幸せを考えています。和尚が最も力を入れているのは、村の緑化なのです。寺の境内は、苗木が所狭しと栽培され、成長してくれば寺にいる比丘《びく》

（修行僧）や沙弥《しゃみ》（少年僧）を引き連れ、先頭に立って植林作業を行なうのです。落ち葉は、大地を肥沃にし、樹木は、雨量が少なく乾燥の激しい大地を緑で覆い、土地の保水力を高め、農業を豊かにすると考えているのです。涼しい木陰は太陽の直射を遮り、心身を爽《さわ》やかにしてくれるのです。人間の頭脳の保水力も高まる、と言って和尚は笑います。

パンヤー和尚のもう一つの関心事は、子どもと女性の問題です。貧しいこの村での貴重な現金の収入源は機織《はたお》りです。クメール系タイ人の多いこの村では、伝統的なクメール風の美しい絹織物が特産です。桑を栽培し、床下で蚕を飼い、糸を紡いで、機を織るのです。かつてはどの家でもやってきた村の伝統が、若い女性に継承されなくなってきています。この伝統を守り、地縁産業を育てていきたいというのが、パンヤー和尚の願いです。村の伝統に誇りを持てない村は、もう生きた村ではないと言うのです。でも、労力の割には収入は少ないのです。市場が遠く、村にやって来る商人に買い叩《たた》かれるからです。そこで、和尚は、村に生活協同組合を作りたいと考えているのです。和尚の夢なのです。

子どものことも和尚は片時も忘れたことがありません。子どもが幸せでない村は、村自体も幸せにはなれない、というのが持論で、お寺に寄せられる寄進を貯めて、奨学金の支給を行ない、音楽に才能のある子どもを集めて寺で音楽を教えたりしています。機を織る母親が仕事に専念できるように、託児所も造りました。これにはSVAも協力しました。託児所の建設には村人と共に和尚も先頭に立ち、セメントを練り、煉瓦《れんが》をつきました。緑と花に包まれた託児所に毎日やって来て、子どもたちの歓声を聞くときが忙しい和尚が一番幸せを実感するひとときなのです。

ＳＶＡは、この村の小学校で、児童の栄養改善と農業学習を推進するために、小規模灌漑《かんがい》農業や補助給食活動など、いくつかの仕事をしていますが、村の精神的な指導者であるパンヤー和尚に出会うことがなかったら、ここでの仕事はこんなにまで楽しく、充実することはなかったでしょう。そして、こんなパンヤー和尚の良き協力者であるビン村長と小学校のプラサート校長との出会いがなかったなら。この二人のことにも触れなければならないのですが、その余裕がありません。

それにしても、厳しく二二七の戒律を守り、サンガ（僧伽）でストイック、禁欲的な出家生活をする上座部仏教の僧たちの、なんと明るく、人懐っこく、屈託がなく、爽《さわ》やかなことなのでしょうか。

〈縁起〉を見るものは法を見る

この『村の衆には借りがある——報徳の開発僧』に登場するナーン和尚、私の出会ったパンヤー和尚の生きざまを見るとき、改めて日本の上座部仏教に対する理解のお粗末さ加減と、大乗を誇る日本の仏教者の奢《おご》りと怠慢を思い知らされるのです。

西域から中国を経て日本へ伝わった仏教は、「北伝仏教」と言われ、「大乗仏教」です。「乗」とは乗り物の意で、すべての人を乗せ、大勢の人と共に彼岸へ渡ろうとするので、大乗と呼ばれるのです。それはすべての生きとし生けるものを救わんとする釈尊の誓願を信仰の原点とし、その誓願によって自らも救われ、生きとし生けるものも共に救われているという信仰に立つのです。ですから、大乗なのです。

それに対して、上座部の仏教は、インドからスリランカ、ビルマ（ミャンマー）、タイ、カンボジアといった風の南の国々に伝播《でんぱ》したので、「南伝仏教」と言われるのです。釈尊が在世中に示された修道の形態を忠実に守り、実践しようとするのです。それが釈尊の悟りに至った道程だからです。このような上座部の実践を大乗仏教の人は、自分一人の悟りしか求めない小さな乗り物、「小乗仏教」だと言い、形式主義だと言って軽蔑するのです。凡愚でそのような実践に耐えられない者には救済はないではないか、と言って非難するのです。

が、本当にそうなのでしょうか。

少し煩鎖になりますが、ここで仏教の教理をきわめて大ざっぱに概説してみましょう。


言うまでもなく、仏教は、今から二、五〇〇年ばかり前、西紀前四六三年、現在ではネパール領になっているルンビニーで釈迦族の国の王子として生まれたゴータマ・シッダルタを教主として誕生しました。ゴータマ・シッダルタは、釈迦族の尊者という意味で、釈尊とも呼ばれる、覚者、悟れる者という意味で、仏陀《ブッダ》（Buddha）とも尊称されるのです。

ブッダ、二九歳で出家し、三五歳にして悟りを開いて伝道生活に入り、八〇歳で入滅したと仏伝は記しています。

それでは、ブッダの悟りとは何か。仏教の根本真理とは何でしょうか。

それは、一言で要約しますと、〈縁起《えんぎ》〉の思想だと言えます。〈縁起〉とは、すべての存在は〈因〉と〈縁〉によって生起するものであり、他との相対的な関係のなかで存在するのです。どのようなものであっても、それがそれ自体として、単独で独立的に存在することはありえないということを意味するのです。ある一つのものの存在は、それの存在を可能にさせる原因であったからです。原因があっても、それが必ずしも結果とはならないのです。蒔《ま》かれた種《たね》が湿度や温度や太陽光線といった条件、つまり〈縁〉が整うことによって発芽するように、すべての存在は〈因〉や〈縁〉とに支えられた関係的な存在です。その条件や関係が崩れれば、存在することも不可能になるのです。ですから、仏教では、形而上学を否定するのです。西洋の哲学は、世界における唯一全体なる実在は何か、を問い続ける形而上学によって、その歴史を展開してきました。仏教は、その形而上学を否定するところから始めるのです。絶対的な実在を追求するのではなく、他との相対のなかに真実があると考えるのです。キリスト教やイスラム教のような絶対神を立てないのです。仏教は宗教ですが、キリスト教の言うレリジョン（Religion）ではありません。レリジョンは、「再結」という意味を持っていると言われています。神と人との再結、それがレリジョンです。絶対にして全能の創造主である神と、神によって創造され、しかも罪によって楽園を追放され、やがて神に裁かれる人間と和解、いや、罪人である人が神と対等の立場で和解できるはずがないのです。神の赦《ゆる》しを受けることによって「再結」されるのです。宗教とは、自分が「宗」とする教えの意なのです。レリジョンを宗教と翻訳したのは、大変な誤訳です。

仏教では、自己に対して「他己《たこ》」という言葉をよくつかいます。人間も〈縁起〉として存在するものですから、自己は自己だけで独立的に存在できない、自然や人間や社会との関係のなかで存在するのです。逆に言えば、他者も私という存在との関係のなかで生きているのですから、他はたんなる他ではなく、他己なのです。

ナーン和尚は、「村の衆には借りがある」と言います。村人の布施によって生活させてもらっているという意味で、借りがあるということと同時に、人が生きるということ自体が縁起的な存在として、借りのなかで生きているということなのです。人は、人や自然や他との関係によってのみ生きられるとするならば、人は、他からの借りによって生きているのです。自も他も、一つなのです。自は他によって生かされ、他も自と共に生きているのです。もっと言えば、私の存在が他にとってどんな意味を持っているのか、それが、私が存在していることの証《あかし》なのです。ナーン和尚風に言えば、他者に「借り」を返していくことが、人として生きるということなのです。

仏教の考え方の根底にあるのが〈縁起〉の思想であることを理解すれば、ナーン和尚が最も力を注いでいる〈サハバーン・カーウ〉がたんなる「米銀行」（米不足のときに、村人に低い利子〔米で払う〕で米を貸し付けるための協同組合）とは違うということがよく分かります。〈サハバーン・カーウ〉はタンブン（布施）であり、慈悲の実践だと言っている意味もよく分かります。他の飢えは己の飢えにほかならず、人の苦しみは自らの痛みとなるのです。他の喜びを自らの喜びとするための慈悲の実践、それが〈サハバーン・カーウ〉なのです。ちなみに、慈悲の悲は、パーリ語でウペッカーと言い、「呻《うめ》き」という意味があります。人の苦しみを見たとき、自分も苦しくなるのです。でも、けっして人と同じ苦しみを体験することはできません。そのとき、人は絶句し、うーんと、呻くだけなのです。そして、同時に、なんとかして代わってあげたいと思い、代われないまでも、なんとかしてあげようと考えるのです。これが、慈（メッター）の心なのです。

サハは「共に」、バーンは「維持する」の意味というのですが、村という〈縁起〉の共同体を本当の共同体にするために、幸せを分かち合い、飢えないという喜びと慈悲の心を維持していくための実践が、〈サハバーン・カーウ〉なのでしょう。

〈四聖諦〉と〈四摂法〉

仏教は、解脱《げだつ》の宗教といわれています。人生の苦悩からの解放と脱却が仏教の最大の関心事なのです。解脱に至るには正しい智慧《ちえ》を得なければなりません。そのための道程は「四諦八正道」という言葉で表現されます。四諦とは、四聖諦《ししょうたい》とも言われますが、「苦諦」「集諦」「滅諦」「道諦」の四つです。「苦諦」とは、苦の現実を見きわめること、「集諦」とは、苦が何によって生じているのか、苦の原因を追求すること、「滅諦」とは、苦を解脱すること、煩悩を滅すること、すなわち涅槃《ねはん》です。「道諦」とは、解脱に至る道を実践することです、それが八正道です。八つの正しい道とは、苦を解脱するために真実を正しく見ること、正しく思惟《しい》すること、正しく心を静めることなどです。

経典に「縁起をみるものは法をみる」とあるように、縁起の実相が理解できれば苦悩からの解脱は可能なはずです。でも、人間の煩悩はそれほど容易にはことを進めてはくれません。すべては縁起的な存在である（無我）と知りながらも自分は絶対だと考え、無常であると知りながらも自己の肉体と精神は永遠であれと願うのが人間なのです。ですから、ナーン和尚がそうしたように、「止観」を行じて己の実体を見きわめ、煩悩の正体と縁起の諸相を観察しなければならないのです。

「村人の心が静まれば、自分たちの苦悩が見える智慧が生まれる。」

「村の経験と問題を村人と一緒になって学び、苦悩の原因の解明から、四聖諦の原理に従って、問題を解決する方法まで村人に理解させ、村人が理解するに至れば、エネルギーが起こるのです。もし、学ばせなければ、『サハバーン・カーウ』も、村の開発も、はっきりと見ることはできないのです。これは並行して行なわなければなりません。人間は物質です。でも、精神を持つ物質なのです。精神の開発をどうしたらいいのでしょうか。それは、わたしたちに最も必要なもので、他の何よりも必要なものだ」と、本文の第九章に述べているのは、従来、自己の内面的な悟りのための実践とのみ考えられていた四諦八正道を、村の開発、人間性の開発の問題として実践したもので、まさにナーン和尚の面目躍如といったところです。

苦を解脱するための実践は、「四摂法《ししょうぼう》」の実践ということでも表わされます。それは、「布施」「愛語」「利行《りぎょう》」「同事」の四つです。

「布施」とは、それが物であっても心であっても、人に分かち与えることです。貪らないこと、惜しみなく与えることです。

「愛語」とは、愛情のある言葉で人と対話することです。

「利行」とは、人の幸せに利する実践をすること、それが布施であっても、愛語であっても、人に幸せをもたらすものでなければならないのです。

「同事」とは、自分と人とがつねに対等で平等であること、布施や利行が他に対する驕《おご》りや優越感を伴うものであってはならないし、相手とつねに同じ目線で考え、行動しなければならないのです。

この「四摂法」は、本文中に言葉としては多く語られていないのですが、ナーン和尚の考え方の根底に通奏低音として流れているのです。

「村人の借金と飢えを全部なくすように手助けしてこそ、完全なタンブン（布施）をしたといえる。」

「手助けに行くときは、弁当を持参して食べる。一つは体のためだ。私たちは体を捧げて彼らの働くのを手伝う。食事も自分たちで用意する。人に迷惑をかけない。私たちは二通りのタンブンをすることができるわけだ。」

「わたしはただ一つのことだけを守ってきた。つまり、やってきたことは、役に立つこと、村人のために本当に役に立つことだった。」

「わたしは村人のための僧侶だ。村人に付き合うのだ。わたしも同じように行き詰まっているから、村人を助けるのだ」と言っているように、です。

おわりに

本来、ブッダの悟りと教説が、〈縁起〉の教えであり、それは「四諦八正道」、あるいは「四摂法」によって解脱へと導かれるものだと述べてきました。ナーン和尚の村の開発への営みは、「米銀行」に似た形態を取りながら、実は村人の一人一人に現実苦を直視することを促し、その原因を追及し、それを克服する道を村人と協同で発見し、共に歩もうとする自己覚醒の道でした。それは、同時に、村を労《いたわ》り合い、助け合い、分かち合い、タンブン（布施）の精神に充満した、真の共同体に覚醒させることでした。

このナーン和尚の、仏法による社会開発の実践は、タイの近隣の村やバンコクにも広がり、共鳴者による〈開発のための仏法連合〉の結成をもたらしました。ナーン和尚は、その連合の中心的な存在としてますます多忙です。

でも、このような仏法による社会開発の運動にも問題がないわけではありません。圧倒的な力で拡大し成長しつつあるバンコクの経済は、間違いなく、東北タイにも浸透しつつあるのです。精神的、有機的な運動が、はたして物質的、無機的な経済の力に本当に耐えられるのでしょうか。

それは、誰にも分からないのです。ただ言えることは、この活動に対する評論家的な言辞は大した意味を持たない、ということです。私にとって、どちらが魅力的であり、どちらが精神の安らぎを覚えるか、なのです。

圧倒的な力を持っているかに見えるＧＮＰ（国民総生産）という衣装をまとった経済至上主義の思潮ですが、人類の歴史で、どんな価値観も、どんな思潮も、いまだかつて一〇〇年以上、続いた試しはないということを承知しておいたほうがよさそうです。

ナーン和尚と同じように、仏教による社会開発を進めている人にスリランカの「サルボダヤ運動」の推進者、アリヤラトネ氏がいます。ナーン和尚の行動にアリヤラトネ氏の考え方を重ねてみると、理解はいっそう深まります。同氏のことを知るには、ジョアンナ・メーシーの『サルボダヤ――仏教と開発』（めこん社）という好著があります。一読をお勧めします。

〈無遮《むしゃ》の人〉叡尊《えいそん》――日本のボランティアの先達

約七〇〇年ほど前の世に、大和（奈良）の地に叡尊（諡号《しごう》は興正菩薩、一二〇一年～一二九〇年）という一人の僧がいました。九〇歳の高齢でこの世を去るまで、ボランティア的な活動に生涯を捧げたその足跡を追い、日常用いている「ボランティア」という言葉の意味を考え直し、日本的な奉仕活動の底流に流れている考え方を見てみます。これからの「ボランティア奉仕活動」のあり方を考える際の一助になれば幸いです。

時は鎌倉中期、一二六九年（文永六年）旧暦三月二五日。場所は、日本の古い都だった奈良の町。それも町の北のはずれ、般若坂《はんにゃざか》を登りつめた坂の上。奈良の大仏で有名な東大寺の大仏殿を南に臨む高台にある、般若野《はんにゃの》と言われるところ。普段は人もあまり寄り付かない淋《さび》しいところです。辺りをよく見ると、蓙蓙《ござ》で囲っただけの見すぼらしい小屋が無数に建ち並び、襤褸《ぼろ》を纏《まと》い痩《や》せ衰えた人の群れが蠢《うごめ》いています。そんな般若野の一角で、一人の年老いた僧侶《そうりょ》が大勢の人に向かって説法をしています。六、〇〇〇人をゆうに超える人が集まり、僧侶の話に耳を傾けています。僧侶の名は叡尊、このときすでに六九歳です。短命であった当時では大変な老齢です。集まっている人たちは、叡尊に師事する弟子や信者たち、貴族や武士の人たちも大勢いますが、圧倒的な多数は乞食やハンセン病の患者や賤民の人たちです。

奈良の町は、古代の都が置かれていたところです。八世紀の終わり、七九四年（延暦一三年）に、都が平安京、現在の京都に移されて以来、町は活気を失い、寂れて斜陽の街になってしまいました。それでも、遷都と共に京都に移り住んでいた貴族たちの故里《ふるさと》であり、所領地でもありましたから、なんとか過去の栄光を維持するだけの余力は残っていました。けれども、新興の武士が台頭し、貴族の領地（荘園）が武士に簒奪《さんだつ》され、古代の荘園制度が崩壊するようになると、奈良の町はよって立つ経済的な基盤を失い、いつしか失業者や流民で溢《あふ》れるようになっていきました。そして、それらの人たちはいわれなく差別され、町のなかに住むことは許されませんし、町の外の荒れ野にスラム、貧民街を形成し、辛うじてその日一日、命を永らえることだけができればよい、という生活を強いられていました。般若野とは、そんな地域の一つでした。なかでも哀れを留めたのは、ハンセン病の患者の人たちです。当時、日本では、ハンセン病患者は社会から忌み嫌われ、極端に差別されていました。ハンセン病の患者が発生すると、その家族全体までが社会から差別されたため、家族からも見放され、患者は般若野のような場所に密《ひそか》に打ち捨てられていったのです。社会福祉の制度などなかった当時のことです、これらの人は生計を立てるに術《すべ》もなく、止むを得ず乞食となって、人の哀れみを乞い、人の施しによってその日の飢えを凌ぐ以外に方法はなかったのです。これは、かつてのヨーロッパでも同様でした。

無知と偏見によって社会から抹殺され、人間としての尊厳を奪われてしまった人たちが住む般若野に、いつのころからか、僧侶の集団が出入りするようになりました。叡尊とその高弟の忍性《にんしょう》（字は良観、一二一七年〜一三〇三年）、そしてその門弟たちの集団です。ある僧は、癩《ライ》菌に冒され患部の爛《ただ》れたこれらの人を背中に背負い、物乞いをするために、人通りの多い街の賑やかな場所に出掛け、夕方にはまた背負って般若野に連れ帰ったりしました。叡尊は、般若野の近くにあった荒れ果てた寺を復興して、救援所にしようとしていました。また、もう少し後のことになりますが、弟子の忍性は、ついに日本で最初のハンセン病患者のための病舎を建設していきます。この病院は今も奈良の地（奈良市川上町坂ノ上）に現存しており、「北山十八間戸《きたやまじゅうはちけんど》」の名で知られています。

話を元に戻しますが、この日、叡尊は、門弟や信者たちと共に荒れ荒《すさ》んだ般若野を整地し、食糧を集め、竃《かまど》を築いて風呂を沸かし、これらの人たちのために「施食会《せじきえ》」（清浄な地や水に食物を投げて、悪道に堕《お》ちて飢餓に苦しんでいる衆生《しゅじょう》や餓鬼に施す法会）と「垢摺供養《あかすりくよう》」（患者を入浴させ、垢を洗い落とし薬料などを施すこと）を行なおうとしていたのです。叡尊は、この日のために門弟たちと共に、現在の奈良、京都、大阪といった各地を巡歴し、勧進し、食糧や資材の勧募を行ない準備をしました。この日、供養を受けた人々は六、〇〇〇人を超え、一人当たり白米一五キロを支給したと記録されていますし、それ以後、各地いたる所でこういった食事などの施しを実施していることからも、おそらく叡尊はこの日までに、かなり広範囲にわたる大規模な援助活動のためのネットワーク、連携網づくりに成功していたのかも知れません。

叡尊は、この日、門弟や信者たちにこんな説法を行ないました。

文珠《もんじゅ》の経典に書かれているとおり、生きた文珠に出会おうとするならば、慈悲心を起こさなければなりません。文珠が生きた姿でこの地上に現われるときは、貧窮孤独《ひんぐうこどく》の衆生（一切の生きとし生けるもの）の姿になって現われるでしょう。貧窮孤独の人たちに出会ったとき、慈悲の愛を持つことのできる人こそ、文珠に出会える人なのです。今日、般若野に大勢の生きた姿の文珠をお迎えしているのです。文珠に食事の供養を差し上げ、入浴をしていただきましょう。文珠の背中の垢《あか》を摺《こす》り、供養させていただくのです……


自分が活動のなかで行き詰まりを感じたときに、勇気を失いそうになったときには、必ずこの地を訪ねることにしています。

今から七〇〇年以上の昔、六九の歳《よわい》老軀を引き摺《ず》るようにして、この場所に立った叡尊のことを考えるとき、再び勇気を取り戻すことができるのです。

また、叡尊はある場所では「施食会」の後、直径が五〇センチメートルもあろうかという大きな茶碗を用意し、これに茶を立て、茶碗を回しながら大勢の人に施茶の供養を行なっています。奈良の西大寺（真言律宗の総本山）という叡尊ゆかりの寺では、現在でも〈大茶盛〉と称して大きな茶碗でお茶を御馳走してくれます。女性ですと、両脇から茶碗を支えて貰わないと持てないほど大きな茶碗なのです。そんな茶碗にお茶が点《た》ててあるのですから、飲むのも大変です。茶碗のなかでお茶が波を立てていまして、うっかりするとお茶の波が鼻の頭や顔に掛かってしまうという具合でして、一同大爆笑という実に愉快で滑稽なお茶会になります。なかには笑いをこらえ切れなくて吹き出してしまう人もいますが、そうなると、大変です。この茶碗は順に回しながら一五人くらいの人で飲むのですから、後の人は前の人が吹き出した唾《つば》も一緒に飲まなければならないことになってしまいます。こんなふうに言いますと、なんとも愉快なお茶会ということになりますし、なぜそんな不衛生なことをしたのかと思われるかも知れません。

現在では、お茶は嗜好品として世界中で愛飲されていますが、当時の日本では中国から茶の苗が輸入され、栽培が始まったばかりで、薬として飲用される大変に高価な貴重品であったのです。それに、おそらくそのお茶の席にはハンセン病患者の人もいたはずで、多くの人は自分の前に回ってきたその茶碗に唇を付けて飲むことをためらったに違いありません。

そんなとき、叡尊は、みんなにこう語り掛けただろうと思います。人は観念のなかで平等を説き、差別の不条理を知識として知っています。けれども、その無差別や平等が具体的に肉体の上に表現され、実践的に社会で実現されなければ価値を持たないではないですか。そのためには、まず自身のなかに潜む「内なる別者の」存在に気付かなければなりません。そして、それと戦うことです。たしかに医学的に考えれば、茶碗の回し飲みは伝染を促進しているようなもので、具合のよいことではないかも知れません。でも、癩菌の存在を知らなかった当時のことですから、お許しを願うほかありませんが、叡尊がこのお茶の席を通して、「助ける人」と「助けられる人」との関係すらも否定し、叡尊の言葉を借りれば慈悲心の愛に〈一味和合〉することを願い、援助し救援する側にいる人に、「援助し救援している」という意識すらも捨てることを迫っていることに注目していただきたいのです。

そして、その考え方の根底にあったもの、それは、仏教の〈縁起《えんぎ》〉の思想でした。〈縁起〉とは、すべての存在は〈縁〉、つまり他者との関わりのなかで生起するものであり、それ自体が相対的な存在として独立的に存在することはありえない、という考え方です。すべての存在は他者との相対的な関係のなかでのみ存在するという考え方であると言ってもよいでしょう。ですから、自己の存在は他者に支えられているのであり、他者との関わり方の内容が自己の存在の内容なのです。極言すれば、自己の生命は、自然や社会をも包含した他者との関係そのもののなかにこそ見出されるのですし、生命は自己を超えているということです。自己を超えた大きな生命に包まれている自分であることを知るとき、人は、慈愛に包まれた共同体のなかに生きている自分であることを知り、他者と自己を遮る区別を放下できるのです。

叡尊が、貧窮孤独の人こそが生きた仏陀にほかならないと言ったその意味は、貧窮孤独の人たちの痛みを自分の痛みとして受け取るということです。貧窮孤独の人の生命のなかに自分の命を見出そうということです。そして、この慈愛の共同体のなかで不幸な人が一人でも存在する限り、自分の幸福はありえないということです。ですから、不幸の境遇の人に慈悲の手を差し伸べようとすることは、もはやたんなる人道主義に基づく実践や慈善活動ではなく、人間が人間であるための当為ですし、生きていることの証明だったのです。

叡尊の事績を紹介しようとすれば際限がありませんが、もう一つだけ述べておかなければならないことがあります。それは、叡尊の活動に感銘した時の権力者、鎌倉幕府の北条時頼が、活動の発展のためには経済基盤の安定が必要であるとして、寺領の寄付を申し入れていますが、そのとき、叡尊は、こういった活動は〈無縁〉の世界でなければならないと言って断わってしまっていることです。実際は、咽《の》喉《ど》の奥から手が出るほど欲しい寄付だったはずです。ですが、叡尊はそれを断わりました。それでは、叡尊の言う〈無縁〉とは何だったのでしょうか。それは、ヨーロッパ中世にも存在した「アジール＝避難所」と解釈してもよいでしょう。要するに、叡尊は、自分の活動のフィールド、場所を、政治権力や公権力などと無縁の場所、民や民衆のためのみに開かれている場所、政治権力の介入を拒否する治外法権的な場所として考えていました。叡尊は民や民衆の連帯、民や民衆による共同体づくりを考えていたのです。

そして、もう一つ注目されるのは、折角の寄付を拒絶された北条時頼が、そのことに感動し、そうでなければならないと言って共鳴していることです。このことは、叡尊の言う〈無縁〉の世界が、けっして叡尊の独創になるものではなく、当時の日本においてきわめて一般的な考え方であったことを意味します。そして、一般民衆が〈無縁〉の世界を楽土と考え、事実、こういった世界が随所にあったのでしょう。先に触れたように、叡尊は、弟子の忍性らと共に、九〇歳の高齢でこの世を去るまで、般若野で行なったような〈施食会〉を頻繁に各地で行なっていたのでしょう。そのことからも、叡尊は畿内において〈無縁〉の地のネットワーク、人脈づくりに成功していたのでしょう。このことは、日本の社会福祉活動が、それ以後、とくに近世の封建社会のなかで権力構造に支配され、抹殺されていった過程を考えるうえで重要な意味を持ってくるのです。日本の精神風土においては、福祉やボランティア活動は不毛であったかのように考えられがちですが、けっしてそうではなかったのです。叡尊だけを取り上げて紹介しましたが、叡尊以前においても、また、叡尊以後においても、この〈無縁〉の系譜は、地下水のように底流に流れていたことも注目する必要があります。

叡尊の活動の一端をご紹介し、その根底にあった思想について駆け足で触れてみました。日本的なボランティアの源流として叡尊の存在は無視できませんし、その考え方は叡尊の存在を知らない人でも、また、仏教の信仰を持たない人でも、現在の日本のボランティアにはどこか相通じるものがあるように思えてならないからです。狭い体験のなかからの判断ですが、知っているボランティア団体や活動ボランティアの人たちのほとんどが、活動の量よりも質をつねに問い続けていること、支援の活動をすること以上に援助を受ける人との心の交流や触れ合いを大切にしようとしていること、援助することによって被援助者の心を傷付け、重荷を与えることになりはしないかと臆病なまでに細心の心遣《こころづか》いをしていること、などです。日本のNGOは、国内での活動をする団体であっても、国際協力活動をする団体であっても、どれも組織は小さく、経済基盤も貧弱です。豊かな地域社会、どんな人たちも人間の尊厳を保障されるような、そして、人間同士が自然と共にいきいきと生きていけるような〈地球共同体〉を造り上げるためには、まだまだ多くの障害や障壁を乗り越えていかなければなりません。そのためには、それぞれのNGOがもっと力を付けていかなければなりません。でも、その一方で、こういった運動が組織化された途端に、本質から遠く離れていくと考えている人もいるのです。

たしかに、組織が強力になればなるほど、組織の論理や組織の力学が強く働き始め、なかにいる人間の主体性をいつとはなしに疎外し始めていくのも、事実です。日本の社会福祉の歴史において、古代の昔から、数多の活動実践家を輩出しながらも、近代に至るまで、ついに組織化されることがありませんでした。ご紹介した叡尊の活動も、弟子の忍性までで、それ以後には継承されませんでした。近代以後、現代においても、欧米に見られるような組織づくりに成功したNGOは見られません。日本の社会基盤の脆弱《ぜいじゃく》さのためと言う人もいます。個に目覚めた市民意識がまだ育っていないからと言う人もいますし、いや、これから始まると言う人もいます。どれが正しいのか、即断はできません。

けれども、援助や奉仕の名のもとに、援助を必要とする人の心の中に土足で踏み込むことになっているのではないかと、活動にいつも臆病であった人たちのことや、組織化がもたらす自己疎外の現象につねに疑問を持ち続けた人たちのことが、懐かしく感じられて仕方ありません。従来考えられてきた組織論とは異なる視点に立った、もう一つのNGOの活性化の道があるように思えてなりません。

最近、共通の目的意識のもとに、異なった団体や個人が緩やかな連帯をしながらネットワーキング、連携網づくりをしていこうとする動きがあります。つまり、異なった思想や考え方を持ったまま、相互の考え方や主体性を尊重し、連帯していこうとする考え方です。現在、世界各地で起こっているさまざまな紛争の多くが、思想や宗教の名のもとに起こり、文化や言語の違いから起こる民族意識によって生じていることを思うとき、異質の世界観や異なる文化を尊重し、異質の人たちのなかに自分自身の生命を見出し、連帯し、ネットワークしていこうとする営みは、平和のためにも最も大切な営みでもあるのです。

また、現代の巨大化した組織社会は、人間の抱えているさまざまな問題を多様化し、組織的な対応を必要とするようになっていることも、事実なのです。

このような考え方では、あまりにも姑息《こそく》に過ぎるという批判が聞こえてくるような感じもいたします。東洋的なロマンティシズムであると一笑に付されそうな気もします。

けれども、一つの世界観や価値観で世界が統一されたり、支配できるという考え方が空想に過ぎませんし、むしろ平和を害する迷信に過ぎないことが自明であるのなら、愚鈍であっても、あえて困難な道を歩まなければならないのです。

〈草莽《そうもう》の人〉重源《ちょうげん》——日本のNGOの源流

二つの興味ある展覧会が開催されました。東京国立博物館での〈西大寺展〉と、東京、日本橋の髙島屋で開催された〈東大寺展〉です。

〈東大寺展〉は、南大門の仁王像のうちの吽形《うんぎょう》像の解体修理が完成したのを記念して、〈西大寺展〉は、鎌倉期の西大寺（真言律宗の総本山）中興の祖、叡尊《えいそん》（諡号《しごう》は興正菩薩、一二〇一年～一二九〇年）八百回忌の記念行事として、開催されたのです。

〈東大寺展〉は、会場が百貨店だったため、国宝級の作品の出展はなかったのですが、鎌倉時代に、大仏の再建という大事業を行なった重源（諡号は俊乗房、一一二一年～一二〇六年）の事績や鎌倉彫刻の特徴などを、工夫を凝らした展示で、面白く見ることができました。

なかでも興味を惹《ひ》いたのは、像の頭部や体部の部材に記された墨書や、内部から発見された経巻などの多くの納入品です。墨書や経巻の巻末には、願文と共に、この造像に関わり結縁《けちえん》した多数の人たちの名前が記されていて、この仏像の制作にどんなに多くの民衆が関わり合っていたのかが窺《うかが》えました。

鎌倉期の東大寺（華厳宗の総本山）の再建は、源平の合戦の折、平重衡の兵火で焼失した大仏を、後白河法皇と源頼朝が朝廷と幕府の威信を懸けて取り組んだ国家的な事業ですが、奈良時代の創建の際、かつては民衆を眩惑《げんわく》するといって国家に指弾されていた僧行基《ぎょうき》とその集団の力を借りなければ大仏の建立は不可能であったように、鎌倉時代の再建においても、これらの事業の完遂には、民衆の力が必要であったのです。

事業の全体を統括する〈大勧進職〉に重源が任命されたのも、行基に似て、民衆と共に生きる〈草莽〉の人だったからです。朝廷も幕府も、重源の民衆を組織する力、重源が〈草の根〉の人と結んでいるネットワークが欲しかったのです。重源が〈大勧進職〉を任命されたのが、六一歳のときです。重源は、任にあたるや、持っている人脈を事業に向けて再ネットワーク化、再組織化することを開始するのです。大和（奈良）、伊賀（三重）、難波（大阪）、播磨（兵庫）、備前（岡山）、備中（岡山）、周防（山口）などの各地に「別所」と称する拠点を作り、さまざまな技術や人材を集めたターミナル、集積地を造ります。石工、木工、瓦師、芸術家、航海業者など、夥《おびただ》しい〈草の根〉の民衆の知恵と力を結集するのです。

大仏再建の事業は、これら「別所」のネットワークによって進められました。そして、その主役はこれら〈草莽〉の人たちであり、墨書に見る人名の主こそが、まさにそのような人なのです。

このことは、叡尊の西大寺の再建では、さらに徹底しています。叡尊が造像した釈迦《しやか》の像のなかに納入されていた交名帖には一六八人の結縁《けちえん》者の名が記され、叡尊の像には実に九一一人の人名を見ることができます。これらの墨書や交名帖に登場する、中世の〈草莽〉の人たちに愛情を感じます。そして、深い共感と感動を覚えるのです。

ところで、ＳＶＡの活動は、一二年目を迎えました。会員は、一、七〇〇人を超えた程度に過ぎません。数の多さがすべてではありませんが、活動が真に〈草の根〉に根付いた市民運動というには、あまりにも寂しい限りです。地方では、胎動にも似た動きが始まっているのです。〈地球共同体〉の視座を持った人たちが、第三世界の人たちとの協力関係のなかで、自分を変え、所属する地域社会を変えようとしているのです。

この働きに希望を見出すのです。この動きをもっと確かなものにしていこうではありませんか。

重源の各地の「別所」に集まる〈草莽〉の人が日本の美術史を変え、歴史を動かしたように、覚醒した〈草の根〉の一人一人がネットワーク、連携するとき、歴史を動かす力が生まれてくるのです。

地方が動くとき、日本は変わるのです。いつの時代でも、日本の変革は、地方から始まったのですから。

〈中世〉のネットワーカーと〈中世〉のボランティア

価値観の多様性は、**混乱**ではなく、**社会の豊か**さ
国の定める一元的な価値観で市民や社会が律せられるのではなく、市民の多様性が尊重され、すべての人たちの尊厳が保障される、それが市民社会です。その代わり、すべての人は自律的であり、自分の

行為に責任を持ち、自己の確立を果たしていかなければなりません。

それは、日本社会だけでなく、地球規模に及ぶものでなければなりません。それが「地球市民社会」です。すべての民族の言語や文化や宗教が尊重され、尊敬されなければなりません。多様性や差異性を厄介だと思うのではなく、「地球社会」の豊かさであり、多彩ないろどりと受け止めることが必要なのです。仏教では、これを「曼荼羅《まんだら》」と言います。曼荼羅には数多くの仏様が描かれていて、一見わけが分からないほどです。仏さんが渦巻き状態に描かれ、混沌《こんとん》としているのです。それでは、無秩序状態なのかといいますと、そうではないのです。その混沌の多様性が世界を美しく彩りエネルギーになっています。それが、曼荼羅です。

もう一つ、仏教の言葉を紹介します。聞き慣れない言葉ですが、仏教には「他己《たこ》」という言葉があります。他なる自己、つまり他者のことです。今では辞書を引いても出てこない言葉になってしまいましたが、鎌倉時代や室町時代には普通につかわれていた言葉でした。人間の社会には大勢の人がいて、みんな考え方が違うのです。意見が違えば対立が起き、争いも生まれます。けれども、人が生きるには他者と関わりをもって生きていかなければなりません。人との間で生きているから、「人間」と言います。人に支えられ、人を支えて生きる、そんな相互扶助の関係が人間の社会です。となりますと、他者は他なる己なのですね。人はたんなる無関係な他人ではなくて、他なる己なのです。日本の中世は、他者に対する労《いたわ》りと優しさをもった社会だったと考えていますが、人間への深い関心を持ち、底抜けに人を信じ、人を愛した、人と人ごとでない関わり方をしたのだと思います。そうでなければ、「他己」というような言葉が生まれるわけがないのです。

「地球市民社会」とは、中世の人のような人間への底抜けの愛情と信頼を取り戻そうという運動だと言ってもよいのかも知れません。

中世は、民衆が主人公の時代

話が日本の中世までいってしまいましたが、実は日本の中世という時代は、日本の歴史のなかで最も民衆がいきいきと生き、「ボランティア」という言葉はなかったのですが、お互いが相互扶助の助け合いの世界を築いていた時代だったと思っています。そんなことはない、鎌倉時代は武家社会が成立した時代で、武士が支配するようになった時代だと言われるかも知れませんが、それは政治史だけで日本の歴史を見ているからそう見えるのです。試しに、そのころに描かれた絵巻物の何点かをご覧になってみてください。びっくりされることでしょう。『伴大納言絵巻』では、火事の現場に駆け付ける群衆が描かれていますが、一人一人の個性的なことと言ったらありません。『一遍聖絵』では、物語の主人公は一遍上人ではなく、名もなき民衆ではないのかと思われるほど、登場する庶民が輝いています。名もなく貧しい庶民、路傍で物乞いをする乞食たちまで独特の風格を持っているのです。

この時代に、庶民がネットワーク、人脈を持っていました。大工、左官、冶金《やきん》、石工という技術者、傀儡《くぐつ》（操り人形）まわし、猿まわし、遊芸者という遊行の人たち、その他、胸叩《たた》きとか乞食に至るまである種のネットワーク、相互扶助の関係、連携網を持っていたのです。いくつかの『職人絵巻』を見ると、このことが分かるのです。とにかく面白い時代なのです。そして、これらの人たちの世界を〈公《く》界《がい》〉と呼んだのです。つまり、自分たちの世界こそが公、パブリックだと言うのです。今では公権力という言葉があるように、政府の行政が公の世界として権力化していますが、昔は違うのです。公界の場所は、「治外法権」として警察権力は立ち入ることができなかったのです。

こんな話を始めたらきりがないので、深入りはしませんが、当時の典型的なネットワーカー、組織者として、重源《ちょうげん》（諡号《しごう》は俊乗房、一一二一年～一二〇六年）、叡尊《えいそん》（諡号《しごう》は興正菩薩、一二〇一年～一二九〇年）という二人のことをお話しします。

〈ネットワーカーの先達〉重源

重源というお坊さんは、一一二一年（保安二年）に生まれ、鎌倉時代に畿内を中心に活躍した人ですが、六〇歳になるまで歴史の表舞台にはまったく登場することはありませんでした。一一八〇年（治承四年）、源平の戦いのなか、平重衡によって奈良は焼き討ちされ、東大寺（華厳宗の総本山）や興福寺（法相宗の大本山）というお寺は灰燼《かいじん》に帰してしまいます。焼け落ちた大仏を見て、この世の終わりが来たと思ったと、当時の人の日記に書かれています。戦乱が終わり、後白河法皇は大仏の再建を勅命し、再建の責任者である〈大勧進職〉に重源を任命しました。なぜ、重源が任命されたのでしょうか。それは、大仏再建の事業というのは、朝廷にも幕府にもそれを単独で遂行する力はなく、民衆の参加を促し、民衆を組織化する以外に方法がなく、それに加えて、資金の勧募、資材の調達、労働力の確保、技術者の調達、事業の企画と管理というすべてを担える人物は、重源以外にはいなかったのです。重源のネットワーカーとしての力量が評価されたのでしょう。

一一八一年(養和元年)の八月、〈大勧進職〉に任命されるや、重源は、行動を開始します。一〇月には大仏の頭部に乗せる螺髪《らほつ》の鋳造を開始し、中国からの渡来人であり、鋳造技術に詳しい陳和卿《ちんなけい》と大仏鋳造の打ち合わせも開始しました。やはり中国から来ていた石造技術者の尹行末《いこうまつ》の力も導入しています。中国に三回渡航したという重源は、東アジアとも人脈を持っていました。六三歳のときには、大仏の右手の鋳造が終わり、同年四月には頭部の鋳造を始め、五月には完成します。翌年の一一八四年(元暦元年)には左手を鋳造し、一一八五年(文治元年)には大仏が完成し、落慶法要を行なっているのです。大変な迅速さです。

大仏は落成しました。次は、大仏殿を始めとする堂塔《とうとう》伽藍《がらん》の建築です。もちろん、堂塔に安置する仏像も造らなければなりません。ところが、大伽藍《だいがらん》の建設に必要な用材がないのです。今、森林資源保護が地球規模の課題になっていますが、古代の飛鳥時代のころから社寺建築や都の造営のために畿内の木材は伐り尽くし、もはや巨大建築に耐えられるような用材はありませんでした。ようやく見つけたのが周防《すおう》国の佐波川の上流の原始林でした。現在の山口県佐波郡徳地町です。重源は、周防国を拝領し、国司になって赴任し、一一八六年(文治二年)四月一八日に杣《そま》始めを行なっています。

余談ですが、東大寺は、戦国時代にもう一度戦火のために焼失しています。江戸時代になって再建したのが今の建物なのですが、この再建工事のときは、周防にも用材はなく、日向、今の宮崎県から伐り出しをしています。東大寺の大仏殿に行ってご覧になると分かるのですが、宮崎から運んできた用材は一本の巨木による一木《いちぼく》造りではなく、寄木造りというのでしょうか、何本かの木を寄せ合わせ、それを鉄の輪で締め付けて太い柱にしてあります。日本では、江戸時代ですでに巨木は完全に枯渇《こかつ》していました。人間の文明の発達と自然破壊、けっして今に始まったことではありません。人類の永遠の課題ということでしょうか。

重源は、四月には鎌倉へ下向します。周防では豪族たちの妨害活動が発生していましたから、それへの対策を訴えるために幕府に陳情を行なったのでしょう。翌一一八七年（文治三年）五月には西海道（九州）へ行っているのです。九州は朝鮮や中国からやって来た技術者のターミナル、集積地でしたから、これらの人たちとの関係づくりのために行ったのでしょう。同年一〇月には、周防からの最初の用材を大和（奈良）に運び込んでいるのです。続いて、重源は、大和、周防に「別所《べっしょ》」を造ります。周防別所は、今も山口県防府市に阿弥陀寺として現存しています。この別所というのが面白いのです。後で触れます。

こうして、一一九〇年（建久元年）には大仏殿の上棟式を行ないます。このとき、重源はすでに七〇歳です。凄《すご》いと言うほかありません。一一九二年（建久三年）には、播磨の別所、現在の兵庫県小野市の浄土寺がそれです。続いて、大仏の光背の工事、中門の工事、南大門の工事です。一一九六年（建久七年）四月には、魚住泊りの工事、湊の改修工事、現在の西明石です。大輪田の湊の改修、現在の神戸市兵庫区です。一二〇一年（建仁元年）、八一歳のときは、難波（大阪）に渡辺別所を造り、翌一二〇二年（建仁二年）には伊賀別所を造っています、伊賀上野市の新大仏寺がそれです。そして、八三歳で東大寺落成の総供養を行ないました。工事はなお継続し、七重塔の造営は八五歳の一二〇五年（元久二年）の一二月に竣工です。これですべての工事が終わり、翌年、八六歳でこの世を去っていきました。六一歳で〈大勧進職〉を受けて以来、八六歳までの二五年間、まさに大仏の再建にすべての生命力を投入した、凄《すさ》まじいと言うほかない、人生でした。

重源に惹《ひ》かれるのは、一大建設工事をなし終えた人という点にあるのではなく、その建設のプロジェクト、事業の遂行の裏にあるネットワークの面白さにあります。各地に別所を造ったと言いましたが、この別所こそが重源の本当にやりたかった仕事であったのではないかと思えるのです。大和（奈良）、伊賀（三重）、難波（大阪）、播磨（兵庫）、備前（岡山）、備中（岡山）、周防（山口）と、各地に造った別所。これは多様な機能を持った施設でした。重源は、仏教僧ですから、信仰と道場という性格を持っていたのは当然として、それ以外にホームレスの人の無料宿泊施設であり、食事を提供する場所でもありました。そして、その人たちの健康を癒《いや》す医療サービスも行ない、職業訓練も行ないました。渡辺では、瀬戸内海から運ばれてくる木材を淀川に引き込み、木津まで運ぶという仕事を提供し、そのための操船技術や筏《いかだ》を操る技術訓練を行なったことでしょう。備前では、瓦の製造技術、周防では、木材伐採技術や河川改修、木材を筏に組む技術を教えました。そして、これらの別所をネットワークさせ、東大寺の再建という巨大なプロジェクトに統合させていくのです。

別所とは、今で言う総合福祉センターであり、職業訓練センターであり、職業斡旋所でもありました。

また、技術者集団のターミナルであり、飯場であり、寄せ場に近い性格を持っていました。道路改修、河川改修、港湾改修も行なっていますから、建設省(現在、国土交通省)の地方事務所みたいな性格もありました。別所に集まってくる庶民の求めているニーズ、要望に応えていくのですから、ニーズ、要請の数ほど業務は作られたと言うほうが正しいかも知れません。

快慶という鎌倉時代を代表する彫刻家を始め、建築美術、石造美術という芸術家集団を持ち、それら芸術家を指導し育成するということもやっていた節があります。たとえば、快慶です。快慶は重源の行くところにはつねに付き添い、各地に素晴らしい作品を残していますが、重源がいなくなった後の作品は、まるで別人の作ではないかと思えるくらい力と生気を失ったものになってしまいます。一人の芸術家にここまで大きな影響を与える力を持ち、心酔させた人物というのは、本物です。けっして、たんなる事業家ではありません。

平安時代の末期から鎌倉時代の初頭に至るまでの畿内は、政治的にも、経済的にも、社会的にも混乱の極にありました。貴族は力を失い、武士に力を奪われ、荘園の経済は破綻《はたん》して、政治の中心も京から鎌倉へ移っていきます。おそらく庶民は仕事の糧《かて》を失い、巷《ちまた》には失業者が溢れ、黒澤明監督の名作の映画『羅生門』に描かれたような光景だったに違いありません。重源は、六〇歳まで、歴史の表舞台には現われなかったのですが、巷で苦悩する民衆と共に生き、民衆をネットワーク、結集、組織しながら、一人一人の命に輝きを取り戻す働きをしていました。だからこそ、大仏の再建に当たり、重源のネットワーク、人脈を利用しようと後白河法皇は考えたのです。

この時代に、重源は、破格の存在であるとしても、重源のような生き方をした人は無数にいたことを覚えておいていただきたいのです。

〈ボランティアの先駆者〉叡尊

もう一人、重源より少し遅れて登場し、奈良の西大寺（真言律宗の総本山）を中心に活躍した叡尊というお坊さんのことを紹介します。

叡尊は、一二〇一年（建仁元年）に、大和（奈良）に生まれました。九〇歳まで生きた人です。近鉄の西大寺駅のすぐ側に西大寺という寺がありますが、ここに叡尊の寿像があります。亡くなる少し前に作られた肖像彫刻ですから、お姿をそのままに現わしていると思われますが、これまた凄《すご》い迫力を持った彫刻です。叡尊の事績を一つ一つ述べている余裕はないので、その一端だけをご紹介しますと、奈良の北の郊外に奈良坂、般若坂《はんにゃざか》という坂道があります。ここに北山という地域がありますが、そこに「北《きた》山十八間戸《やまじゅうはちけんど》」と呼ばれる建物があります。長屋風の十八間間口の建物です。

これは、叡尊とその弟子の忍性《にんしょう》（字は良観、一二一七年～一三〇三年）とが造った、日本で最初のハンセン病患者のための療養施設です。ハンセン病患者の方々は、ごく最近まできわめて不当な差別を受けてきました。その病が癩《ライ》菌による伝染病であり、その治療薬も発見されて完治するようになった今日でも、依然として無知と偏見による差別に苦しんでおられます。ましてその当時においては、天刑病、天に刑罰を受けた病として忌《い》み嫌われ、地域の共同体のなかで生活することは許されないし、患者が発生すると、北山の近く、般若野《はんにゃの》の荒野に打ち捨てられるということが行なわれました。般若野には癩患者、結核患者などが溢《あふ》れていたといいます。それらの人たちは原っぱに小屋掛けをし、物乞いをしながら辛うじて生きていくという状態だったようです。叡尊は、ここに療養施設として「北山十八間戸」を建設したのです。
一二六八年（文永五年）の秋九月、叡尊はここ般若野に、弟子や信者たちを集め、竈《かまど》をつき、湯を沸《わ》かし、ご飯を炊きました。叡尊を慕う信者にはやんごとなき方々や貴族から武士、一般庶民に至るまで、あらゆる層の人たちがいたようです。そして、こんな話をしました。

私は、かねてより文殊菩薩への信仰を説いてきました。文殊さんというのは、智慧《ちえ》の仏様です。その文殊のことを書いた『文殊師利般涅槃経』という経典によれば、もし生きた仏に出会いたいと思うならば、慈悲心を起こせ。仏がこの世に現われるときは、貧窮孤独《ひんぐうこどく》の衆生《しゅうじょう》として現われる。慈悲心なき人はこれを忌み嫌い、ついに仏に出会うことはない。貧窮孤独の人に慈悲の愛を注げる人こそ仏に出会えるのだ。今、この般若野には夥《おびただ》しい数の仏、文殊様がいらっしゃる。私たちは生きた文殊、この地上に出現された仏様に食事を供養し、お風呂に入っていただき背中の垢《あか》を洗い流して垢摺供養《あかすりくよう》をさせていただこう。

仏教では、こういう営みを「施食会《せじきえ》」とか「無遮《むしゃ》の法会《ほうえ》」とか呼んでいます。「無遮」というのは、遮るものがない、差別や区別がない、平等という意味です。叡尊は、生涯、この「無遮の法会」を繰り返し行なっています。キリスト教の聖書にも、神はつねに貧しき人の側にいる、貧しい人に愛を注ぐ人こそ、神の愛のなかにいる人、という意味の言葉がありますが、叡尊は、貧しい人こそ「ブッダ」と言うのです。

私は、疲れてきたり、元気がなくなってきたら、北山十八間戸を必ず訪ねることにしています。そして、叡尊や忍性がこの施設に何を願い、何を行なってきたかを考えることにしています。世間の差別の壁や、患者の人たちの苦悩の前に、無力感を感じながら、九〇歳でこの世を去るまで「無遮の法会」を行ない続けた叡尊という人の生きざまを憶念するのです。

マザー・テレサに出会う

一九七九年に、カンボジア難民への救援活動を開始するとき、カルカッタにマザー・テレサを訪ねました。当時の米ソが厳しく対立し、諸大国がカンボジアの四つの政治勢力と複雑に絡み合っているという国際情勢では、難民問題は二〇世紀中に解決するとは思えなくて、長期にわたる取り組みは必至でした。でも、そんな力はなく、マザー・テレサに勇気をもらい、その生きざまに触れたいと思ったからです。

カルカッタの路傍で瀕死の状態にある人たちを、マザー・テレサは「死を待つ人々の家」に収容し、死の看取りを行なっています。アウト・カーストの人として、虫けらのように扱われ、虫けらのように死んでいく孤独な人たちに、たとえ死の間際にあっても、自分の生きた命の尊厳を知り、人に愛される命を生きていたと知り、愛してくれる人の存在を知って旅立ちをして欲しいとマザー・テレサは考えています。それは、貴方の側にはいつも神が在したことを知って欲しいという願いであり、また、死を待つ人たちの側に在す神と出会う営みであったに違いありません。マザー・テレサの活動を無意味な活動だと批判する人もいます。マザー・テレサの献身にもかかわらず、それらの人たちは「死を待つ人々の家」に収容されることによって健康を回復し、差別のない社会に復帰していくことはないからです。シジフォスの神話のように、永久に解決することもなく、永久に終わりの来ない徒労に等しい努力は何も意味を持たないというのです。

マザー・テレサの握手した掌の温もりを今も覚えていますが、最も感動し驚いたのは、マザー・テレサの足元を見たときでした。質素なゴムのサンダルを覆いた素足の小指と薬指は大きく外側に曲がり、真上を向いて直立していました。カーストという不条理を孕《はら》んだインドの大地に立って、徒労にも近い活動を続けるとき、愛を信じ、愛を注ぐことに神の意志を感じていたとしても、挫《くじ》けそうになったり、煩悶《はんもん》するようなときもあったに違いありません。ひたすら祈り、祈り続けることによって勇気を取り戻し、大地を踏みしめて前に向かって歩み続けようとする強い意志、それを足の指に見出したのです。そして、叡尊がインドにいたと思いました。

そのことをあるところでお話ししたのですが、聴衆のなかに映画監督の千葉茂樹さんがいらっしゃいました。千葉監督は、マザー・テレサの記録映画を制作された方です。千葉監督は、礼拝堂の床に座って祈りをしているマザー・テレサの後ろ姿と、サリーの裾から見えた足に衝撃を受けたと言われました。大地を歩み続けて象の足のように堅くなり、ひび割れ、指が大きく曲がっていました。それは、マザー・テレサの強い意志を表わし、厳しい生きざまを無言のうちに語っていました、と言われたのです。

ボランティアやNGOの人たちは、相手と対等の立場に立てとか、同じ目線で考えようとか、よく言いますが、言葉としては何とでも言えるのですが、貧窮孤独の人、貧しい人の側につねに立ち続けるということは容易なことではありません。本当に軽々と口にすることのできない、恐ろしい言葉なのです。

マザー・テレサや叡尊のような生き方はできません。弱い、だらしない生き方しかできません。でも、現代という時代は病み、苦しみ、人は襲いかかってくる疎外感や、社会がもたらす構造的な苦労に喘《あえ》いでいます。それは、絶対的な貧困であったり、民族の対立であったり、地雷であったり、民族差別であったり、さまざまな衣装を着て目の前に現われます。どれも解決が困難な問題です。私たちは、そのことに気付いてしまいました。自分の問題として受け止めなければならないと考えるようになってしまいました。もはやこれらの問題に背を向け、逃げ出すことはできません。なぜなら、逃避は、自分の存在そのものを否定することになるからです。

そして、人々は、同じ問題意識を持つ人同士で手を繋《つな》ぎ、協同して問題への解決に当たろうとする動きを作りました。それが、NGOなのです。NGOとは、問題解決への意志を持った人たちのネットワーク、連携網です。気付いた以上、なんらかの行動をしないわけにはいかない、よりよき社会実現のために社会参加していこうとする人たちのネットワークです。そして、そのことを通して、自分も社会のなかで主体者として生きている存在の一人であることを認識し、自分の存在理由を見出そうとする人たちの集合です。

そんな人たちを「地球市民」と呼びます。地球上に生存しているから、「地球市民」なのではありません。海外の国の情報を数多く持ち、外国語を駆使でき、海外を歩くことが好きだから、「地球市民」なのではありません。

マザー・テレサは、「愛の反対語は、無関心という言葉です」と言いました。現代人の孤独はまさに人への無関心から始まっているのです。他人だと思っていた存在が、実は、自分にとってかけがえのない人かも知れないのです。地球を共同体と感じるとき、他者を「他己」と感じることができるようになるのでしょう。「地球市民社会」は、そんな人たちが切り拓《ひら》いていくのです。

「中世のさすらい人」に、ボランティアとNGOの息吹を発見する

対談者　村崎修二

村崎修二（むらさき　しゅうじ）
一九四七年、山口県生まれ。猿舞座主宰。一九七〇年、俳優の小沢昭一、民俗学者の宮本常一などの指導を受け、猿回し研究に入る。一九七八年から、京都大学の今西錦司の指導を受け、ヒトとサルの学問的研究に入る。一九八一年、本格的な猿まわしの復活継承を目指し、山口県周東町に「猿舞座」を発足。「半芸半学」を標榜し、全国津々浦々を旅し活動中。人間と猿との交流の歴史、動物教育文化、また、大道芸の歩みと形態などの研究を通じて、現代における猿まわしの新しいあり方を模索している。著書に、『山と猪と狩人と』（日本観光文化研究所）、『花猿誕生』（清風堂書店出版部）などがある。

村崎さんとは今日初めてお会いしたのですが、前々から非常に気になっている方でした。こういう形でお会いできて大変嬉《うれ》しく思っております。さて、今回は、「中世のさすらい人たち」ということになっておりますが、坊主である有馬と村崎さんという猿曳《さるひ》きをやってらっしゃる方とどう繋《つな》がるのでしょうか。それから、鎌倉時代の重源という仏僧とお猿さんがどう繋がるのでしょうか。大変深い繋がりがあると私は思っております。ここ山口県佐波郡の徳地町は、非常に古い歴史を持っている所です。今から八〇〇年以上前の鎌倉時代のことです。その時代までこのあたりは鬱蒼《うっそう》とした原生林に包まれた場所であったようですが、そこに重《ちょう》源《げん》という人が現われます。徳地町が日本の歴史に登場してくるのは、重源という僧がやって来てからなのです。

重源という〈草莽《そうもう》〉の僧　（有馬実成）

大仏の再建

源氏と平家が源平の合戦をするちょうどその時期、治承四年（一一八〇年）、平重衡が源氏の兵士に追われて大和（奈良）の方へ逃げて行き、そして平家がぶつかって合戦になるのですが、そのとき重衡は奈良の町に火をつけて戦います。その火によって大和の有名なお寺はほとんど焼けて、興福寺（法相宗の大本山）も東大寺（華厳宗の総本山）も焼けるのですね。東大寺の大仏殿も焼け落ちて、大仏さんも首が落ちてしまいます。そして、一夜明けて火の消えた大仏様、焼け落ちてしまった大仏様を見て、これで世の中は終わりになったと、当時の人たちは衝撃を受けます。そして時代が移って、平家が壇ノ浦で滅びて、源氏の世の中になり、源頼朝が鎌倉幕府を開き新しい政治を始めようとするのですが、〈源氏の世の中になった、新しい世の中が始まる〉という希望を民衆に与える必要があったのですね。そのために、東大寺の焼け落ちた大仏を再建しようと考えます。そして、頼朝は、時の後白河法皇と協議して、これを誰にやらせたらよいか考えますが、そんな大事業をやれるような人間は重源（諡《し》号《ごう》は俊乗房、一一二一年～一二〇六年）しかいないということになるのです。

民衆とのネットワーク、人脈を持つ人

俊乗房という号から分かるようにお坊さんなのですが、その重源が〈大勧進職〉という、いわば、大仏再建事業の総監督つまり最高責任者に任命されるのです。大仏の再建という大事業となると、国家ではできないのですね。幕府にも、朝廷にも、そんな力はありません。財力もないのです。では、誰が力を持っているのかというと民衆の一人一人だったのです。いつの世の中でもそうなのです。国家とか権力というのはいかにも自分がすべてを成し遂げたようにやるのですが、実際に運営するのは民衆なのですね。最近のオリンピックのような大事業だって、あれは、民間のスポンサーで金を集めてやったわけでしょう。国家的プロジェク

トというのは、いつの世でも運営できるのは民衆や市民なのです。民衆が主人公なのです。けれども、その一人一人は大してお金は持っていないのです。その小銭をどうして集めるかということになるのです。そうすると、民衆とのネットワーク、人脈を持っている人間が、そこに登場してくることになります。

重源という人は、「聖《ひじり》」という階層の人で、高い位のお坊さんではありません。むしろ、「ヒラメ」みたいなお坊さんです。「ヒラメ」というのは海のヘドロの底にへばりついて、泥をかぶってその保護色でいるかいないか分からないのです。ところが、目玉だけはギョロギョロ出して、餌がきたらパッと食いつきます。そのヘドロのなかを這いつくばって歩いているような階層のお坊さんなのです。そういう「ヒラメ」のような坊さんを見抜いた、頼朝は大したものですね。

重源が行なったこと――「別所」づくり

重源が行なったことはいろいろあるのですが、面白いことには、「別所」というものを造りました。別所というのは、お寺ではないのですが、お寺のような恰好《かっこう》をしている場所のことを言います。一種の福祉施設です。それを大和（奈良）、伊賀（三重）、難波（大阪）、播磨（兵庫）、そして備前（岡山）、備中（岡山）に造りました。それからもう一つ周防（山口）に造りました。

そして、防府に別所を造って何を行なったかというと、さまざまな技術者を集めたのです。たとえば、そのころ、防府の周辺に、いろいろなさすらい人たち、放浪している人たちがいたのですが、その人たちはどんな人たちかというと、たとえば、鍛冶屋《かじ》さんがいるとします。今でしたら、町の中に一軒、店を構えて看板をあげて、トンテンカン、トンテンカンやっていると、お客さんがいろいろな注文を持ってくるのです。ところが、鎌倉時代には都市が形成されておりませんから、看板を掛けても人が来ないのです。どうするかというと、道具を肩に担いで歩いて注文を取るのです。若い方は記憶にないでしょうが、私より上の世代の方であればそういう人たちをご存じのはずです。昔は、鋳掛《いか》け屋というのがありましたね。鍋の底に穴が空くと、今の人だったら、すぐ「燃えないごみ」に出して新しいのを買うかも知れませんが、昔はそんなことをしませんでした。鋳掛け屋さんが来て、その鍋の底を修繕してくれるのです。そういう商いをやっている人たちが街のなかを大勢歩き回っていたのです。そういう人たちは、歩き回っているがゆえにあまり社会では尊重されなかったのです。というよりも、むしろ差別されたのですね。日本の律令社会の成立以後、人間は家と土地に縛り付けられることによって民衆というものが成立していました。ですから、歩き回って住所不定という人たちは、何となく素姓が分からないということで、来たら大歓迎するのですけれども、長くいてもらうのは具合が悪いと思われていたのです。そういう技術者たちを、重源は「別所に集まれーっ」と集めたのですね。

さまざまな技術者たち

岡山の別所では、瓦の技術を持った人たちを集めました。そして岡山の西大寺という所で東大寺を再建するための瓦を焼いたのです。それを奈良まで送ったのです。そこで面白いのは、河口で、船の技術、それから操船の技術を持った人が集まっていて、万富で焼いた瓦が、吉井川を通ってその川尻まで運ばれてくると、待っていた人たちが、その瓦を「やっせ、やっせ」と船に載せて大阪まで運んで行ったのです。そして、「後は任せなさい」というので、大阪の別所の人たちは、今度は木津まで、淀川を遡《さかのぼ》って曳いて行くのです。そして、木津から先は、奈良の別所の人たちが奈良坂を越えて抱えて行くのです。それと同じことをここ防府でも行なったのですね。
防府の別所には、いわゆる森林伐採の技術を持った人や筏《いかだ》を組む技術を持った人たちを集めました。そして、その人たちに徳地へ来てもらって森林を伐採したのです。奈良の東大寺の入り口に南大門という大きな鎌倉時代の門が残っていますが、あの門の大きな柱に使った材木は全部ここから伐り出されたのです。あの巨大な木をここで伐採して、その木を佐波川で筏を組んで流すのです。関水という所があります。あそこは川が狭く、水が少ないために材木が流れないのです。ですから、堰《せき》をこしらえて、塞《せ》き止めてそこに材木を溜めておくのです。そして、筏を組んで、堰をバーッと切って落とすと、その勢いで水と一緒に材木がザーッと下流に流れていきます。そんなことをやったのですね。かなりな土木技術というものがないとできないですね。そういうさまざまな技術を持った人たちが、「全員集合」というとみんな重源さんのところへ集まってくるのです。

潜在的な能力開発も——福祉と教育と職業訓練

そういう人たちのなかには、その日食べる物にも困っていた人もいたでしょう。そういう人たちを重源はまず食べられるようにしました。でも、いつまでも人から食事を貰《もら》って生きていくことはできませんから、技術を教えるために職業訓練所を造ります。おそらく森林伐採の技術を持った人たちが、伐採の仕方、木の登り方を教えたに違いありません。それから、実際に仕事を提供することによって、そういう人たちが専門の技術者に成長していったのです。福祉と教育と職業訓練と、それから一種の職業安定所のようなことをやるのですね。ですから、別所は、非常に多種多様な機能を持っていたのです。それぞれの人間に合わせて、眠っている潜在的な能力を掘り起こすことを行ないました。そして、そういう能力を掘り起こされた人のなかから、非常に優れた石の彫刻を作る人たちが大勢出てくるのです。そして、仏像の彫刻家も生まれます。重源が生きている間に、快慶が作った彫刻は実に素晴らしいものです。ところが、重源が死んだ年から後に作った快慶の作品は本当に死んだような作品になっていきます。ですから、重源は、ものすごく物を観る、美を観る目を持っていた人だと思います。そして、人間の才能を育てる力、そして、その人たちに決定的な影響力を与えるような素晴らしいカリスマ性を持っていたのではないかと思うのです。そういうことをしたのが、重源なのです。

重源はボランティアと同じことを考えていた

要するに、歴史を作り、時代を切り拓《ひら》いていく担い手というのは、いつも、「ヒラメ」のようにヘドロと一緒に汚れながら這いつくばって生きている人なのです。ところが、そのような草の根の人たちの一人一人は残念ながら力がないのです。その人たちにどういうふうに活力を与え、歴史の主人公になるように呼び起こしていくか、そういう役目を担っている人たちが実はボランティアなのではないかということです。

重源という人がボランティアであったかというと、そうではないと私は思うのですが、でも、今、私たちがボランティアとして考えているのと同じことを実は重源は考えていたのです。そして、無条件に民衆を信じていました。そういう人だと思うのです。当時、日本という国の隅から隅までを這いつくばり、堂々と歩き回っている人たちが無数にいました。そういう人たちはあまり社会では地位や身分が高い人とは評価されなかったけれども、技術を持ち、自分の道を歩いている人たちであったのです。

人間が歩いているのは〈未知〉という道

さて、今日の社会を振り返ってみますと、私たちが歩いているのは、道ではなく道路なのです。道路というのは、道路地図を見れば分かります。国道と県道はここからここまでと、変更のしようがありません。ところが、人間が歩いている道は、道路ではないのです。道なのです。道というのは、どこへ行くのか分かりません。歩いているうちに気分が変わってしまうかも知れません。あるいは、行き着けないかも知れないのです。いわば、道は〈未知〉なのです。未だ知られざる道なのです。ところが、道路は〈既知〉なのです。皆さんだってそうではありませんか。どこかで間違ってボランティアなんて世界に入ってしまったのですね。おそらく最初からボランティアを志していなかったに違いないのです。人間というのは、そういう道を歩くのですね。そういう道を歩いていた道々の人たちの世界というのを私たちはもう一度見直してみる必要があるのではないでしょうか。

「猿曳《さるひ》き」参上（村崎修二）

猿曳きとは

「猿まわし」と「猿曳き」の違いなのですが、「猿曳き」という言葉をつかうようにしているのは、宮本常一先生（民俗学者）の教えで、「猿まわし」というのは近世に出てきた新しい名前なのです。とくに近世の社会では、中世と違いまして、道々の一端を担っていた猿曳きたちも、たしかに「祝言職」と言いますか、正月やなんかに、お武家さんの家やそういうところを清めて、馬の祈禱をして歩いたり、ちょっと余興で芸能をやってお布施を少しいただくということをやっていました。けれども、基本的に近世社会では、「猿まわし」と言うのは差別がつきまとっていて、今でもどこか見下げたような、少し権勢的な「残存感情」があるということもあって、「猿曳き」という言葉をつかうようにしています。ただ、「猿曳き」にもいろいろあります。

本仕込み、疲れる芸

一般的なのは、〈叩《たた》き仕込み〉と言いまして、猿を調教するという、今日的に言えば、「武断主義」という仕込みがあります。これは、昔からあります。それから、まだお会いしてないし研究もしてないので分かりませんが、テレビで最近、日光のお猿さんが非常に取り上げられますが、あれは〈突付き仕込み〉と言いまして、長いバチで猿の頭を突付いたり、猿の手に籠《こ》手《て》を当てるという叩き仕込みの延長なのです。基本的には叩いているのです。僕の場合は、「本仕込み」と言いまして、幼いときから飼って目をかけ、手塩にかけて育てるという方法です。ですから、日本で僕の芸能がおそらく一番疲れるだろうとよく言われます。芸能というと、皆さんの感覚では、喜ばせてくれる、いい気持ちにさせてくれる、寝転がってテレビを観る、と思ってしまうのです。でも、僕の場合は、逆なのです。つまり、現代人が、今、安登夢《アトム》君（猿の名前）と僕の芸を見ると、疲れるようになっているのです。先日、山口県の川上村で実演したときも、あの純粋な子どもたちが地獄の中を歩いたように金縛り状態になって見ていました。つまり、見ている人たちが一緒に勉強しない限り芸をやらない猿なのです。

猿曳きは、猿と人間の平等思想

この猿は人類学者の今西錦司さん（当時、京都大学）という方の指南を受けて、本仕込みで、鞭《むち》を一切当てないで育てた猿です。まず京大で目をかけて手塩にかけて育て、それから僕がいただいて教えて育ててきた猿なのですが、見ると分かりますが、ものすごいエネルギーがあります。この芸で見る猿の姿や、この芸で話されることは今日の社会のなかで、日本人だったら、人間だったら、誰でも知っておいたほうがよいということばかりです。これも、浄めです。

現代社会、とくに日本の社会は青年たちにとって大変な社会だと思います。むしろ、先ほどの有馬さんの言葉で言えば、「ヒラメ」のような、ここに集まっている人たちは奇跡の人だと思っております。こういう人をアホと言います。今西先生はこう言いました。「アホと、アホやないの。昔なあ、私のところの近くに『青大将』と話ができる人がいたんやなあ」と。昔は、動物たちや、木のささやきや、川の流れや、生きとし生けるものと心や命が通い合うような日本人がいたのですが、今はとっても少なくなっているのです。ですから、僕は、安登夢君を本仕込みで育ててアッパーカットを浴びせようかと思っているのです。

どういうことかというと、叩いて仕込むということは、猿を支配するという、新しい仕込み方なのです。ところが、日本人の思想には、さっきの重源上人でもそうですし、宮本先生もそうですが、〈人間も神様も仏様も、みんな平等だ。命あるものはみんな平等だ〉という観念もあるし、因果思想もあります。ですから、ご承知のように、日本人は狭い所でも草花を栽培したり、とても素晴らしい穀物を数多く作ったりします。同じように、犬や猫や馬や牛をけっして差別的には見なかったのです。基本的には農耕民族なのです。そういう人たちを活性化するためには、農耕民族であることを忘れてはいけない仕掛けを作るのです。つまり、猿という動物を支配するのではなく、目をかけて育てていくのです。心を燃やして、命を輝かせていくこの原理のようなものを徹底的に教え込むのです。

「学校」としての「猿曳き芸」

昔だったら、おじいちゃんが「猿曳き」を呼んだら、孫に「ちゃんと見なさい」としつけました。学校のない時代には、ちゃんと猿を見るということは子どもたちへの命懸けの躾《しつけ》だったのです。猿使いというのは、動物使いの名人です。コミュニケーション、意思の疎通の名人なのです。人間の能力、しゃべったり、歌ったり、踊ったりという、そういう人間が人間らしく生きていくエネルギーを表現する典型なのですから。

昔は、定住していた人たちが狭いその地域や土地のなかで米とか、大事なものを作っていたのです。そういう人たちが国の主人公だったのです。ところが、その人たちがたえず活性化していくためには、漂泊している人たちが、忘れないように目をかけて、手塩にかけてしっかりやっていくということが必要だったのです。でも、今はその必要がありません。昔は、「猿曳き」を見るということは、とても大事な学校でした。先輩たちが先祖がやっておられた民俗芸能や年中行事というものは、神楽にしても何にしても、遊んでいるのと違うのです。実は、人間がいきいきと生きていくための、国を支えていくための知恵なのです。伝統芸能というのは、全部学校です。文化というのは、そういうものです。昔は、牛や馬が相棒だった時代がありました。鶏が風邪を引いたら心配した時代があるのです。そういえば、この前、京都大学で広島の中学生を調査したのですよ。そうしたら、一〇〇人のうち、一〇人が、鶏の足は四本あると思っているのです。そういう文明国、この日本というのはどんな国なのでしょうか。つまり、日本は、高度情報社会となってしまって、自然と直接交流するというのは、ものすごい急速な勢いでなくなっているのです。ですから、そのなかで僕が歩くのです。

見せ物ではなく、浄めの芸

昔だったら、僕は、「いやあ、よく来てくれました」と迎えられて座敷に上がって、そこで猿曳いて、祝儀を貰《もら》ってと、そうなるのですが、このごろは、猿まわしは、「見世物」です。これは、芸術とは言いません。芸術というのは一緒に作るものです。ですから、僕は絶対テレビには出ません。テレビは見世物の高度なものなのです。情報としてニュースを聞くということはいいです。でも、猿の芸能をテレビで観るというのは「見世物」に成り上がったのです。昔の猿使いというのは、絶対に「見世物」にならないのです。猿を真ん中に置くことによって、持ち運んできた漂泊の人の思いと、それを待ち望んでいた人たちの間に生まれるものなのです。

僕らは、〈風の民〉と言いまして、一カ所に一日しかいないのです。なぜかと言うと、世間は狭いものですから、留まって淀み、穢《けが》れを生じます。その穢れを全部引き受けるのが、猿と僕の仕事なのです。僕自身が真っ黒になって汚くなるのです。「浄める」ということは、穢れることです。「穢れの人間」なのです。穢れたものは朝早く発たないといけないのです。一日遅れたら、「何してるんだ。おまえ、それでも芸人か」と言われます。プロの芸人は朝発つのです。分かりますか？　差別ではないのですよ。

安登夢と一緒に、先ほど、あの子どもたち頑張ったですよね。普段はあんまり頑張らない子どもたちが……。ですから、先生たちもあんな子どもたちを見たことないわけです。あれを「浄め」と言います。体験学習しているのです。日本人として、これから人生を歩んでいく人間として、どうしても子どもたちに分かってもらわないといけないことなのです。そして、大人たちへの伝言を少しでも、小さくても伝えたいと、今西さんとこの一〇年間、協議をして、プログラムを作ってあの芸を出しているのです。それで、ものすごく疲れるのです。はっきり言えば、疲れることが僕の仕事なのです。疲れないと記憶に残らないのです。記憶に残らないものは、文化とは言えません。現代の日本は、文化国家としては大変恥ずかしい、危機的な状況にあります。コミュニケーション、意思の伝達や社会性を咲かせて、命を通わせて心を輝かせるという、「道々の者」がくたばっているのです。

心を燃やし、命を輝かせる、ボランティア

ですから、ボランティアの皆さんに私は期待しているのです。最近、普賢岳の噴火による災害を被った島原に行って来ました。新しいボランティアが生まれています。島原の一市一九町の連合青年団の方々がボランティア協議会を作ったのです。国から言われてやったのではないのですよ。地方自治体もやらないのです。僕と同級生くらいの青年団長がね、「よーし、俺らがやろう。どっちみち、あの山と心中すればいいんだ。あの山は俺たちを育ててきた」と。「ここを逃げるわけにはいかん」と。「大事なことは、子どもたちを俺たちがかわいがらなくてはだめだ。俺たちが希望になり、俺たちが光にならないとだめだ」と、初めてボランティアをやった青年団の団長が言いました。僕は涙が出ましたね。ああいう地獄には人間が育つのですよ。捨てたものではないですよ。ですから、今、日本で一番素敵な所は、島原だと思っています。あそこの青年たちは、目が違います。ですから、僕はあそこに行って学ぶのです。
皆さんの仲間は、離島など、日本の隅々まで全国ありとあらゆる所に出掛けて行きますが、ボランティアとはいったい何でしょうか。志を持って、どうにか解決しようとして、ありとあらゆる知恵を探求することです。一所懸命ひたむきに探求する人たちはいるのです。とくに僕は心を燃やし、命を輝かせるのは、福祉の世界だと思います。ところが、これが一番粗末になるのです。ここで頑張っている青年たちは素晴らしいですね。全国に大勢います。それもボランティアとしてですね。それから教育の現場、地域のさまざまな活動家たちですね。そこにあなた方のような「ヒラメ」のような人たちが大勢います。「本物」の人たちがいるのです。そこと繋がるのが、実は僕の仕事なのです。そうでないと、僕自身、旅で野垂れ死にしてしまうのです。金の切れ目が縁の切れ目みたいな感じの「贋《にせ》者《もの》」との付き合いが多いなかで、「本当の人」との付き合いというか、志を同じくする人との繋がり、ボランティアということが最近ようやく分かってきました。

志士や義士としてのボランティアや猿曳き

僕はちょうど幕末の研究をしているのですが、先ほどの有馬さんの話を聴いていると、吉田松陰を思い出しました。ボランティアというと、志士とか義士に近いという気がします。やむにやまれずという人たちが横に繋がっていくことが、これからの日本を支えていくのではないかと思います。重源さんが中世社会を突き抜けていったように、僕らが二一世紀を進まないといけないわけです。四年前、司馬遼太郎さんと長い話をしたことがあるのです。僕は、宮本常一先生に猿を連れて歩けと言われて引導を渡されたわけですが、司馬さんは、「修ちゃん、もう他の人は世話しないで。貴方自身が一遍さんだと、宮本さんから言われたでしょ？　だから、もう夢は捨てて歩いてください。四〇歳になったら、すぐ死んでしまうから時間がないよ。物を書きなさんな。他の人がどんどん書いてくれる」と言うのです。僕が把握できるだけでも、ボランティアをやっている人たちが日本には少なくとも一万人や一万五、〇〇〇人はいます。僕の場合は、猿曳き参上。今日は猿がいないので、またの機会に猿をぜひ呼んでください。やりますから。

民衆こそ、歴史の主人公（対談）

芸能は、人間の魂に関わる——難民キャンプでの体験

有馬　いい話ですね。まさにボランティアの方たちが実際の場面でやっている問題も、今のことと繋がるのではないでしょうか。「いかに疲れるか」ということが実は大変な魂の再生に繋がるということなど、ボランティアでやっていることに置き換えても通用するのではないでしょうか。
村崎　僕は、ボランティアを「義勇」というふうに訳します。僕の実感ですね。
有馬　それはよく分かりますね。私自身、実は海外のボランティアの仕事をやっているのですが、本当に同

じように痛感することが一杯あるのですよ。

私どもはカンボジア難民キャンプでの仕事を一二年やっていますが、カンボジアの人たちにいろいろな問題が数多くあるのです。そのなかで難民カンボジアの人たちが何を望んでいるかということがあるのです。ところが、私どもが難民キャンプで仕事をするときには、国連の方針の傘のなかに入ってやることを余儀なくされるわけです。国連からしてみれば、「あなた方にやってほしいことは、これとこれ」というものがあるのです。それはたしかにそうでしょう。でも、待ってくださいよ、と。カンボジアの人たちは何を希望しているのでしょうか、と。今、国連が挙げたことと難民自身が要求していることが、ひょっとして一致しないのではないかと私たちは思うのですね。ところが、大勢の人たちが、「いや、難民たちのことなんかは関係ない、こういうものなのだから、こういうようにやれ」と、こういうわけですね。ところが、私たち日本人のボランティアは、そういうやり方はしたくないのですよ。たとえ、国連様が何と言おうとね、やっぱり難民の人たちが嫌がることをやったって仕方がないのでね、難民の人たちに何がしてほしいのかと聞いたのですよ。そうしたら、一番先にやってほしいというのが、踊りと太鼓でした。踊りと太鼓をどうしよう。国連をどう説得しよう。世界中から集めたお金を踊りと太鼓につかわれたとなると、国連も具合が悪いのですよ。それで、私たちはうまいこと翻訳しまして、「民族とアイデンティティ復興のための支援活動」としたのです。そうしたら、国連も「よし！」と言ったのです。

そして、何をやったかといいますと、毎日、太鼓の稽古です。でも、太鼓をやるといっても、太鼓を自分たちで作らないといけません。それで、どうしたかというと、蛇を捕まえてきてくれということになって、私どもはタイ人と一緒にタイの村を歩き回って蛇を捕まえてきたのです。その蛇で太鼓を作ったのですね。ボランティアに行ってなぜ蛇を捕まえないといけないのかと思いましたね。そして、トンクトントンと太鼓を打ち始めたのです。そうしたら子どもたちが集まって来て歌を歌い始めたのです。太鼓だけしか楽器がないときに歌った歌はいつまでも耳に残ってメロディまで覚えていますね。そのときの感激というのは忘れられません。
その子どもたちの歌声を聞いて、飢えと病気で地面に横たわって「チュイポン、チュイポン（助けてくれ、助けてくれ）」と言っていた難民たちが、起き上がって子どもたちの歌に耳を傾け始めました。しばらくして、歌が上手になってきて何を始めたかというと祭りを始めたのですね。僕はやっぱり、芸能というものが、人間の心の深いところに与えていく大きな意味を感じます。人間の心の奥底、魂の奥底にある宗教的な心情と非常に深く関わっているということを感じました。
そのプロジェクトは今でもずっと欠かさず続けているのですが、大勢のボランティアはやきもちを焼くのです。「あなたたちは難民の人たちと太鼓を叩いて踊ってばっかりいるくせに、なんで難民たちはあなたたちばかり信用するのだ」って。そりゃ、しょうがないですよ。先ほど村崎さんがおっしゃったように、たしかに芸能はただの遊びではなくて、人間がいきいきと生きるための知恵であるし、学校なのだと思います。そして、日本人の考え方というのは、相手と私たちとが、主人とお客とが一つ、というところからしか発想できない民族なのですね。ここが日本の文化の特性だと思うし、日本人が忘れてはいけない文化だと思うのです。世界に通用すると私は思うのです。

〈無縁〉〈公界〉〈アジール（避難所）〉

有馬 重源という人が生きていた世界、重源という人が歩いていた世界というものは、村崎さんがご指摘になったようなことであり、私たちが、本当に見直してみる、考え直してみる必要のある世界、もう一度取り戻す世界だろうと思うのですね。
そして面白いのが、歴史学の網野善彦先生が、「無縁の世界」ということを言っているのです。それは何かといいますと、権力とか体制とは無縁の人ということなのですね。それはどういうことかというと、村崎さんの言葉で言えば、「浄化の世界」、いわゆる「民衆の世界」、「アウトローの世界」のことを言っているわけです。しかも「無縁の世界」のことを〈公界《くがい》〉と呼んでいるのです。〈公界〉というのは、「公の世界」ですす。「民衆の世界」というのを、「公の世界」と言っているのです。ところが、今日はどうでしょう。公と言ったときには、国家公務員とか、公共団体とか、公共自治体とか、公共地方団体とか、いろいろな言葉をつかうように、公というのは体制とか権力とかそういうものになってしまっていませんか。ところが、中世の時代というのは、そうではないのです。民衆一人一人の世界、「道々の世界」こそが「公の世界」だったのです。その公の世界には国家権力が入ることはできなかったのです。昔は「アジール」という言葉がありました。「避難所」と訳します。「無縁」とか「公界」というのは、「アジール」のことなのです。そして、無縁とか公界という世界には、公権力とか国家権力体制の権力というのは入り込めないのです。治外法権なのです。重源は、そういう世界を生きていたのです。

皆さん興味があったら読んでいただきたいのですが、中央公論社の新書に「中公新書」というのがありますね。そのなかに『目明し金十郎の日記』という本があります。これは面白い本なのでぜひ読んでいただきたいと思います。目明かしとは、十手を持った、「御用だ、御用だ」の目明かしですね。その目明かしに金十郎という人がいたのです。金十郎は福島県の人です。福島県に三春というところがありまして、この近くにいた目明かしなのです。その目明かしがこまめに日記を付けていたのですね。その日記を調べてみたら、実に面白いことが書いてあるのですよ。その三春のあたりには無縁の場所が数多くあったのです。その無縁の場所がどこかというと、お寺なのですが、その無縁の場所に、三春界隈で犯罪を犯した連中、たとえば博打《ばくち》で負けてお金を借りてにっちもさっちもいかなくなったとか、そのために田圃《たんぼ》を売って夜逃げをしないといけないとか、あるいは、ちょっと不倫をして具合が悪くなったとか、そういういろいろな連中がおるのですよ。そうすると、金十郎は御用だと言って捕まえようとするのです。すると、その連中は寺の中に駆け込むのです。そうなると、目明かしは寺の中に一歩も入れないのです。そして、金十郎は地団駄を踏んで、寺の周りをぐるぐる回りながら待っているのですが、連中は出てこないのです。そういう話がたくさん出てくるのです。

そのように、避難していく場所、治外法権のところを「無縁の地」と呼びます。「公界の場所」と呼びます。あるいは「公界寺」と呼びます。それに対して、殿様が造った寺があるのですが、山口県であれば毛利の殿様が造ったお寺、広島であれば浅野の殿様が造ったお寺というのがあるわけです。これは威張っているのです。当時は、殿様が造った寺、権力者が造った寺のことを「私寺《わたくしでら》」と言いました。浅野さんという個人が自分で造った寺だから「私寺」なのですよ。でも、「無縁の寺」というのはそんな寺ではなくて、金はないけれども、藁一本、瓦一枚、そういう形で民衆が造った寺、これが「公の寺」というのです。ですから、私は、もう一度「公の寺」を取り戻さないといけないと思うのです。

もう一度、「公」を取り戻していく。そのためには一人一人が主人公である。道々の人が主人公である。そして、われわれ自身、道々の人でありたいと思います。われわれは力がないし、金もないし、どうみたって大したことはないのです。頑張ってもどこに行くのか分からないのです。「未知の世界」、「未知の道」を歩いているのですから。でも、歩いているなかで、自分というものを取り戻しているのです。そういう人たちが一人でも多くなってきたら、日本というのをわれわれが取り戻すことができるのではないかと思うのですが、世界をわれわれの心の原点にできるのではないか、そういううのですが、どうでしょう。村崎さんはいろいろなところを旅して、いろいろな人とお会いになって、日本にはそういう「生きざま」をしている大勢の人がいるとおっしゃったけれども、そういう人のなかに、本当の人間性というものがあるような感じがするのですが……。

「すかぶら」——自由人の精神

村崎　そうですね。もともと宮本常一さんという方も、お百姓さんでどっかチャランポランで、そういうふうに見えるのですけれども、そういう生き方、自由の精神、自由の魂を大事にしていかないといけないと思います。僕は「いかがわしい」という言葉が好きで、ちゃらんぽらんとか、このへんの言葉で言えば、「ささらもさら」。あいつは「〈ささらもさら〉みたいなやつやのう」。一番恰好いいのが、一人一人が「すかっとぶらぶらする」「すかぶら」ですかね。「すかぶら」というのがとても好きなのです。山口県出身で上野英信という人がいて、筑豊地方で一緒にいたとき、炭鉱の話を聞いたのですが、「芸人は大すかぶらです」と言うのです。炭鉱は大変な労働らしいです。でも、一〇人働いていると、そのうち一人ぐらい、全然働かないやつがいるらしいのです。世間話ばっかりしながら、全然働かないのです。世間話をしながら、みんなその人のことを認めているのです。その人によってきつい労働に耐えていける。必ず「おい、ご飯だぞ」と、そういうことしか言わないそうです。ところが、事故が起こったり、危険なところがあると、その人がたいてい見つけるらしいのです。避難させるのです。そして、事故で亡くなるのは、たいてい「すかぶら」だそうです。ですから、その「すかぶらのなかにすごい奴がいて、だいたいそういう奴が芸人になったもんだよ」と、こう言うのですね。「芸人っていうのは、すごいんですよ」。そう言うのです。ですから、芸人というのは単純に言うと「心人」だと僕は思うのです。「すかっとぶらぶら」というのはいいですね。なんか、チャランポランでいかがわしくて、「何をしてるんだ、あいつは」というのが狭い世間に一人か二人いると、風通しがよくなって社会がよくなるのですね。それを僕は奨励するのです。つまり、公を取り戻そうという戦略にとって戦術的にはですね、「すかぶら」たちが日本に五、〇〇〇人とか一万人とかになったら、この日本は風通しのよい、頭の賢い、よい国になるのではないかと思います。
有馬　重源さんも、「すかぶら」だったと思います。
村崎　そうだと思います。道化師のようなね。
有馬　それで、あの人はやたら歩き回って、どこにいるか分からないのですね。八六歳で死ぬのですが、それまで、とにかく尾張国（愛知県）にいたかと思えば、西海道（九州）に飛んでいます。
村崎　私の師匠もそうなのですが、僕より僕のことをよく知っているのですよ。僕なんかは、孫悟空みたいなものなのです。尊敬してしまうようになるのですね。そして、その人間がやらなくてはならないことを指摘することができるのです。ですから、重源は、「大ペテン師」であるでしょうけど、土木をやる人も、歌を歌う人も、いろいろな人が、「あいつはすごいやつだ、なんでも知っている」と。そういう人ですよ。〈勧進《かんじん》聖《ひじり》〉って言うのですが。
有馬　何にもやってないですね。仕事は。
村崎　何にもやってないのです。人に全部やらせているのです。自分はできるだけよく物を見てよく物を考えて、風のようにばかを言って歩いて、こういうのが日本のボランティアの伝統です。
有馬　そして、重源は、いよいよにっちもさっちもいかなくなってくると、後白河法皇を恐喝するのですね。すると、後白河法皇は腹を立てるのです。「あのペテン師が俺をいたぶる」と言って。後白河が怒ると、「じゃあ、さよなら」と言って重源は姿を消すのです。姿を消されると、たちまち仕事が動かなくなって、「さあ、探して来い」ということで探しに行くと「アジール」のなかに駆け込んでいるのですよ。引き摺《ず》り出して来て、何とか頼み込む。後白河が頭を下げに来ないと出てこないのです。そんなことを三回ぐらいやっているのですよ。
村崎　ですから、天皇から乞食まで付き合いがあるのですね。なんか呪術使いのような、顔の分からない男と思っていただければいいのですよ、重源さんというのは。実態がつかめない。ただ、なんだかこいつが来ると元気になる。そして、なんとなくみんなが成長する……そういう人ですよね。〈大すかぶら〉ではないでしょうか。
有馬　そして、その人がいなくなると、どうしていいか分からなくなる。そして、とうとう困って重源の彫刻を作るのです。重源の彫刻を作って防府などに置いてありますが、あいつがそこにいると思うから元気が出てくるのですよ。そういう重源の彫刻が四つあります。三重県にあります。奈良県にあります。兵庫県にもあります。
村崎　彫刻だから、芸術でしょ。イメージの世界ですね。重源自身ではなく、重源に似たものを作っておくと、何かしゃべってくれると思うのですね。自分でどうしたらよいかというときに、お堂を見るだけで、しゃべったような気を起こしますしね。身代わり地蔵ではないですけれども、それほど強烈な男だったのですね。
有馬　村崎さんが、もうずいぶん前に亡くなられた宮本常一さんのことを繰り返しお話しされるように、重源に出会った人たちも、「重源だったら、どう言うだろうか」、とか、「あいつがいたら、こういうことをしていただろうな」とか思うのでしょうね。
村崎　どこか怖さがあります。尊敬というのは、肩身の狭い思いをすることでしょうね。重源は尊敬された人だと思うのです。尊敬されるということは、非常に怖いことです。怖いものがいることは、とってもよいことです。肩身の狭い思いをいつでも持っているということは、人間を成長させます。これは、「浄め」の最高の仕事です。ですから、大芸術家たちをも取り仕切ることができたのでしょうね。私は、「世間師《しょけんし》」だと思いますね。世間のことをよく知っているのです。知らないことがあったらいろいろなことを使って知るのです。
有馬　とてもよいお話を聞かせていただきました。

戦後の仏教界における「ボランティア」

はじめに

私は、福祉の専門家でもなければ研究者でもないのです。山口県の徳山の一住職に過ぎません。たまたま、地域でのボランティア的な文化活動を行なっているうちに、一九七九年の秋、タイに多数流入して来たカンボジア難民の救援活動に関わるようになり、いつのまにか仏教に根ざしたボランティアのあり方やNGOの問題を考えるようになってしまったに過ぎません。ですから、私の所論はきわめて主観的で、実践と体験をとおして感じた直観的なものであることを最初にお断わりしておきます。

私が地域で活動を始めたのは、一九六三年ころからですが、ボランティアをしようとして始めたのではありません。そのような言葉自体も、当時は一般的につかわれていなかったですし、私自身にもそのような問題意識はなかったのです。素朴な半農半漁の海岸地帯が、急激に石油コンビナート基地に変化していくなか、漁業は海浜埋め立ての補償で、農地は地価の高騰で不動産商品に変化し、第一次産業は見る影もなく零落していきました。それと同時に、石油化学の装置産業に働く若者たちは、花形企業ともてはやされながらも巨大なパイプ群とバルブとメーターを管理するだけの労働に、労働の意味と価値を見出しにくくなってきていました。当時、工場や人事課や教育課、労務課の青年たち数人と月一回、カレーを食べながら放談会を行なっていましたが、現在ほどではないまでも、すでに環境汚染は深刻になりつつあり、地域の経済的な発展をもたらす産業のためには、人は排気ガスの苦痛に耐えなければならないのか、経済の繁栄のゆえに、人間の疎外を許されるのか、といった議論が白熱しました。なかでも中心になった主題は、現代の産業界や経済界のなかで労働の価値をどこに見出すことができるかということですし、仏教はこれにどう答えるのかということでした。

正直に言って、つねに言葉に窮しました。仏教が説く職業論理や生活論理は、インド古代の農耕社会に立脚し、日本においても江戸期に成立した「心学」の影響を受けた生活倫理や労働倫理を超えるものを見出すことができなかったからです。禅門には、中国で成立した『禅苑清規』や道元禅師の『永平清規』といった出家の修行道場における生活規範を示したものがありますが、これをそのまま日常の社会生活のなかに移行して考えるには少なからず無理があります。

現代において、労働そのもののなかに人生目的を見出すことは、きわめて困難になっています。経済学は生産活動や企業活動が、それに伴う利潤と富の蓄積によって社会を発展させ成長させて、人々の生活を豊かにし幸福をもたらすという前提のうえに成立しているのですが、今日の環境問題が示しているように、飽くなき生産の拡大とエネルギーの消費は地球資源を枯渇《こかつ》させ、二酸化炭素の放出による地球温暖化をもたらし、ついには人類の生存自体をも危うくする事態に陥っているのです。このような状況のなかで、労働の目的と意義をどこに見出したらよいのか。そうは言っても、産業社会を否定し、農業や漁業を中心にした第一次産業の世界に回帰することは、ロマンとしては成り立っても、現実的ではありません。近代以後の社会がもたらした人間疎外をどう克服したらよいのか。

当時、禅寺は企業の社員教育として坐禅の指導に駆り出されていましたが、私の寺での毎週の坐禅会は別の方向を志向していました。職場で働く八時間だけでなく、余暇の時間を含めた二四時間全体のなかで、生き甲斐《がい》を発見し、人生の目的を創造しなければならないと考えていました。そして、ブルーカラーの人たちを中心にして文化運動を組織し、自らの学びの場の創造を呼び掛け、その場を不特定多数の市民にも提供し、喜びと楽しさを分かち合う運動を始めたのです。一〇万の人口の町で会員が四、〇〇〇人弱でしたから、かなりの組織率だったと言えます。

今から思えば、文化活動を柱にしたNGOであり、文化的なボランティア活動だったということになるでしょうが、当時の私とすれば、若者たちと共に自己実現の場と自己表現の場を作りながら、寺院からの発信をしたかったのです。

その後、「在日朝鮮人・韓国人の問題」「難民救援活動」「東南アジアでの開発協力活動」「阪神淡路大震災」と活動は推移していくのですが、ここではそのことには触れません。

ボランティアとは、何でしょうか

「ボランティア」は、仏教の必然であり、帰趨《きすう》していくところだと考えています。仏教者であることの証《あかし》であると極言してもよいと思っています。でも、そのときにいう「ボランティア」とは、一般にいわれる「無償の行為」とか「余暇を活用しての社会活動」とか「人や社会に貢献する奉仕活動」とかいわれるものにとどまりませんし、次のようなものでなければならないと考えています。もちろん、それ以外の活動が「ボランティア」ではないというのではありません。仏教に根ざした「ボランティア」のありようとして、こうありたいという意味なのです。

それでは、ここでいうボランティアとは何でしょうか。ボランティアの活動も形態も多様ですし、定義することはむずかしいのですが、金子郁容氏がきわめて明快に定義されていますので、これをそのまま引用します。


「あるきっかけで直接または間接に接触するようになった人が、なんらかの困難に直面していると感じたとしよう。ボランティアとは、その状況を『他人の問題』として自分から切り離したものとはみなさず、自分も困難を抱えるひとりとしてその人に結びついているという『かかわり方』をし、その状況を改善すべく、働きかけ、『つながり』をつけようと行動する人である。」

（金子郁容、『ボランティア　もうひとつの情報社会』岩波書店）


金子氏は、ここで二つの働きを指摘しています。他者の困難を他者の出来事として自分から切り離すのではなく、自分の問題として受け止めるような「かかわり方」をする、言い換えれば他者の痛みを自らの痛みとして受け止める。つまり「悲（カルナー）」「同悲」の心なのです。

また、その問題解決のために「つなぎ」を作っていくことです。自分一人でできることは限られている、そこで多くの仲間とネットワーク、連携する、あるいは、解決する力のある人に問題をつないでいくことです。個人の問題を社会化していくことなのです。

阪神淡路大震災でのボランティアの働きは、この「つなぎ」の重要さを明確にしました。被災者の問題を仲間のボランティア団体と連携して対処しようとしたり、行政機関や経済界、政界などにも問題点を指摘して解決しようとしました。事実、NGOと経団連との連携は、画期的な成果を上げたのです。また、震災の直後、神戸では行政には個々の事態に対応する余裕はなかったのです。ボランティアたちは他の団体や県外から応援に来た行政や社協の職員と連携して「ボランティア・センター」を立ち上げて、行政とNGOと被災者との間をつなぐ窓口を作り、問題の解決と整理に当たりました。さらに、多くのNGOは、ニューズレターの発行とか、インターネットのホームページやEメールを使って、外に向かって情報の発信を行なったのです。これは、阪神地域で起こっている状況を広く知らせようとするとともに、ここで起こっている問題を被災地だけの、被災者だけの問題として捉えるのではなく、日本人全体の、日本社会全体の問題として理解しなければならないという意志が動いていました。

現代のボランティアの活動には、「政策提言活動（advocacy）」は必須となりつつあります。個人が当面する困難な問題は、たんに個別的な問題ではなく、社会の構造的な原因によるものが多く、社会の仕組みそのものを変え、あるいは政治の姿勢を変えていく以外に解決が見えてこないということがはっきりしてきたからです。

たとえば、民間のボランティア団体に法人格を付与しようとする、一九九八年の「特定非営利活動促進法」(通称「NPO法」)の成立は、日本の市民運動の歴史を変える画期的な出来事ですが、これが議員立法によって成立し、その背景に永年にわたる市民からの永田町や世論への働き掛けがあったことは周知のとおりです。

米国の一女性が始めた〈地雷廃絶の運動〉がインターネットのネットワークによって国際政治を動かしたこと、カトリックの呼び掛けた〈低開発途上国の債務帳消しキャンペーン〉がまたたく間に全世界に広がり先進諸国もこれを無視できなくなったことなどです。これまで、とても実現が不可能と思われていたことが実現できるようになってきたのです。それのみならず二〇世紀に人類が作り出した全世界を覆う構造的な諸問題、つまり環境、人口、飢餓、居住権、南北問題といった問題を総括し、二一世紀への行動計画を策定しようとする一連の国連会議(サミット)が開催されてきましたが、この会議では各国の代表団には政府機関だけでなく、地方自治体とNGOの代表者も参加して構成されることが常識になってきています。

以上述べてきたことは、現在のボランティアを考えるとき、きわめて重要なことです。戦前のボランティア活動とは決定的に異なっているのです。

仏教系団体の社会活動と問題点

ところで、すでに述べたボランティアの定義と最近の動向を踏まえ、仏教界におけるボランティア活動の状況は、どうでしょうか。

戦後の仏教界におけるボランティア活動は、仏教者の個人的な努力によって始まり、教団としての組織的な動きは皆無に近かったと思われます。敗戦による混乱期、寺院を支えていた経済的な基盤が崩壊し、思想的にも価値観が大転換してきたとき、教団にその余裕すらなかったのは理解できます。そのなかにあって焦土と化した都市に彷徨《さまよ》う戦災孤児の里親運動を開始した人、戦争未亡人のため母子寮を開設していった人たちもありました。

また、時代が落ち着いてくると同時に、障害者の問題、孤独老人の問題、青少年補導、婦人問題、人権差別の問題などの活動を行なう人たちが増えていきます。

でも、これらの活動は、ボランティアというよりも福祉活動、あるいは教化活動として理解されるのです。財政的、精神的な支援はあったとしても、多くは寺院住職の個人の献身的な努力によっていますし、市民を巻き込んだ運動体としての活動ではなかったからです。

台風や水害、地震といった自然災害や都市の大火災などが発生した際にも、当然、救援のための活動が行なわれました。でも、これも僧侶が中心で活動に当たり、一般市民の参加を求めたりすることはなかったですし、檀信徒の参加を促すことすらも稀であったように思われます。

社会福祉協議会の誕生、さらに日本における福祉政策の充実や拡大とともに、仏教者は地域における福祉の担い手としての活動が期待されるようになります。また、率先してその活動に参加した僧侶も多くなります。でも、これも、行政主導の福祉の枠組みのなかでの活動であり、例外はあるとしても、やはり厳密にはボランティアとは言えません。

率直に言って、ボランティア活動は仏教界だけでなく、日本社会においてなかったのです。それが大きく変わってくるのは、ここ二〇年でしょうか。

初めは、一九七九年のインドシナ難民の多数の発生に伴うボランティア活動、続いて国内でのボランティア活動としては一九八一年の国際障害者年、一九九五年の阪神淡路大震災が転機になったように思えます。

海外ボランティアの経験

一九七九年のインドシナ難民の発生のとき、日本の各種団体や宗教教団は、いち早く募金活動を開始しました。募金のほとんどはUNHCR（国連難民高等弁務官事務所）や日本赤十字社、マスコミ関係の各社などに寄託されました。けれども、国際世論の日本への批判は厳しかったのです。日本人はお金を出せばそれで解決すると考えているのだろうか。人の生命の尊厳の危機に痛みを感じないのだろうか。憐憫《れんびん》の情だけでは問題は解決しないのではないのだろうか。日本の仏教者は同じアジアの仏教徒の難民たちとの連帯感は持てないのだろうか、と。

こういった痛烈な批判は日本人に、仏教界に大きな衝撃を与えました。難民救援を目的にしたいくつかのボランティア団体が誕生し、現地にボランティアを送り込み活動を開始するのです。そして、欧米先進諸国のNGOの活動を目の当たりにし、彼我の力の相違に愕然《がくぜん》とするのです。当時はNGOという概念すら新聞に登場することがなかった時代で、欧米先進国のNGOの歴史やボランティア活動の理念、救援活動のノウハウを懸命に学ぼうとしました。そして、何よりも毎日の難民たちとの出会いとプロジェクト運営の経験が、試行錯誤の連続でしたが、多くのことを教えてくれました。「曹洞宗国際ボランティア会」（現在のシャンティ国際ボランティア会＝ＳＶＡ）、「日本国際ボランティア・センター」（ＪＶＣ）、「幼い難民を考える会」（ＣＹＲ）、「難民を考える会」などの団体がそれです。

また、仏教界の団体も数多く海外の現場で活動を開始します。「曹洞宗国際ボランティア会」、「全日本仏教青年会」、「浄土宗青年会」、「臨済アジアセンター神戸」（ＲＡＣＫ）、熊本の「蓮華院誕生寺国際協力会」（現在の「れんげ国際ボランティア会」）、「妙心寺派花園会」などです。「曹洞宗青年会」はＳＶＡと連携して動きました。現在の「仏教救援センター」（ＢＡＣ）は当時まだ存在しなかったのですが、「全日本仏教青年会」の主力会員として活動した人たちによって後日結成されました。

募金活動を中心にして活動した宗派として、「真言宗豊山派」、「曹洞宗」、「浄土宗」、「浄土真宗本願寺派」、「天台宗」、「日蓮宗」などでした。

すでに述べたように、ボランティア活動は、支援を求める人のニーズ、要望に立脚し、困難な問題を解決しようとする活動です。ですから、活動の主人公は支援する人ではなく、支援を受ける人たちでなければなりません。阪神淡路大震災以後、「協働」という言葉が用いられるようになりました。支援する人たちと支援される人たちとが対等の関係のなかで平等に「協同」して活動するという意味ですが、とてもよい言葉です。仏教の言葉で言えば、「三輪空寂《さんりんくうじゃく》」の「波羅蜜行《はらみつぎょう》」の実践です。また、その「三輪空寂」は、活動する組織内でも言えます。団体の役員と現場で働くボランティアが協働して活動方針や意思決定を行なわなければなりません。でも、教団系の団体においては意思決定の権限を教団の役員だけが持っていて現場の意志と齟齬《そご》を来すことがしばしばでした。また、難民のニーズよりも教団の論理が優先することもありました。これでは、活動がどんなに優れていても、市民の活動への参加はありえないのです。勢い、活動するボランティアは教団人だけということになるのです。寺院活動を担う住職や副住職が、寺を留守にして長期にわたる現場での活動を行なうことは、無理なのです。

精神的な活動に関わらないで、仏教系の団体の多くが短期の活動に終わってしまったり、活動の停止とともに団体が活力を失ってしまったりするのも、このあたりに原因があります。

仏教系の団体の社会活動の最大の欠点は、活動の中心がつねに教団人によって独占されていること、あるいはトラブルを避けるためでしょうか、教団人だけで組織され市民の参加を最初から考えていないところにあります。

国際障害者年

「国際障害者年」は、世界の障害者の人権と福祉の向上と深化のためのキャンペーンを行なうために国連が定め一九八一年、全世界で実施されました。ここで、キーワードになったのが「ノーマライゼーション」という言葉です。障害者も健常者も共に対等な社会の構成員であり、人間として同じ尊厳をもって生きるものであるという立場に立ち、すべての人が共に社会参加し、日常の社会で日常的な生活をすることこそが、障害者の権利なのです。さらに、そのことが社会を人間性の温《ぬく》もりのある優しさに溢《あふ》れたものに変えていくことになるという考え方は、障害者への福祉のあり方を大きく変え、ボランティア活動を質的に深めていく転機になりました。これを全国的に展開するには「日本青年奉仕協会」（JYVA）が毎年全国で開催するボランティア研究集会が大きな貢献をしたことも忘れてはなりません。

阪神淡路大震災

そして、理解の深度に個人差はあるにしても、ボランティアの活動や考え方、その意義といったことが、国民に広く理解されるようになったのは、なんといっても、一九九五年の「阪神淡路大震災」でした。「ボランティア元年」という言葉も生まれたように、ようやくにしてボランティアが日本社会のなかで市民権を得たといった感じがします。

ここでのボランティアの参加は、多種多様でした。どこの団体にも所属しないで個人として参加した人、職場や学校の仲間同士が誘い合って参加した人、NGOとして組織的に活動した例。活動の期間も日帰りの人、一週間という人、長期にわたった人とさまざまで、何度も繰り返し参加したリピーターが多かったことも興味深いのです。

活動団体も、国内において福祉活動を行なっている団体から、国際協力活動を行なっている団体、企業、労働組合、宗教団体、震災後自然発生的にNGOを組織した団体と幅広く見られました。

ところで、仏教系の団体には、どんな団体があったのでしょうか。

1. 宗派や宗派内の青年会やグループ

これは、枚挙するに余裕がないほど多くの団体が参加しました。ほとんどの宗派が何らかの活動を行なったと思われます。なかでも目立ったのは「曹洞宗青年会」、「天台宗」、「真言宗高野山」

などです。
2. 宗派を横断する仏教会などの団体
「全日本仏教会」に属する各県の「仏教会」、「全日本仏教青年会」などです。
3. 仏教系のボランティア団体
ここでは、国際協力のNGOの参加が目立ちました。「曹洞宗国際ボランティア会」、「臨済アジアセンター神戸」、「蓮華院誕生寺国際協力会」、「アーユス」などです。

次に、問題として残されていることを列記しておきます。
①多くの団体が現場に常駐する事務局の態勢を作れなかったこと。
②ボランティア活動には、被災者とボランティアを繋《つな》ぎ、被災者と外部の関係機関とを繋ぎ、被災者のニーズの把握と調整を行なうコーディネーター、調整者の存在が不可欠ですが、コーディネーターを置いていない団体、置いていても経験不足のため有効に機能していないところが多かったこと。
③炊《た》き出しなどの活動そのものが目的になってしまい、被災者のニーズや被災者が苦悩している事態に正面から取り組んでいこうとすることが少なかったこと。
④仏教者には当然のこととして、心のケアの問題に取り組むことが求められたが、災害などの緊急時における心理状態の研究や学習、さらにカウンセリングなどの学習が日常的に行なわれていなかったため、対応するだけの力が足りなかったこと。

⑤僧侶や教団人だけによって組織されている例がほとんどであったため、ボランティアは数日単位で波状的に参加することを余儀なくされ、継続的、計画的に活動を推進しにくかったこと。
⑥以上のような反省から、日常的な活動を行なうボランティア団体やグループがいくつかの宗派内に誕生しましたし、学習活動や研究も開始されていますが、可能な限り速やかに超宗派によるネットワークを組織しなければなりません。

近代の日本仏教は、時代の苦悩を直視することをなぜ避けてきたのでしょうか

以上述べてきたとおり、日本社会のボランティア活動の台頭とともに、仏教界においても仏教の精神に根ざした仏教ボランティアの動きが始まっています。でも、欧米の市民によるボランティア活動と比べたとき、その力の格差に愕然としてしまいます。また、それらのＮＧＯの活動を支える市民の参加意識も質も量も共にあまりにも違い過ぎるのです。

彼我の違いは歴然としており、これらの国のボランティア活動は生活のなかの一部ですし、活動への参加が自らの社会参加の表現になっているのです。

人は、これらのことは欧米社会の精神文化の基盤になっているキリスト教の精神と伝統によるものと言い、東洋の宗派にはそれがないからと言うのです。でも、本当にそうなのでしょうか。

世界の宗教である仏教もイスラム教も、愛や慈悲を説き、布施の実践を生活論理の基本においており、その精神はキリスト教の世界とほとんど違いはないと考えています。キリスト教自体も、中世において

どれだけ愛の実践者として社会に働き掛けを行なっていたかというと、かなり疑わしいのです。

決定的な違いが出てくるのは、産業革命以後のことです。

ここで、キリスト教史や経済史を述べていく余裕もありませんし、その力量もないので詳説は避けますが、イギリスにおける産業革命は巨大な富をもたらし、その結果、富裕な階層の人たちやブルジョアジーと呼ばれる人たちを創出しました。いわゆる「市民」の誕生です。でも、同時に貧困層は急激に増加し、工場労働者は労働搾取によって塗炭《とたん》の苦しみに喘《あえ》いだのです。農村においても貧富の格差は拡大し、貧困な農民たちは中間富裕層以上の人たちの支配に隷属を余儀なくされる状況になっていったのです。

そんなとき、この貧富の格差と貧困層の苦難を直視して、これはバイブルに説く神の正義が地上で行なわれていないと考えた人たちが現われました。そして、教会に対して問題提起を行ない、改革を訴えたのですが、未曾有《みぞう》の経済的な繁栄の恩恵に浴していたイギリス国教会は、このような声に耳を傾けることもなく、その現実を見ようともしませんでした。それだけでなく、異議申し立てを行なう若い牧師や青年信者を力で抑圧しようとしたのです。

これらの人たちは、やがてピューリタン（清教徒）の教派を作り、生活協同組合の運動や貧困層の人たちへの支援活動を開始するようになっていくのですが、ここに、近代以後のボランティア活動の萌芽を見出すことができます。

アメリカは、NPOによって市民社会が形成されている国ですが、抑圧から逃れたピューリタンたちのメイフラワー号にアメリカの建国が始まっていることを考えれば、その所以も理解できます。

日本は、明治維新の開国によって近代への歩みを始めました。明治政府は強権的な手法で中央集権的な近代国家の成立を図り、富国強兵と殖産興業によって欧米列強に追い付くことを国是として、お雇い外国人の招聘《しょうへい》によって近代化のための技術導入を図りながら、産業の育成を進めるのです。

また、長州藩は、江戸末期の「天保の改革」において続発する農民一揆の抑え込みに成功し、疲弊《ひへい》した藩の財政を一挙に好転させました。それは、農民が一揆の際に依り処とする宗教を藩の完全な支配下に置き、思想や信仰の自由を結果として奪おうとする巧妙な政策でした。それは、「淫祠《いんし》論」と言われるものです。政治体制に奉仕する宗教を正しい宗教、お上にまつろわざるものを「淫祠」となす、いかがわしいものを葬ることという乱暴な考え方で、民衆の信仰する塩釜神社、蚕神社といった「国つ神」の祠や路傍の野の仏、無住状態の寺院の小庵は徹底的に破壊されたのです。薩摩と長州の明治政府は、おそらく長州の「天保の改革」の国家レベルによる採用を考えたのでしょう。明治初年の廃仏毀釈《はいぶつきしゃく》、天皇家に繋がる「天つ神」による神々のヒエラルキー、ピラミッド型の階層組織を構築し、それによる国民の思想支配を考えました。

廃仏運動の嵐の中、教団の存続に奔走した当時の仏教者たちは、政治体制に奉仕する道を選ぶことによってこの嵐を切り抜けました。このことは、日本の仏教の近代化を大きく損なう結果になったのです。

朝鮮半島の植民地化が進められていたとき、海外開教の名のもとに大勢の開教師たちが朝鮮に出掛けていくのですが、開教師の一人一人が意識していたかどうかは別にして、結果としては皇国日本の宣撫《せんぶ》活動の一翼を担うものでした。創氏改名を強いられ、経済的にも極貧の生活に喘《あえ》ぐ民衆の呻《うめ》きを当時の仏教者は正面から見ようとはしなかったのです。

国内においても、近代産業の発達とともに貧富の格差は拡大し、農村の疲弊は目を覆うばかりでしたが、イギリスにおけるような社会正義を求める運動は起こらなかったのです。

先に述べましたように、ボランティアとは、人が直面している苦悩を自分自身の問題として受け止め支援の手を差し伸べるとともに、その問題解決のために行動する行為ですが、近代の日本仏教は、社会の苦悩、時代の苦悩を真正面から直視することを避けてきたと言えるのです。

仏教思想の基本は、〈縁起〉の思想です。〈縁起〉とは、すべての存在がそれ独自では存続できないですし、相依相待、相互依存性によって存在が可能になるという考え方です。それは、言い換えれば、苦悩する人が存在する限り自らの幸せはありえないということですし、他者と共に協働しながら問題解決を図ろうとすることは、自らの幸せの実現のための努力でもあるのです。ボランティア活動をした多くの人が、「人を助けようとして実は助けられたのは自分自身でした」と述懐していますが、ボランティア活動は、自己の意識改革や価値観の転換をもたらす自己実現の運動であるという一面を持つのは、このようなことによるのです。

おわりに

仏教のボランティア活動は、まだ緒に就いたばかりです。でも、時代は大きく変わりつつあります。

経済の発展成長と消費の拡大を幸せの指標と考えた時代は終わろうとしています。一つの価値観やイデオロギーで世界を支配できるという時代ではありません。自然と共生し、異なった文化や宗教とも共存できる寛容の精神が求められているのです。

そんな社会を誰が造るのでしょうか。政府でもなければ、国連でもないのです。一人一人の地球上の人間が創出していくのです。市民の社会参加が世界を変えるのです。そして、自分を変えるのです。ボランティアとは、自己覚醒の運動でもあるのです。

ボランティアの働きは小さなものです。でも、一つ一つがネットワークしていくとき、それは大きな力となるのです。

最後に、繰り返しになるのを恐れないで、重ねて強調しておきます。日本の仏教は、近代以後、人類苦や時代苦を直視してこなかったのです。社会の矛盾や過ちを指摘することもきわめて控えめでした。問題解決のために行動することもなかったのです。その昔、ブダガヤの菩提樹の下において覚者となられたその「おさとり」とは、苦の実態を直視し、苦を解脱《げだつ》していくための道程であったはずです。もはや、時代を批判する評論家から脱却しなければならない時代なのです。

鎌倉時代の興正菩薩叡尊《えいそん》は、門弟たちを大和（奈良）の般若野に集め、次のように述べました。

『文殊師利涅槃経』に生身の文殊菩薩に会おうと思うなら慈悲心を起こせと書かれている。なぜならば、文殊菩薩がこの地上に出現するときは、必ず貧窮孤独《ひんぐうこどく》の人々の姿となって現われるからである。貧窮孤独の人に出会い、無関心であったり、忌避したりして慈悲心を持たない人は、文殊菩薩と出会いながらもついに文殊菩薩と出会えない。

さて、この般若野には差別され、抑圧され、家庭からも社会からも見捨てられた貧窮孤独の人々が肩を寄せ合って生活しています。しかし、その人たちこそわれわれに慈悲の心を起こさせるために地上に現われ給うた文殊菩薩なのです。


そして、叡尊は風呂を沸かし、竈《かまど》を作って、入浴と施食を行ない、病の介護を行なったといいます。

マザー・テレサは、「愛の反対語は、無関心という言葉です」と言いましたが、愛や慈悲は、行動するときにしか現われないのです。慈悲は、社会化されなければ慈悲ではないのです。慈悲の社会化の行動、それが仏教ボランティアなのです。

仏教ボランティアを考える

聴き手　鎌田正樹

有馬　仏教ボランティアと言っても、国外と国内、さらに難民、障害者、高齢者問題、地域コミュニティ造り、あるいはコミュニティ、共同体の活性化ということで活動をやっている人、さまざまです。ボランティアということを語る場合、そのあたりをかなり整理する必要があります。ことに海外に限定すれば、率直に言ってあまり活発ではないと言えるでしょうね。やはり、圧倒的に多いのは、キリスト教系のボランティア団体ですね。
――これは、キリスト教と仏教の成立とか、教義的な違いからボランティアが多いとかいうことはあるのでしょうか。
有馬　それは、あるでしょうね。教義的な違い、歴史的な背景といったこともあります。教義的に言えば、神の愛の実践、神の愛を確認することが、キリスト教信仰のなかにつねに求められているのですから。
それから、歴史的に見ても、キリスト教の場合は、海外伝道の歴史が非常に長いですね。海外伝道をやるときにつねに神の福音を届けようとするのです。それが伝道活動ですが、その手段として、あるときは医療であるとか、福祉、保育、教育といった、神の恩恵のもとに栄えた文明を、一緒にもたらすのです。

それから、『ミッション』という映画がありまして、いろいろな意味で話題を呼んだ映画なのですが、ある意味で言えば、西洋のキリスト教伝道というのは、西ヨーロッパの植民地主義と軌を一にしていた時代があるのです。たとえば、インカ帝国の滅亡に加担していたとかね。『ミッション』は、ちょうどそういう時代の、世俗の権力者と、現地人の幸せのために福音を届けている立場の宣教師との闘い、葛藤を描いた映画ですが、キリスト教には、そういった時代に対する反省みたいなことがあるのでしょうね。ですから、純粋な伝道とともに、伝道を離れた、キリスト教精神に基づいた、現地人の福祉というようなことを主題とした動きがいち早く、出てきました。

一言で言うなら、異文化接触の歴史が非常に長く、そのなかでさまざまな試行錯誤を経てきているのです。そして、海外ボランティアの重要性を非常に深く認識していたことが背景にあると思いますね。

——それに対しての仏教は、どうなのでしょう。教義的には、私は仏教は……。

有馬　仏教こそ、そういうことを教義的に最も的確に表現している宗教なのですね。

言うまでもなく、仏教教義の根底になっているのは、宗派を問わず、原始仏教以来、〈縁起〉の思想ですよね。〈縁起〉の思想というのは、それぞれの個が、つねにありとあらゆる人との相依相待の関係のなかにおいて初めて成り立ちうるというのが、基本的な考え方ですよね。裏返して言えば、他の幸せがない限り、自分の幸せはないのです。そして、他との共存関係がない限り、自分というものもありえないのです。そうすると、当然、ボランティアの活動であるとか、そういう運動の根底になっているのは、まさに仏教の〈菩薩思想〉そのものですし、あるいは〈縁起〉の考え方でしょうね。

他の人の幸せをつねに考え、他の人の幸せを作り出すためにはどうするのか。そういう具体的な働き掛けのないところには、慈悲はもちろん、悟りも智慧《ちえ》もない、と。そういうことなのですね。ですからこういうことが、なぜ、仏教のなかで行なわれてこないのか、それが問題なのです。つまり、〈菩薩の行願〉を社会化する努力がなさすぎたのです。社会全体が〈菩薩の行願〉の実践に生きようとしない限り、浄土は実現しないのですから、極端に言えば、今の仏教は浄土を願ってないことになります。

一つ言えるのは、では、仏教がそういう問題に対して何もしなかったかと言うと、実はそうではなくて、日本の仏教のなかでは組織的にそれを行なうことがなかっただけのことで、仏教の歴史のなかで、つねにそういうことは行なわれましたし、また多くの仏教者たちはそれをやってきたのです。

たとえば、「陰徳を積む」という言葉がありますけれど、仏教ではそういう慈悲の活動をする場合に、むしろ他に見えないような形にしてそれをさりげなくやるのです。そういう活動をしていることが、他の人に見つかるのをむしろ恥じるようなところがあって、「三輪清浄《さんりんしょうじょう》」というのでしょうか——布施のなかで、布施をする人と布施をされる人、そして布施される布施物、その三つの関係がつねに清浄であるのです。あるいは、「三輪空寂《さんりんくうじゃく》」とも言いますね。そういうことを考えますから、なかなか運動にならないのですね。運動体として組織することです。運動する以上は、それが一つのエネルギーとして、多くの人たちに参加してもらうのです。そのためには、マスコミを使った宣伝や演出も必要でしょう。

ところが、やはり私自身も運動に関わっていながら、それをやることに何となく、照れくささと恥じらいみたいなものを、つねに仏教者というものはもっているのですね。これが、ある意味では、仏教が運動になりにくい、また運動を弱くしている原因の一つでないかと思っています。でも、それは、大事なことなのです。

キリスト教のボランティア活動と仏教のボランティア活動を比べた場合、あるいは、西洋人と日本人のボランティア活動でも、やはりどこか違うのですよ。日本人は共通して、布施する人のありようよりも、布施される人たちの問題をつねに問い続けるのです。布施される人たちの自立を妨げないのです。相手の主体性を尊重するという姿勢で、ボランティア活動をすることを、つねに自分に問い掛けるのです。西洋のボランティア活動は、運動の輪がどんどん広がり、お金が集まり、救援される地域が広まることが大事にされます。このあたりが日本と西洋の、仏教とキリスト教のボランティアのはっきりした違いでしょうかね。

でも、むしろ最近では、西洋のボランティア団体が日本人のボランティアのそういうあり方に注目し始めているのですね。実は、アジア太平洋地域のボランティアの国際大会がありまして、この主題が「アジアに学ぶ」なのです。

——現状は、変な言い方ですが、これでよいと考えていらっしゃいますか。

有馬　いやいや、けっしてそうではありません。たしかに、ボランティア個人の主体性、あるいはありようをつねに問い続けるという姿勢は大事にしなければいけないですね。でも今、地球規模で、経済にしても、人間の交流にしても、相互依存の関係が非常に高まってきています。一国の飢餓は、他の豊かな国の飽食に繋《つな》がってきていますし、そういった富の地球規模での不平等という問題があるのです。

これは、大変に大きな問題で、一民間人がどう逆立ちしたって、叶《かな》うことではないのですが、発生してきた問題のケアをするだけでは済まないのです。トラブルの発生の元を辿《たど》りながら、トラブルが発生しないような状態にしていくことを考えない限り、難民問題一つ考えても、アジアとアフリカの貧困の問題を考えても、ボランティア活動の本質に関わってこないのですよ。

ほんのささやかなことですけれど、やはりその問題を直視しながら、その問題に関わっていくしかありません。そして、大事なことは、わずかとはいっても、アジアとアフリカ地域の人たちの幸せに何らかの形で貢献できるようなことをやりながら、そして同時に、日本人自身がそういう問題を反省することです。活動を通して、草の根段階でそういう問題を自分の問題として問い続け、考えていこうとすることです。そういう運動としてボランティア活動を考えたいのですね。そういう人が一人でも二人でも増えてくることによって、日本人のライフスタイル、生活態度が変わってくるでしょうし、また日本がさまざまな経済活動をしていくにしても、そういうことへの謙虚な反省をつねに持ちながら、経済活動ができるようになっていくのではないでしょうか。

あまりにも気の遠くなることですけれど、やはりそれをやるしかありませんね。

そして、仏教においても、〈縁起〉のあり方というのを考える場合でも、ただ抽象的な人間と人間との相依相待の関係だけで考えているのではなく、もっと現実的に世界規模、国際規模でそれを考えていかないと、もはや仏教の論理というものも矮小化《わいしょうか》されていくのです。そういう時代ではないだろうかと思うのですね。

——今までお話を伺ってきたなかで、仏教ボランティアの立脚点と、その問題点が浮び上がってきたと思いますが、海外援助活動の現状をお話しいただけますか。

有馬　今、日本の政府は膨大な予算をさいて海外援助をやっていますが、これをODA（政府の途上国援助）と呼びます。経済摩擦のこともあって、向こう数年間に、ODAの補助金を倍にすることも発表されています。日本人のなかには、ODAがあるから今さら民間がやらなくてもよいではないか、そういうことは行政がやることであると言う人もいます。国家に任せておけばよいという意見が非常に多いのです。

そこで、考えなければならないことは、ODAという政府の援助は誰のために行なわれているかというと、相手の政府に対して行なわれているのです。もちろん、それ自体は悪いことではないのですが、政府間援助と言う場合、それが援助を受ける国において、それが民衆の福利厚生、その国の経済の向上ということに直接に使われないという現実があります。貧しい国々には、技術力がありませんから、海外の技術や資本を借りて、近代化をやりとげたいという希望があります。日本からの円借款にしましても、ほとんどが巨大な工場プラントに消えていくのです。都市部を中心にした特定の地域に資本が投下されて、都市と農村の経済格差がますます広がるのです。都市の経済力が高まれば高まるほど、相対的に農村の経済基盤は落ち込んでいきますから、農業収入だけで生活ができなくなるのです。借金ができるのです。そうした農民たちは土地を捨てて、都市のいわゆる低賃金労働者として出稼ぎに出るのです。農村は荒廃し、都市に流れて行った人たちは低賃金に甘んじて、スラムに陥っていくといった悪循環を作り出しています。

日本が行なうODAが結果として農村の破壊をもたらしているのです。ですから、民衆の草の根段階を高めてやらない限り、問題は解決しないのですね。

大切なことは、政府間援助も必要ですが、同時に車の両輪のように、民間の援助もやる――この均衡がとれて初めて日本の援助が機能を果たすのではないですか。

欧米の国は、自国のボランティア団体に対して補助金を出しています。これは、長い間の海外援助協力のなかから得た反省からきているのです。それは、政府間援助の限界を知っているからなのです。

民間団体が政府と関係なく民衆に直接お金をつかう――政府がやれば内政干渉ですが、民間がやればそうしたことも起きないのです。ところが、日本だけがやらないのですよ。これは、日本政府が政府間援助についての反省がないこともありますが、日本の現在の法律では公的な機関に所属しない民間ボランティア団体、福祉団体に対して政府はお金を出してはならないという制限、制約があります。つまり、財団法人でない限り政府援助は受けられないのです。これは、ある意味では正当なことです。でも、不幸なことに、日本に財団法人になれる力を持っている民間団体はまだ非常に少ないのです。ですから、そのためにも、もう少し足腰を鍛えて大きくならなければならないのです。正直なところ、これといった決め手は見つからないのですが、運動の幅を広げていくしかありません。

そして、政府のお金を貰《もら》うことを急いではいけないのです。実力がないのに簡単にお金を貰いますと、いわゆる「翼賛会」になってしまいます。やはり、民間の主体性を大事にする、守っていくためには方向性を明確にし、力を付けていく以外にないのですね。

――仏教ボランティアに対する世間の、主にマスコミの評価がありますが、逆に現在の広く行なわれている募金活動については、どうお考えですか。

有馬　仏教団体は、マスコミの評価がよろしくないですね。もっと積極的になぜやらないかという批判です。一面では当たっていますが、けっして何もしていないのではありません。どのお寺に行っても、募金箱が置いてあったり、歳末助け合いの托鉢《たくはつ》なんかもやっています。ところが、それがみな、テレビ局や新聞社に寄付されたりして、表面に出てこないのですよ。

ですから、募金活動をする以上は、どうつかうのか、もっとも生かしたつかい方は何か、というところまで責任を持って考える必要があります。そのお金をどこか簡単に片を付けるということではなくてね。そのうえで、国連なり赤十字社なりに寄付すればよいのです。そうすれば、国連だからということではなく、国連のこういうところにつかってほしい、ここにお金を送ってほしいという行き先を考えながら、寄付ができるのではないでしょうか。

――マスコミ、とくに二四時間テレビを見て、私はいつも複雑な気分になるのですが、あの上滑りした雰囲気は何だろうと考えてしまうのですが、有馬さんはどう思われますか。

有馬　タレントを使うのは結構なのですが、あの募金を出している多くの子どもたちに、ボランティアのことをどう伝えるかということがなければいけないのです。タレントたちはそれをやっていないのです。それとマスコミは絵になる援助しかしませんね。

むしろ、地道にふだん老人の世話をやっているボランティア、車椅子の人の介護をしている人、手話サービスをやっているボランティアに、こつこつやっている人たちに参加してもらって、そのことによって地域でばらばらになっているボランティアが連携を持てたら——そういうことをこそやらなければならないのです。テレビの前でVサインを出したりしています。ああいうのは、ボランティアではないですよ（笑）。

——ところで、ボランティアという言葉自体は、適当なのでしょうか。

有馬　むずかしいですね。ですから、仏教者が日本の文化風土、思想風土に合った新しい言葉を早く見つけださないといけないですね。

「奉仕」というと、何か手垢《てあか》が付いてしまっていますし、たとえば「慈悲」、「布施」、「六波羅蜜」でもよいですね。あるいは仏教に「四摂事《ししょうじ》」というのがありますが……。ところが、それが民衆のなかでつかわれるまでに至っていないのです。これは、なぜかというと、お坊さんがそういう活動をしていないからです。ですから、お坊さんがそういう活動をして、そういう言葉をどんどんつかい出したら、それが一般の人の言葉として仏教の意味を離れてつかわれるようになるでしょうね。

——ところで、先ほどお金のつかわれ方を考えなければならないということをおっしゃっていましたが……。

有馬　たとえば、自動車を一台寄付するにしても、維持や管理のことが出てきますよね。そういうことをつねに総合的に考えながらお金をつかわせてもらうことです。そして、それを的確に報告し、伝え、現状をみながら、次のことを一緒に考えていくのです。
一般の方、寺院の方々は、どういう団体がどういうところで何をやっているのかという情報をご存じありません。SVAに尋ねてくだされば、そういう情報は的確にお教えできます。今の仏教界は、事実の情報を持たな過ぎます。ですから、情報不足のまま、せっかく集めた善意を安易に送っているのではないでしょうか。
――SVA（曹洞宗ボランティア会）についてお尋ねいたします。会員は、全国にどのくらいおられますか。
有馬　お寺と個人を合わせて、七〇〇〇人くらいでしょうか。本当は、寺で会員になり、個人でも会員になってもらうのが理想なのですが。
――支部は、全国にどのくらいあるのでしょうか。
有馬　活動事務所から言えば、東京に本部があり、バンコク事務所、アランヤプラテート事務所、それからタイ北部のチェンカーン事務所、と海外に三つ事務所があり、国内では、支部が山口、島根、宮城、静岡、伊豆、岐阜にありますね。
――日常的にはどういう活動をなさっているのですか。
有馬　支部では年一回、慈愛の古着を送る運動をやっています。これが大変な仕事なのです。始めてから終わるまで三、四ヵ月くらいかかるのですよ。

――やはり、古着は海外では有効なのですか。

有馬　有効ですね。ただ、古着運動の場合、輸送費が莫大にかかりますから、古着と一緒に輸送費の募金集めをしなければなりません。輸送費まで別に取るのかという人もおりますが、援助というのは物だけくれてやればよいという発想は間違いなのです。受け取る人の気持ちで送るのです。本来なら、自分がいらないものは相手だっていらないのですよ。ですから、いらないものを送るのではなくて、自分は使わなくなったけれど、その物には命があるから送るのです。送るのなら、本来は自分が届けなければなりません。でも、それができないなら、応分の負担をして、責任を持つことが大切なのです。出すからには、送り届けて初めて、古着運動は終わるのですね。

――ところで、海外活動をする場合、政治的なこととの関係が出てくると思いますが……。

有馬　私たちは政治的な立場にはまったくとらわれていません。ベトナム難民に救援もしますし、ヘンサムリン政権やラオスにも折衝しています。ただ、難民の援助をする以上、どうしても一方に加担するかのように見えることがあります。これは、仕方のないことですね。

たとえば、独立した海外の国のなかで活動するのですから、現政権に反する活動をやった場合、たとえ民衆がそれを望んでいても、直ちに退去命令が出ます。現政権が許可しないようなことはできません。そうすると、民衆の人たちからは体制の人間と思えるでしょうね。農村に入り、たとえば、識字教育をやったり印刷技術を教えているのですが、そうすると、それが政治宣伝のビラを作るにはもってこいなのですよ。民衆に知恵を付けるようなことを政府は嫌がりますから、今度は現政権から目を付けられます。

ですから、草の根の民衆に対する援助をするからということで、苦楽を共にするのです。援助を確保し、プロジェクト、事業を考えるのです。これは当然のことですが、それだけではいけません。つねに政府とも接触、折衝をとらなければならないのです。

民衆と政府の間の仲立ちをします。仲介役になって両方に関わるのですね。このことが海外ボランティア団体が果たす役割で大変に大きい部分だろうと思いますね。もう一つは、異なった価値観、異文化の人たちとぶつかり合うことによって新しい発想を学ぶことが両方にありますね。

多様な価値観の尊重と平和の創造

宗教界では、終戦五十回忌を迎え、沖縄、広島、長崎などで慰霊や追悼の法要を数多く営んでいます。でも、キリスト教界を含む日本の宗教界は、かつて植民地支配を正当化するための布教活動に努め、また朝鮮や台湾では、日本への同化政策の一翼を担ってきました。布教所や教会が、宣撫《せんぶ》工作の基地になったのです。そうした戦争責任を思うと、日本の宗教界は、今でもアジアへの責任を果たしていないのです。

日本人は、アジアの一員なのか……

五〇年という時間の流れは、歴史を風化させようとしていますが、ドイツのワイツゼッカー大統領のナチスドイツの戦争責任発言を読みますと、アジアを戦場にした日本人のアジアへの加害者意識の低さと、その歴史に対する検証の努力のなさに気付かされるでしょう。日本人は、自分たちの「痛み」についてはよく語りますが、アジアの人たちの「痛み」について、あまりにも無理解だからです。

日本は地勢的に、東アジアに位置していますが、本当に日本人はアジアの一員なのかという疑問があります。「アジア」にアイデンティティ、帰属意識を持っているかどうか、なのです。戦後は、日本のお茶の間をそのまま引き摺《ず》って、アジアに進出しているように思えてなりません。それは、円高だけの交流であり、人間の交流ではないのです。日本の宗教界のアジア交流にも見られる現実なのです。

日本の宗教界には、現地の上層部の宗教者だけと交流する傾向があります。そして、たとえば、スリランカの仏教と交流するときも、シンハリとタミールの紛争をサンガ（僧伽）はどのように考えているのでしょうか。また、カースト制度についても、です。また、九、〇〇〇の村、六〇〇万人以上の民衆の運動であるアリヤラトネ博士の「サルボダヤ運動」（非暴力による社会状況と魂の変革を同時に目指した農村開発運動）についてなど、民衆の立場に立った関心が、上層部だけと交流する日本の仏教者にはないのです。

また、タイでは、自然環境問題に取り組んでいる開発僧が知られていますが、つねにヒエラルキー、ピラミッド型の階層構造の上層部と交流する日本の仏教者には、民衆や自然と共にある僧との交流もありません。そして、そうした理由をこれまでの日本仏教の体質として指摘できるように思うのです。

大乗仏教とその歴史的な問題

中国、朝鮮から日本に伝播《でんぱ》してきた仏教は、国家鎮護の呪経《じゅきょう》として『金光明最勝王経』が珍重されたことに象徴されるように、つねに国家や体制に奉仕し、迎合してきました。また、自分たちの宗派の正当性を主張するためにも、天皇家への役割の多寡で主張したという歴史があるのです。つまり、日本に伝播してきた大乗仏教とは、国家や体制との癒着というなかで働いてきたのではないかと思うのです。そして、現状も同じ状況のなかにあると思うのです。とすれば、日本の宗教や仏教の戦争責任問題とは、そうした体質をどのように乗り越えるかを、問われているのです。

明治以降、日本の近代化のなかでアジアとの本当の交流や連帯を果たしていないという反省に立つなら、仏教者は、自らの体質を変革するという、ラディカル、急進的な発想を体制のなかで考えることが必要なのです。そして、それは、社会の底辺で蠢《うごめ》いている民衆に共感することでなければならないのです。それは、アジアの人たちと共生共存する社会の創造を視座に持った交流なのです。

かつて、日本の近代化は、「脱亜入欧」を掲げアジアを遅れたものと見てきました。でも、それは、経済で近代化を図ることの限界と同じように、大きな変革期にあるのです。つまり、文化を無視したところに、本当の発展はありえないということなのです。アジアには多様な文化、民衆、宗教などを内包しながら、なお自己同一化させていく文化があります。それは、ヨーロッパにない多様性を許容する文化であり、平和の原理として機能しています。多様な言語と民族からなるインド社会は、まさにその典型と言えるでしょう。

〈縁起〉の思想は、共生共存の原理

アジアには、多様性、異なった価値観を矛盾なく同一化させていく文化が存在するのです。それは、これからの二一世紀の平和の原理になると考えるのです。とくに仏教の思想は、それぞれが独立的に存在するのではなく、多くの〈因〉と〈縁〉によって存在するという価値観ですし、共生共存の原理です。その〈縁起〉は、個を喪失するのではなく、個を非常に明確にする原理でもあるのです。そして、その仏教は、アジアだけでなく、世界に向かって、平和のために、あるいは、これからの二一世紀を創造するために、もっと積極的な役割を果たさなければなりませんし、そして積極的に発言していかなければならないのです。

〈縁起〉に目覚める「南」の国の人たち――「サルボダヤ運動」に見る仏法の力

対談者　上田紀行

上田紀行（うえだ　のりゆき）
一九五八年、東京生まれ。東京工業大学大学院社会理工学研究科助教授、青松寺仏教ルネッサンス塾塾長。「癒し」の視点をいち早く提示し、論壇やメディアでも活躍中の文化人類学者。一九八六年から二年半、スリランカで伝統医療、「悪魔祓い」と農村開発運動、「サルボダヤ」についてのフィールドワークを行なった。著書は、『覚醒のネットワーク』（カタツムリ社）、『悪魔祓い』（講談社）、『日本型システムの終焉』（法藏館）、『癒しの時代をひらく』（法藏館）、『宗教クライシス』（岩波書店）。共著に『親鸞と暗闇をやぶる力』（講談社）などがある。

「南」の国、なかでもアジアの仏教国で、真の宗教性に目覚めた人たちによる社会変革運動がじわじわと力をつけてきました。その一つが、世界有数のNGOになったスリランカの「サルボダヤ運動」です。ここでは、仏教の「布施」を「分かち合い」と読み換え、無気力だった人たちを〈縁起〉の思想に目覚めさせ、自発的な活力を生み出す原動力として仏の教えが生きているのです。また、悟りへの道を説く四つの行動原理「四聖諦《ししょうたい》」は、農村開発の基盤にもなっています。
そこで、「サルボダヤ運動」に現地で深く関わってこられた上田紀行氏と、宗教者の真の役割とは、ボランティアとは、NGOの活動とはどういうことなのか、そして、世界が目指していく開発について対談しました。

ボランティアの醍醐味

上田　僕は、ボランティアということを、南の国に豊かな北が援助して、「早く北の先進国のようになりなさいよ」ということではとても考えられないのです。というのは、僕は、一〇代のころから非常に豊かな日本に自由さがないということを強く感じていて、東京の渋谷なんかで信号が変わると、同じような背広を着たビジネスマンがズズズズッと来るのだけれど、みんな操られたロボットみたいに思えてしようがなかったのです。
ところが、インドに行って初めて「人の存在感」を感じることができたのです。それは、こっちを騙《だま》そうとする悪い商人だったり、道端で寝ているのかと思ったら死んでいた人であったりするのです。でも、その死体からも「人」を感じました。その後、タイやスリランカなどいろいろな国を旅して「人間の存在感」というものは南の国のほうがあるのだということが強く心にインプット、刻み込まれたのです。ですから、僕のなかでは、存在感を失ったら人間は終わりですし、地球は終わりだという非常に素朴な感じがあるのです。
そういうことから考えて、ボランティアやNGOの活動というのは、日本人がロボットの状態から、人間の存在感を取り戻して自己実現していくための活動としてあるのだという次元で考えなければならないときにきているような気がするのですが。
有馬　SVAは一九七九年にカンボジア難民問題が始まったときから活動しているのですが、一九八二年ごろに難民キャンプの中が落ち着いて緊急援助を必要とする状況からは一応脱出できました。すると、世界中から来ていたNGO、とくに欧米のNGOは、援助の対象がいなくなって困っているのです。そんなとき、エチオピアの飢餓が始まって、「それっ」とエチオピアへ飛んで行きましたね。それを見て、国際協力のNGOっていったい何だろうと思いました。
上田　南の国に対するボランティアでも、福祉のボランティアでも、求めている人がいるからやる、というように自分の自発性と義務感とか使命感にすり寄せてしまうと、障害者のボランティアをやっている人は障害者がいないと困るという状況に立ち至ってしまうのですね。

それに、ボランティアは「かわいい障害者」を求める傾向がある、と障害を持っている僕の友人が言っていました。「あなたたちのお陰で本当に助かりました」という善良な障害者を期待している、と。ところが、障害者だって人間ですから、不平不満や人間のどろどろした部分を出してくるのです。すると、ボランティアは、「なんだ、障害者のくせに」と、逆に本当の人間が出てくるのだ、と。

有馬　でも、ボランティアというのは、一言で言うなら、人と関わること、あるいは異文化なり異なった地域と出合うことによってそれまで気が付かなかった自分を見出したり、向こうの厳しい自然に曝《さら》されたりすることによって、自分の殻がきれいさっぱりと剝《は》ぎ取られていくことなのでしょうね。

上田　そういうなかから自分が成長していくのです。自分の知らない世界に対して謙虚であるということは必要ですよね。でも、日本では自分を会社の肩書きとか偏差値というレッテル、評価や格付けでしか見られないけど、それが日本の社会が生き生きとしたものをなくしている原因ですし、レッテル、格付けを貫徹することによって自分の本当の生《なま》の部分を切り捨ててしまっているのです。それで、ボランティア活動も「かわいそうな人たち」とか「南の貧しい人たち」というレッテル、評価で、日本のレッテル化をそのまま世界に拡張して、「レッテル植民地」、「格付け植民地」みたいにしているところがあるのではないですか。

日本では多様化に対して閉じている部分がありますから、レッテルに基づいて金を出し軍隊を出すことで国際貢献なんて言っていると、とんでもない鼻持ちならない援助になるのは間違いないでしょうね。よく、相手の需要に応えた援助が質の援助だと言いますが、そういう質も当然のことながら、NGO、ボランティアというのは、そこに関わる人が自分の殻を破壊しながら、新しい存在として甦《よみがえ》っていく、自己変革を行なっていく、その質の変化の部分が非常に問われているのではないでしょうか。
有馬　NGOが南の国に入りますでしょ。そのとき、現地の人は、「ボランティアが来るのだって。じゃあ、今日はこちらもサービスしようか」くらいの了見でいるのです。ところが、長く付き合っていると、そうそうサービスしていられませんから、かなり厳しいことをずばずば言い始めますよ。それが、あるときは衝突になり、あるときは敗北感として終わるのです。屈辱感とかいろいろなものを体験しながら自分が生《なま》で曝《さら》されていくのです。そのときにきれいさっぱり手垢《てあか》のようなものが取れて、そのとき初めて本当の出会いみたいなものが起こるのでしょう。その本当の出会いの感動体験を持てるかどうか、そこに指標を据えて動いているかどうかなのでしょうね。でも、これがある意味では、NGOの本当の醍醐味《だいごみ》なのかも知れませんね。

開発教育を先取りした「サルボダヤ運動」

有馬　上田先生はスリランカで二十年以上、「サルボダヤ」（非暴力による社会状況と魂の変革を同時に目指した農村開発運動で、サルボ〔すべての〕ウダヤ〔目覚め〕）に深く関わってこられたわけですが、「サルボダヤ」の活動に西欧のいろいろな団体が非常に関心を持っていますね。どういう視点で興味を持っているのでしょうか。
上田　たとえば、これまでのような物質的な開発を進めた結果、モノは増えたけれど人々は利己的になって村は廃《すた》れるというような西洋的な開発図式を後追いするのではなく、南の国が、先進国も目指しているある状態に、先進国に到達することなく先取りしていこうという考え方を打ち出したことでしょうね。
　つまり、デベロップメント・オン・ニーズ、要請に基づいた開発であって、デベロップメント・オン・グリーズ、貪欲さに基づく開発ではないのです。これは、本当に私たちが心の底から、魂のレベル、次元から、これが必要なのだ、と思うことを開発していこう、ということです。心の部分を無視してひたすらモノが欲しい、他の人と比べて私の家のほうが金持ちでありたいという貪欲さに基づく開発ではだめなのだ、ということを、初期の時点から言い切ったところが非常に衝撃を与えたと言えると思います。

有馬　そのサルボダヤとの出合いのなかで欧米のNGOの人たちが、自分たちをどのように変えていこうという動きがあるのでしょうか。

上田　一つは、自分たちがお金を与えて操作して開発しようというようなことから変わってきていて、その地域の自主性、自発性を尊重していこう、というあり方が非常に鮮明に出てきています。

それと、開発には心の次元があるということ。今でこそ開発教育ということが言われていますが、自分自身の意識のあり方を変えていくとか、戦争で死ぬ人よりも貧困や飢餓で死ぬ人のほうが圧倒的に多いという構造的な暴力を克服するためには、その国でそれを止める以上に、北の国がライフスタイル、生活様式を変革し意識を変革していく必要があるという、新しい平和教育というものが出てきていると思います。

これは、「サルボダヤ」の仏教の思想を基底にした開発が、西洋が到達しようとしていた開発教育というものを先取りしていたと言ってもよいでしょうね。西洋が目指していたものが、実は東洋の、仏教のなかにあったのです。逆に言いますと、開発教育というものが、非常に東洋的なものである、あるいは東洋と西洋を統合したグローバル、地球規模のものである、ということだと思うのです。

直接的な「暴力」と構造的な「暴力」

上田　平和の考え方というのは、昔は、二元論ですから、戦争なき状態が平和であると長い間考えられてきました。でも、戦争がなくても、どんどん人は死んでいくのですし、抑圧されているのです。富の分配が不均衡ならば、結局、富める国はどんどん浪費して貧しい国はどんどん飢餓者が出るのです。
「暴力」の定義に「人間が潜在的に持っている可能性を疎外しているもの」というのがあるのですが、誰がぶん殴っているか分からないけれど、その社会構造のシステム、仕組みのなかに内在して人間の潜在性を殺してしまうもの、たとえば、本当はありのままの私として生まれて生きていけるのに、餓死してしまうとか、本当ならこれだけ教育を受けられるのに、貧困のために受けられない、あるいは北の国の場合、もっといきいき働けるはずなのに、ストレスで死んでいく、こういうものを構造的な「暴力」と言うのです。

アフリカの飢餓も、そうです。国が外貨獲得のために穀物を先進国に豚や牛の飼料として輸出してしまうために起こっているのです。豚や牛は食べた穀物の五分の一しか食糧効率がないのです。つまり、穀物をそのまま食べていれば五人の人が生きられるのに、それを食べた牛を食べるとなると、一人しか生きられないのです。つまり、そのシステム、構造自体に内在した「暴力」があるのです。

でも、むずかしいのは、直接的な「暴力」は、自分で「暴力」を行使しているという感覚があるのだけれど、構造的な「暴力」の場合は、自分がぶん殴っているという自覚がないのです。ですから、自分がどういう構造のなかにいるのかということに気付くのです。そこに目覚めるのです。その意識の目覚めの次元が、非常に重要になるのです。

そこで、仏教的な運動のあり方とも関わってくると思うのです。

キリスト教的なボランティアのあり方が、奉仕していくことで神の高みに近付いていくというものであるとすれば、逆に仏教は最もラジカル、急進的なところがあって、自分自身を深く追求していって、自分の殻を脱ぎ捨てながら自己認識を深めていくのです。そういう意味で、求められているボランティアのあり方は、より仏教的なものだと言えるかも知れないですね。

未来を展望する力としての仏教

有馬　「法華経」に「開発知見《かいほつちけん》」という言葉がありますが、自分が置かれている世界の構造、あるいは〈縁起〉的な世界を正しく見ること、まさに目覚めですね、そういうものを開発《かいほつ》していくという意味なのです。でも、それは非常にむずかしいことで、上田先生の書かれた『覚醒のネットワーク』では、そのむずかしい話を実にやさしく書いているので驚いたのです。これは、

NGOを志すボランティアの教科書だと思うとともに、仏教概論の教科書にしなければと思いましたね。

上田　日本ではむずかしい話をするのが仏教だなんて思われるところがありますよね。生活に結び付いていないし話はむずかしいし、出てくるときは葬式だけです。ですから、仏教が日々の生きる力であり、未来を展望する力、世界を切り拓《ひら》く展望をもっているなんて思っている人はいないでしょうね。

有馬　世間一般は、まずそうですし、仏教者のほうにもそれはあります。ところが、〈縁起〉というのは、すべての存在が〈因〉と〈縁〉によって生じている、そしてすべてのものが他によって生じていることですね。逆に言えば、自分が他によって生かされているということですし、また、自分が生きている証《あかし》というのは、他との関わりのなかでしか証明しようがないのですから。

上田　すべてのものは相互に折り込まれているという、現代哲学にも通じていく大変なことを言っているのですね。ところが、現実にはそうはなっていないのです。それどころか、日本の宗教者は、人々が仏教はありがたいというところまでは目覚めてほしいけれど、本当の仏性が目覚めてしまったら、困るみたいなところがあるのではないですか（笑）。

スリランカにも、旧態依然とした仏教はあるのです。仏教のサンガ（僧伽）は、時の権力者からお布施を受ける代わりに、支配の正当性を与え、お寺を立派にしてもらうのです。非常に体制的ですね。実際の政治的な改革とか、貧しい人を救おうということにはあまり口を出さないお坊さんが多いですね。すると、村人は必ずしも豊かではないのに、お寺だけがものすごく立派ということがあります。

そういうなかから「サルボダヤ」は、仏教というのは社会に対しコミットする、関わり合うものだ、といって教義をダイナミック、動的に読み換えて人々の心を動かしていったのです。

たとえば、「苦集滅道」を運動論として言い換えたのですけれど、今の村のあり方は本当に大変な問題を山積みしている「苦」だろう、と。その原因を見てみると、一人一人がやる気をなくしていたり、差別があったり、差別されたもの同士がいがみ合ったりするという悪循環があるではないですか。生まれながらに人生に何の可能性もないカースト、規制された身分制度や貧困のどうしようもない絶望が前提として横たわっているのです。
ですけれど、そういうものが滅した状態を、希望として夢としてみんなで共有しようではないか、と。そしてそれに向かって、実際の道の上を歩いていく、つまり現実的な運動をしていこうではないか、と。ですから、とても活力があるのですよ。
このことは、スリランカに学ぶというよりも、日本の仏教者自身の宗教性が問われているのですし、旧態依然とした仏教がそのまま尊いというのではないのです。在来の宗教を打ち破って本来的な宗教性というものを獲得していくという動きのなかにこそ、未来を展望していけると思うのですね。
有馬　衣を着ているのが坊主とは思っていないのですよ。人間が最も基本的に考えなければならない問題、あるいはこれだけはやってはならないという問題、それを社会のなかで、少なくともこうやればいいんじゃないのという処方箋を見つけ出す、そういう実践をする役目が坊主だと思っているのです。
上田　ですから、話していて元気になるかどうかというのが、お坊さんの一つの指標ですよね。
自分が夢を語ってやりたいことをやっている人は、人を元気にするものです。でも、お坊さんは人を元気にする前に自分が元気にならなくてはね。あるいは、別に元気でなくても、人と同じように苦悩しているっていうお坊さんだっていいのですよ。
有馬　あの人だって、同じことを考えているのだ、ということで励まされる人がいるってことですよね。
上田　日本で「仏教と夢」というと、多くの人は全然かけ違いの言葉だと思うでしょ。ですけれど、釈尊のなかには大きな夢があったと思うのです。夢があって仏教を興したのです。にもかかわらず、現代は、仏教を夢なんて全然関係ないじゃないの、という悲惨な現実があるのです。ですから、「苦」ということを認識してなおかつそのなかで夢を持っていくというところが非常に問われているのですね。

そこの部分を「サルボダヤ」と開発僧の方々とか、南の人――差別されて、悲惨で、絶望の苦のなかにあっても立ち上がって夢を持っている人がいるというところに学んでいかなければ、日本人の人間性も腐ってしまいますね。

〈縁起〉の関係に目覚めることでいきいきする

有馬　『覚醒のネットワーク』を読んで非常に面白いと思ったのは、悪魔祓い（スリランカの伝統医療）に関連して、最も悪魔の憑《つ》きやすいのは孤独な人間なのだ、人の温《ぬく》もりに包まれている人には悪魔は寄り付かないとおっしゃっていることなのです。これと同じことをタイの人たちが言っているのです。村の中で一番の力になるのは人と人との友情であり、人と人が力を合わせるということが何よりの財産なのだ、それが何よりの資源なのだ、と。

開発僧の村でも、お坊さんを中心に村人が集まって、そのなかでお互いを確認し合う、いわゆる法座の場を頻繁に持とうとしています。そういうのを見ると、やはり人と人との温もりのなか、つまり〈縁起〉的な関係を確認し合うなかで、自分の命というものが最も生き生きと見えてくる、実感できるということを開発僧は意識していると思うのです。

ですから、いろいろ問題があるにしても、これからタイの農村を動かしていく力が生まれるのだろうと、期待したいし、信じたいですね。

上田　スリランカには、それに加えて植民地統治があるのです。そのために、人々は自分で何かをやるよりは、偉いさんに頼むことを考えるのです。また、自分一人では非常に無力な存在である、孤独な存在であるという意識が村でも非常に強いのです。

これに対する「サルボダヤ」の戦略がシュラマダーナ・キャンプなのですが、「シュラマ」は「エネルギーとか力」というような意味で、「ダーナ」は「布施」ですね。その布施を「分かち合う」と大きく読み換えたところが非常に画期的だったのです。力を持てるものは他の人に力を分かち与え、お金を持てるものは他の人にお金を与えるという「共有の思想」であると読み換えたのです。そして、「シュラマ＝力を与えて、ダーナ＝共有する、キャンプ」というのを生み出したのです。

そこでは、村人たちが無力だといって動かないところに、「サルボダヤ」のボランティアの人たちが行ってみんなで道普請をやるのです。すると、一週間くらいで道ができてしまいます。そうすると、それまで自分は無力で孤独で連帯なんかできないというところで世界観を築いていた人たちが、みんなで力を合わせて連帯すればできる、自分のなかには力が眠っているのだ、ということを発見するのです。

「サルボダヤ」というのは「すべての目覚め」という意味ですが、それは、すべてのものは相互に関わっていて、自分も相互的な存在であり孤独ではない、そして何より力のある存在だ、ということに目覚めていくことなのですね。

翻って、日本を見ると、みんな本当に自分の力を使い切って挫折したのでもないのに、いつの間にか無力であり孤独だと思っているのです。小さいときから、何か自分がわくわくし、これはできるのだといったときに、そうではないと言われ続けてきたことの集積ですね。それは、日本の仏教界も似ているかも知れません。

有馬　そういう意味では、日本の社会は病んでいますよね。

ＮＧＯとして南の問題を考えていますが、実は南よりはるかに北のほうが病んでいますし、このままいけば日本は自滅してしまいます。自業自得ですし、公害をますます南に輸出していくことですから、もっと罪が深いのです。

そういう意味で、仏教者がそういう問題に対してもっと発言して警鐘を鳴らし、そして自分自身がそのなかで担い手として何を考え行動するかを考えないと、本当に罪悪ですね。

「サルボダヤ」とか、あるいは「開発僧」たち、南の人たちはものすごく元気で頑張っているのです。

「四聖諦」、「苦集滅道」というものを、現実の苦の実態をとことん分析し、見抜いていくことです。そして、そのなかから克服する道をどう村人と探し出していくのかという、そういう努力をしている南の人たち、仏教者に大いに学ばなければいけないでしょう。

〈語る〉肉体
――還暦と人生の座標軸

今年（一九九六年）の三月、還暦を迎えました。肉体の衰えを思い知らされる昨今です。足腰のだらしなさにはわれながら情けなくなります。

教育者であり、すぐれた念仏者でもあった東井義雄先生から聞いた話を思い出し、平均寿命を八〇歳だとして、これを一日二四時間に当てはめてみました。オギャーと生まれたときが午前零時。八〇歳が夜中の一二時。四〇歳が正午。二〇歳のときは、午前六時。今から朝日を受けて一日が始まる時間。若者がまぶしく輝いて見えるのは当然です。還暦を迎えた自分は午後六時だということになります。陽は傾き、たそがれ時。冬ならとっくに日は暮れています。お先真っ暗というところです。

東井先生は、自分が人生の何時何分にいるかと問い掛けることによって無常を確認し、無為に時間を過ごす自分を自戒するのだと言われましたが、いざ自分でやってみると、そうはいきません。なんとも自分が惨めで哀れに思えてくるのです。とんでもない計算をしてしまったものだと後悔をしましたが、後の祭りです。

夕方、新聞のテレビ番組欄を見ていて、ふと気が付きました。何と夕方の六時台はニュースもありますが、子ども番組の時間ではないですか。六〇歳の午後六時では、まだゴールデン・アワーは始まっていないのです。これから一番面白い番組を作り、放送しなければならないのです。こう考え直したら愉快になってきて、毎日が楽しくて仕方ありません。現金なものです。

「人生、ものは考えよう」などと言いたいのではありません。人生の座標軸を見失わずに生きていくことはこんなにもむずかしいと言いたいのです。そのときの気分や肉体の状態でいつも揺れ動く。六〇歳ですでにこの体たらくです。

確実に、一日一日と老いていくのです。そのなかでゴールデン・アワーの番組をどう作っていくべきなのでしょうか。

V

阪神淡路大震災に学ぶ
〈人〉と〈まち〉の未来

日本の「ボランティア元年」

「孤独感」が駆り立て「閉塞感」が突き動かす

阪神淡路大震災を機に、若者のボランティアに対する関心が高まったと言われます。私たちの会だけで、これまで延べ一万数千人の若者が神戸の被災地に入り、ボランティア活動に携わったのです。平均すると、毎日五〇人前後が、仕事や学校の合間を縫ってさまざまな活動を行なっていました。

震災直後、神戸にやって来た若者の多くは、それまでボランティア活動とは縁のない人たちでした。

被災地では老人被災者と接触する機会が多いのですが、若者の六、七割が「ものごころついてから、お年寄りと話をしたことがありません」と言います。高齢化社会の到来と言われて久しいですが、家庭や地域での老人と若者との接触はほとんどない、というのが現状なのです。

最初は、おっかなびっくりで老人たちに話し掛けていました。老人の枕元に立ったまま話し掛ける若者の姿も目にしました。それが一週間も経たないうちに急変したのです。たとえば、寝ている老人の視線を考えて、相手の腰のあたりにしゃがんで話し掛けるようになるまで、時間はかからなかったのです。

いきいきとした表情で、老人と世間話に興じる若者たちの姿が印象に残っています。

「人の出会いのなかから、自分が存在していることの意味を実感できました」「私たちがボランティアしたのではなく、逆に相手からいろいろなことを教わりました」。若者たちは、口を揃えて神戸での感動を語っているのです。ボランティアとは、相手に何かをしてあげる行為ではなく、自らを変革していく営みなのです。

日本では、昔から「ムラ社会」と呼ばれる相互扶助のシステム、仕組みが機能し、限られた地域でのボランティアが日常的に行なわれていました。でも、それは、地縁や血縁など限られた範囲での助け合いに過ぎませんし、むしろボランティアが育ちにくい環境にあったのです。

ところが、阪神淡路大震災では、若者がボランティアとして各地から駆け付けました。日本の「ボランティア元年」と言ってもよいのです。何が若者を動かしたのでしょうか。

被災地の未曾有《みぞう》の惨状が、若者の心を揺さぶったことは間違いありません。でも、それ以上に、若者が抱えるどうしようもない孤独感が、ボランティアへ駆り立てる原動力だったのではないでしょうか。

物質的には満たされていますが、社会のなかでの自分の存在意義を実感できないのです。社会と繫《つな》がりを持ちたいのですが、その仕方が分からないのです。そうした閉塞感《へいそく》が「ボランティアで自分を試してみたい」と若者を突き動かしたのでしょう。

ボランティア活動に目覚める若者が増えると同時に、オウム真理教の信者の多くも若者でした。同年代の者がなぜ、という質問をよく受けます。両者とも、若者が漠然と感じている「孤独感」が根底にある点では共通しているのです。

でも、一方が人との出会いを通して社会を見る物差しを探し当てようとしたのに対し、他方は与えられた物差しを無条件に受け容れてしまったのです。重要な選択が決定的に違っていたのです。社会との繋がりのなかで、試行錯誤しながらも自分なりの価値観、物差しを求め続けてほしいのです。

震災は、自然から人間と現代文明への警鐘

阪神淡路大震災から多くの教訓を学びました。被害の大きさを思うとき、その代償のあまりにも大き過ぎることに心が痛むのですが、支払った代償を無駄にしないためにも、人間と現代へ向けられた自然からのメッセージ、警鐘として受け止めることです。

第一に、大都市は、大規模な自然被害にはほとんど抵抗力を持っていないことを知らなすぎるのです。現代文明は、合理性と機能性を追求することによって、大都市の発展を可能にしてきました。けれども、都市の機能がシステム化、合理化され、その合理性が完璧であればあるほどに、非合理な自然の力によって受けるダメージ、痛手は大きかったのです。都市は、大災害が発生すると同時に、機能は完全に停止するという前提に立って、災害の対策を講じておく必要があるのです。

第二に、その災害の対策は、各都市のなかだけで考えるのではなく、広域にわたって、そのうえ行政、企業、一般市民、ボランティア団体、ありとあらゆるセクター、領域の人たちが参加できるものでなくてはなりません。そのためにも官と民とが日常から信頼関係を持つことが必要なのは論を俟《ま》たないので

す。

第三に、人と人との有機的な繋《つな》がりで構成される「コミュニティ」、「共同体」づくりを都市の最優先課題とすることです。と同時に、災害時においても地域のコミュニティの存続を図り、コミュニティによる相互扶助の機能を活用した緊急的な対応と自立復興への方策を採用することです。

社会的動物である人間は、生活する場に必ず何らかのコミュニティを形成しながら生活を営むのです。大都市におけるコミュニティは、伝統的な村落のコミュニティと異なっているために、形としては見えにくいですし、便利さと合理性を快適と感じる現代人には、人との関わりの煩わしさといったコミュニティの負の部分だけしか感じないことが多いのは、事実です。けれども、本人の自覚の有無はともかくとして、都市にも多様なコミュニティの形態はあるのです。事実、震災の発生した直後の避難所においても自発的に自治組織が形成され見事に機能していましたし、地縁を断ち切る形で抽選によって入居を余儀なくされた仮設住宅においても、長い時間がかかり、さまざまな支障はあったにしても、コミュニティは形成されていきました。かなり後になって、おのおのの仮設住宅に開設されるようになった「ふれあいセンター」がどんなに有効であったかを考えても分かります。逆に、街の全体が焼け落ち、更地《さらち》になってしまった地域、たとえば長田区の御蔵地区や鷹取地区などの元気のある商店主たちがいち早く開業したにもかかわらず、住民が街に帰って来ないために、五年を経過した今日においても営業は振るいませんし、街全体の復興への努力にも疲れ果てていることを考えるとき、もし、仮設住宅を元の居住地に建設するという原則で計画を進めていたならば、復興の様子はもっと異なっていたでしょうし、仮設住宅の入居者にとっても地縁の繋がりを切り裂かれた孤独感を味わうことはなかったでしょう。人は貧困や苦難を耐えることはできるのです。けれども、孤独を耐えることは不可能なのです。一九九六年に、トルコのイスタンブールで開催された「ハビタットII（国連人間居住会議）」でもこの点が協議され、地縁や血縁によって形成されるコミュニティの保全は居住環境における人間の権利として保障されなければならないと決議されたのです。

第四に、そのほか、細かく列挙していけば際限がないのですが、支援活動に参加したNGOとして反省点を述べておきます。

第一に、コーディネーター、調整者の絶対数の不足です。海外に多くのスタッフ、要員を送り込んでいる関係で、やむを得なかったとはいっても、国内での日頃からの養成と確保に努力しなければなりませんでした。難民キャンプや地域開発の経験で、SVAは活動を開始する以前のシミュレーション、模擬体験の段階から、被災者の自立はコミュニティの再生が鍵を握るであろうと予想していました。当然、これには力量のあるコーディネーターが必要とされました。交代要員の不足は、特定の人間に過重な負担を強いてしまいました。

第二に、SVAはもちろんのこと、多くの団体が「被災者の自立」をキーワードとして活動を行なったにもかかわらず、被災者の災害時における心理的な状況の変化に対するノウハウ、対策や対応の仕方も持っていませんし、そのことへの配慮すら十分ではなかったのです。震災後、しばらく経ってYMCAの関係者のご縁で、カリフォルニアでの大震災において、専門の研究者によって纏《まと》められた「災害から回復するステージと特徴（STAGE OF DISASTER RECOVERY）」という一枚の紙を手に入れることができました。聞けば、カリフォルニアでは震災の発生時に、被災者の心理状態の変化を調査するために、医学関係者、心理学者、カウンセラー、宗教学者などの専門家が組織され調査研究を行ない、援助関係者はその成果を踏まえて活動に活かしているというのです。それを読んで、彼我の違いの大きさに愕然《がくぜん》とすると同時に、目から鱗《うろこ》が落ちていく思いがしたのです。

震災直後、自らを省みないで人命救助に従事したり、献身的な活動をした被災者の方々、まさに英雄的な活躍でした。

避難所でお互いに助け合い、励まし合いながら自治組織を作ったり、被災者とボランティアや避難所の管理者たちと蜜月関係にあったあのころ。

けれども、あるとき「頑張ってください」と声を掛けたとたんに、「なにっ、これ以上にまだ頑張れというのか、ボランティア面《づら》して、生意気なことを言うな」と怒鳴《どな》られたボランティアが、大きな衝撃を受けて帰って来たことがあります。その被災者は、まさに「幻滅」の、第三のステージの段階にあったのです。

被災者の目線に立ち、被災者の立場に立って「協働」しようと願いながら、被災者の心理状態を客観的に理解し、そのステージに対応するノウハウを持ってはいなかったのです。被災者の心理的な状態の変化、ステージは人によって異なるのです。当然、対応の仕方も人によって変えなければなりません。長期にわたって関わった多くのボランティアたちは、体験的にこのことを理解したのですが、事前にコーディネーターが学習していたならば、ボランティアにもっと的確に指導ができたろうにと悔やまれます。

「こころのケア」ということが言われました。とくに、宗教関係の団体は、このことを考えました。けれども、このような視点をもってカウンセリングを行なったりした団体がどれだけあったのでしょうか。一般のNGOも「自立」を口にしながら、「こころ」の世界には立ち入ることは少なかったのです。震災後、全国各地の自治体で行なわれている防災計画や救助活動計画の見直しにも、この視点が盛り込まれたという話はあまり聞きません。

今後の、重要な緊急の課題として、問題提起をしておきます。

「はじめに被災者ありき」

緊急支援において「はじめに物ありき」という考え方はやめたほうがよいのです。トルコの地震に日本政府は神戸の仮設住宅一、五〇〇戸を送りましたが、建設の引き継ぎがうまくいかなくて、一、〇〇〇戸はまだ未着工です。建設されたものも、実質一〇〇戸程度しか利用されていないのです。善意から始まったのは事実ですが、不要になった神戸の仮設住宅を送ることを前提に、輸送時の省庁間の連絡や法制度上のことだけが問題になり、具体的な運営に配慮がなかったのです。

官ばかりでなく、NGOや市民にも同じ発想があります。トルコの被災地でも送られてきたものの、被災者が着ない古着の山ができていました。仮設住宅の失敗を繰り返せば、日本の国際協力が世界で冷やかな目で見られるのです。緊急支援は「はじめに被災者ありき」で支えなければなりません。

「ボランティア」は、新しい時代をつくれるだろうか
――阪神淡路大震災が投げ掛けたこと

対談者　田中康夫

田中康夫（たなか　やすお）
一九五六年、東京生まれ。小説家、長野県知事。一橋大学法学部卒業。在学中、一九八〇年に『なんとなく、クリスタル』（河出書房新社）で文芸賞を受賞。新しい感覚のその作品は、話題を呼び、クリスタル・ブームを巻き起こし、映画にもなる。阪神淡路大震災後には、バイクに乗って救援物資を配るボランティア活動を行なう。その後、神戸空港建設反対運動にも関わる。主な著書に『神戸震災日記』（新潮社）、『ナガノ革命638日』（扶桑社）、『田中康夫主義』（ダイヤモンド社）、『一炊の夢』（扶桑社）などがある。

「できることからやろう」――ボランティアを始めた理由

有馬　田中さんは、阪神淡路大震災のとき、神戸に駆け付けて、独自にボランティア活動をなさったのですが、まずその経緯のあたりについて伺えますか。
田中　震災が起きた当日、僕も傍観者でしかなかったのです。たんにテレビの前の人だったのですが、二日目になって、自分がこのまま原稿を書いていてよいのか、何かをしなければならないのではないかと思ったのですね。でも、何をしてよいか分からないのです。医師の免許とか、看護師の資格があるわけではないのです。大型クレーン車の免許もないからそれもできません。今までそういう被災地に行った経験がありませ

ん。学校で勉強したことは役に立たないのです。こんな歯がゆい思いをしたこともなかったですね。

神戸の市役所に電話しても、ボランティアは登録をするだけで、今は足りていますといわれて、そんなはずはないと思って電話を切ったのです。カトリックの西日本を統括する本部が西宮の甲陽園にあって、連絡を取ったのですが、たまたま電話に出た司祭の人が、「車は渋滞で一杯だから、動けないけれど、もしあなたがバイクを持っているなら物資を運べるから」と教えてくれたのですね。それまでそういう現地の状況についてテレビで見ていても分からなかったのです。その司祭の言葉によって、僕はそれまでバイクに乗ったことはなかったのですが、調達して、一軒一軒バイクで物資を届けることを始めたのです。何を持って行ったらよいか分からなかったので、煮炊きができないという四日目だったので、水とディスカウントショップで野菜ジュースを買って持って行ったのです。

ボランティアは潤滑油、同じ目線に立とう

有馬　神戸で初めてボランティアをなさって、いろいろと感じられたことも多かったと思うのですが、いかがですか。
田中　僕は、ボランティアというのは、肩肘張った何か特別なことをやることではないと思うのです。潤滑油だと思うのですね。たとえば、エレベーターなどで、扉が開いたときに、もし自分が急いでいないのなら、手で押さえて、「お先にどうぞ」と先を譲ればよいのに、我先に乗ったり降りたりする人がいたりします。アメリカだったら、そんなとき「アフターユー」という言葉があるのですが、それに対して、先に降りる人は「サンキュー」と言いますし、それに対し、そう言われたら「マイプレジャー」、私の喜びだという感覚があるのです。その隣人愛というのは私たちに少し欠けているのではないですか。ボランティアとは、何かしないではいられない体温というものではないかと思うのです。

有馬　「体温」とおっしゃいましたが、ボランティアの原点というのは、そのような素朴なものでなければならないし、それをきっちりと持っている人でなくてはいけないと思います。その素朴なところからいろいろな展開が始まるのだと思うのです。
田中　その意味で、僕は、ＳＶＡのボランティアが「ぜんざい」を持って仮設住宅を回っていましたよね。あれは鋭いなと、僕は思ったのです。それによって相手と同じ目線に立てるのです。僕が口紅持ってテントに行ったのも、口紅引くことによって女の人は元気になるのですね。今でも仮設に行くとき持って行くのは、呼び水みたいなもので、それで心開いてくれるのですね。皆さんがなさったのも、たとえば「ぜんざい」を食べることによって、おばあちゃんがユニットバスに入れないとか、手摺《てすり》が欲しいとか、心を開いていろいろと秘めた想いを語ってくれると思うのです。同じ目線に下りられると思うのです。市役所の人もアンケートを持って一所懸命回っているのだけれど、はたしてそれで同じ目線に下りられるかなと思うのです。
有馬　今の「ぜんざい」の話なのですが、神戸の被災地で活動を始めて一番気に懸かったのは、老人たちの問題、そして長田区の同和地区の人たちだったのです。避難所に入ってないのですね。倒壊する危険な住宅であり、そのうえ水道も電気も来ない状態なのに、家に残っているのです。なぜなのでしょうか。避難所の中に入っていけない何かがあったのだろうと思うのです。そんななかで始めたのですが、若いボランティアの人たちは生まれて以来、おじいちゃんやおばあちゃんと話したことがないというのですね。そして、同じ目線になって話さなければ駄目だよと言ったのですが、それがなかなかできないのです。では、何か物を持って行けばよいのではないか、「ぜんざい」を作ってあげれば、嫌応なしに同じ目線に立てるのです。そんなところから始めたのです。
でも、同じ目線に立つと言っても、言葉では簡単ですが、実行するのはむずかしいですね。被災者同士で、配給物資の分配で不平等や差別が起きている現実がありました。

田中　相手も自分も、今の目線をだんだん上げていく意欲があるかどうかということがとても大切なことで、そこがむずかしいことですね。

たとえば、東灘小学校では、最初、自衛隊の炊き出し隊が入ったからいつも温かいご飯が食べられました。でも、自衛隊がいなくなると、また冷たいご飯になって、不満が出てきました。最初の一週間ぐらいは被災者として打ちひしがれているかも知れないけれど、いつまでもそれでよいのだろうか、と。月に一回は自分たちで給食の当番をやって、弁当を配給される以外に野菜炒めを作ろうとか、被災者のなかからそういう声が出てこなければいけないし、出てこないのであれば、関わっているボランティアが「順番でそういうこと、しましょう」とか「その代わり、私たちが鉄板を借りてきます」と呼び掛けなければと思うのです。そこにいたボランティアの人たちは、避難所の人たちが言い出すまで、僕たちは弁当を配って見ているのですと言ったけれど、それは違う、と思いました。

ボランティアというのは、自分がしてあげたことが相手に喜ばれるはずだというのとは違うと思うのですね。相手が何を望んでいるのか。相手に喜んでいただくためにどうするのか。ですけど、それは同時に、ただ相手を喜ばせるだけでなく、自分の力でどう立ち上がれるようになっていただくかだと思うのです。

被災者の心の変化を忘れてはならない

有馬　たしかに、そこまでやらないと、相手は諂《へつら》うだけになってしまうかも知れませんね。その意味で、被災者のニーズ、要求の変化を見極めながら、的確にそれに対応して活動していくと同時に、被災者の心の変化に対する目配り、気配りを忘れてはならないのだと思うのです。それが欠けているのですね。これまで日本で数多くの災害がありながら、被災者の心の変化に関心を持っていなかったのではないでしょうか。私自身もそういうことに気付いていなかったのです。
実は、ロスアンゼルスの地震のときに、アメリカのNGOや心理学者や医師や行政が、専門家を動員して客観的に被災者の心の変化の調査をやって、報告書を出してきているのですね。

そのなかで、四つのステージがあると言っているのです。一番目は「英雄」のステージです。二番目は「ハネムーン」のステージと言ってもよいのかも知れません。三番目が「幻滅」のステージです。四番目が「自立」のステージです。まさに神戸はその通りの段階で動いていて、すごいものだなと思って驚きました。

一番目のステージでは、被災直後に、被災者自身が柱に挟まれた人を必死になって助けようとしたり、気が付いたら自分も足を怪我《けが》していました。そんな話は数多くあったのです。そして、少し落ち着いて避難所へ入っていきます。そのときに町内の人、被災所の人同士が「頑張っていきましょうね」と共感し合いながら、頑張ろうという意志を持ちます。その次に、先が見えてこないなかで、苛立ちと失望を覚えて、やたら腹立たしくなるのです。ボランティアが行っても、「あなた方、何を背負っているの」とか、「大きなお世話だ」とか、「あんた方、帰れ」とか言われたボランティアは大勢いました。行政に対してもいろいろな非難をしました。それを乗り越えたとき、自立とか再生とかいうことが起こってくるのです。被災者の心の変化をきちんと理解しながらやらないと、目線に立つと言ってもそれはできないのです。それをロスアンゼルスの報告書は指摘しているのですね。

田中 すごくよく分かります。たとえば、震災後に、道路がとても渋滞しているなかで、救急車が来たら、警官がいないというので、あるおじさんが自転車から降りて自動車の交通整理をし始めたのです。みんなそれに従っていました。すごいことですよ。また、よく聞いた話では、コンビニでしゃがんでいるような少年が壊れた文化住宅のドアを順番に叩《たた》いていって、「生きていたら、返事しろ」と言って、人の声がしたところからドアを開けていったそうです。今なら、僕らもできるけれど、そのとき、そうできた状況判断、認識能力というのは、学校で教えたものではないと思うのです。日本の学校が教えてくれたものは何だったのかと思うのです。そのおじさんや少年の姿、行為というのは、間違いなく、「英雄」のステージになるのではないでしょうか。

そして、「共感」もありました。でも、はたしてなんでしょうか。電車が通ったり、高速道路が通ったときに「復興」というけれど、僕は、そういう目に見えるものではないと思うのです。もっと精神的な面での「再生」を言うのではないかと思うのです。

たとえば、ガスが復旧して出るようになったとき、被災者の間にもっと格差が開いてしまったと思うのです。ガスが出ないとき、家は大変でもみんな風呂屋に行ったのです。ガスが出た瞬間に家で風呂に入れるようになって、家が残った人と家がない人との差がすごく開いてしまったのです。電気や水道やガスが復旧したけれど、それによって別の不平等が生じたのですね。目に見えるものの「復興」という面だけ見ていると、被災者の人たちが助け合いながらどのように「再生」していこうとしているのか、肝心なところが見えないのです。

神戸だけではなく、日本社会全体の問題

有馬　兵庫区と長田区で活動しているのですが、そのなかでも、地域内の相互扶助のシステムがきちんと機能しているところとそうでないところがあるのですね。ハイカラな、垢抜《あかぬ》けている新興住宅地はだめですね。長田区の御蔵通りや菅原市場では機能しているのですね。本当にひどいことになっているのだけれども、助け合っていこうと、避難所でもやってましたね。炊き出しにしても、鍋や釜を用意すると、自分たちでやれるところはやろうと自分たちで作り始めるのです。そういう人たちがいたのは、そういう地域でした。
田中　隣近所の宅配便を預かってくれる地域かどうかの違いなのではないですか。同じ長田区でも、鷹取の中学校では、最後まで日曜日に全員で炊き出しをやって、毎日ガリ版の新聞を出したり、最初にそこに入った人がいわゆる役所的な感じではない人がやったからだと思うのです。そこのすぐ近くの小学校などでは、最初の活気はずっと続かなかったのです。ですから、

最初に入ったボランティアが、どう「自立」に持っていけるかなのだろうと思うのです。

有馬　ですから、阪神淡路大震災というものが投げ掛けたものは何であったのか、だと思うのです。いろいろな見方ができると思うのですが、一つには話題に出ましたように、現代社会のシステム化されて、統一された機能というものが、一挙に破壊されたときに、そのなかに馴れてしまっていた人たちが裸のまま投げ出されたのです。そのときに何が起きるのかが問われたと思うのですね。危機管理に対する認識不足なのかも知れません。

それからもう一つ、高齢化社会の現実があります。神戸のなかにあれだけ独居老人がいるとは思わなかったのです。高齢者の人たちがもろにそれを被ってしまっているのです。仮設住宅の最大の問題が、そのなかにいる高齢者の人たちです。四つのステージのなかの「自立」のステージと言いますが、あの人たちに「自立」の意志を持ちなさいと言うこと自体、困難なのです。これは、神戸以外のどこが被災しても起こる現象で、日本全体の高齢化社会が問われた震災だったなと思うのです。

田中　その通りですね。神戸は、日本の縮図ではないでしょうか。これが、たとえば松山か秋田の市内で起きていたら、被害の状況の映像が瞬時のうちに東京に伝わったはずなのですね。各地方局というのがあって、すぐ本局に伝えたかも知れないのです。でも、神戸にはテレビ局はUHFの局しかなくて、大阪まで直線にすればたった一五キロしか離れていないのにすぐには何も伝わらなかったのです。六甲山を削って六甲アイランドと、ポートアイランドを造って、神戸は商売上手と言われましたけど、蓋《ふた》を開けたら、老人の在宅ケア、介護の率が政令都市のなかできわめて低いですし、まさに、実態のない日本の砂上の楼閣のような経済の象徴が神戸なのです。でも、世間のイメージは、ファッショナブルで、インターナショナルな所となっているのです。

それなのに、神戸の市長は、アーバンリゾートと言っていますし、兵庫県の知事は、復興博と言っているのです。アーバンリゾートは何かと言ったら、神戸に一生のうち一回来る一過性の客のためのものであって、全員が観光で食べているのではないのです。そこに神戸の人の顔は見えないのです。この震災を通して学習することをきちんとしないと、今度はきっと他で神様は地震を起こすのだろうと思っています。

では、老人をどうしていったらよいのか、これからがすごくむずかしいですね。水飲み場に連れて行くことはできても、本人の意欲があってこそ側面から援助できるのがボランティアだと思いますから。それにしても、日本人には体温を高める「隣人愛」というものがなかったということですね。宗教にしても、日本の場合、お賽銭《さいせん》を入れると結婚ができるとか、商売が良くなるとか、受験に受かるとか、現世利益になっていて、一対一の神との対話を教えるということが希薄だったのですね。そういうものが育まれていないと、ボランティアが老人や若い人に関わっていく場合にも、どうしたらよいのか、的確な判断力が働かないでしょう。地震を通して、私たちが育ってきた何千年の教育の仕方、教え方というのが、問われているのです。

違いを尊重し、共生するためにはどうしたらよいのか

有馬　そのあたりのことが、ボランティアや市民社会というものを考えていくときに、とても重要になってきます。国際政治においても、思想の世界においても、今まで動かしていた価値観というものが大きく崩れて、いろいろな意味で多様化してきましたね。すると、それぞれの人の多様な価値観を尊重すると同時に、その人たちが共生できるような社会にならなければならないのです。つまり、他と共生しながら、一人一人がどう違うかということを明確にしていかなければならないのです。
その二つの作業を、一人の人の意識のなかでどのように同時進行できるのかということになると思うのですね。ボランティアというのは、そういう意識や姿勢を問われているのではないでしょうか。神戸に関わっていて、そんな感じがするのです。また、アジアに関わっていて、いろいろな場面でそう感じるのです。

うか。

田中　答えになるかどうか分からないのですけれど、私たちは自分の眼や耳や五感で感じたもので判断を下すということを忘れてしまっているのではないでしょうか。

自分の嗅覚を磨くということがなければならないのです。インターネットの時代と言われるけれど、そうなることによって情報が一杯あって人間が利口になるかと言うと、けっしてそうではないのです。むしろ、情報の洪水に溺《おぼ》れてしまうのです。何か調べるのに、図書館に行ったほうがよいのか、そうではなくて誰かに聞いたほうがよいのか、自分の家の辞書を調べたほうがよいのか、その嗅覚がますます問われるわけですね。そういう学習が足りなかったのではないでしょうか。5W1HのWHENやWHEREやWHOは、パソコンでなくても百科事典を見れば書いてあるのです。WHYやHOWを勉強する勉強ではなかったのです。では、具体的にどうしたらよいかということは、実は僕にも分からないのです。

有馬　お話にもありましたが、日本人はWHYと問い掛け、HOWと考えること、内的に問い掛けることを教育でもやらなかったし、自分自身も避けて通ってきたと思うんですね。一九九五年は戦後五〇年目で、戦争という歴史的な事実についてはいろいろ指摘されるのですが、明治以降の近代化のなかで、一人の人間としての日本人がそれぞれの場面のなかで、なぜそういう選択をするのか、そのなかで、日本という国家や社会がどういう意志を持っていたのか。そういう問い掛けがなさ過ぎるように思うのです。

ある人たちは戦争犯罪だと言いますし、ある人たちはそうではなかった、よいこともやった、不可避だったと逃げるのです。もし、自分がその歴史的な場面に置かれたときにどんな選択ができただろうかとか、そのことを問い掛ける作業がないのですね。

田中　ですから、共通一次試験のはるか前から、日本の学校が教えるのはデータの知識だったと思うのです。行間を読むとか、その先を透視するということがなかったと思うのです。

この間も総務庁（現在、総務省）長官の発言のときに、韓国の首相が「日本の謝罪の言葉はもう聞き飽きた」と。言葉ではなくて、心で過去と現在と未来をどう捉えているかの言葉がない、という意味のことを言っていますけれど、まさにそのとおりなのですね。日本の言葉、「ごめんなさい」という意味はまったく形骸化した言葉になっていると思いませんか。
有馬 いろいろな問題のなかで、自分自身がその問題を自分という主体のなかでどう捉えるか、どう関わるかというのがないのですね。どう処理し、どのように対応するかということは見事なのですけれどもね。
田中 昔は鉄道に準急や鈍行というのがあったのに、超特急や「のぞみ」ができると、そんなに早いスピードでいいのかなって言いながらも「のぞみ」に乗っているのです。よい学校に入って、よい会社に入って、それを否定するのではないですが、そういう階段を昇らなくて鈍行で回り道したからこそ見える目線というものもあると思うのです。何がそうさせないのでしょうか。僕は、親だと思うのです。
福岡の学校の教師が女子生徒を殴って殺してしまった事件がありましたよね。とんでもないことなのだけれど、同時に、校長が全校集会を開いているときに、罵声《ばせい》を浴びせている一群がいたのです。そういう言葉を言う子どもを育ててきたのは、その高等学校だけではなくて、家庭ですし、社会ですし、もっと前、おじいさんおばあさんのときからだと思うのです。でも、そういう視点がマスコミには欠けていて、高等学校の教師たちがけしからんということになるのです。そうではないと思うのです。

「ありがとう」と言われるのは、心のチップ

有馬 そういったなかで、新しい自分をどうやって作り出していくのか、これは大変むずかしい問題なのですけれども、阪神淡路大震災のとき、大勢のボランティアがやって来て、多種多様な形で一人一人が相手とぶつかりながら、被災者をとおして自分を見るということを経験していったのです。そのことに喜び、新しい発見をした人たちが大勢いるのです。ボランティアの意識調査をやってみて、そういうことを訴える人が

非常に多いですし、それが証拠に、初期のころ、ボランティアに来た人が繰り返し現場に戻って来るのですね。一所懸命にアルバイトをやってお金貯めて、また一月間やって来るのです。そういうことをしながら、自己確認しています。そこに可能性のようなものを感じるのです。他をとおして自分を見る経験ができるのがボランティアです。そこに可能性があるのではないかと感じるのです。
田中　ボランティアは自分探しですし、自分が洗われる感覚というのがあるから、みんなまた戻ってボランティアをやるのでしょうね。相手に対して尽くし、「ありがとう」と言われることが心のチップだと思える、その気持ちが継続のエネルギー、力になっていくのだと思うのですね。

新しい時代におけるボランティアの可能性は

有馬　ところで、一九九五年は「ボランティア元年」と言われ、今までにないぐらいボランティアが脚光を浴びたと思うのですが、今後のボランティアの可能性について、田中さんはどう感じておられますか。
田中　「ボランティア元年」とか、そういうキャッチフレーズになってしまうと嫌ですけれど、「体温」が……気が付いたらやっていたということだと思うのです。
「サービス」という単語のことについて僕はよく言うのですが、「スレイブ」とか「サーバント」と同義語のラテン語らしいのですね。かりに有馬さんが王様で僕が召使いだとしますと、僕には、神が有馬さんのもとに遣わしてくれてサービスすることが喜びですし、有馬さんは神が僕を遣わしてくれたことに静かに感謝するということがあるのです。けれども、日本では、金払っているのだからやってくれて当然と思っていますし、相手も時給九五〇円だけ働けばよいのだと思っているのです。そうではなくて、心のチップなのですから、お互いの謙虚な気持ちというものが大切ではないかと思うのです。
そして、僕は「矜持《きょうじ》」と「諦観《ていかん》」という言葉もよくつかうのですが、「矜持」というのは誇りということですけれども、それは威張りではないのです。「諦観」というのは、自暴自棄になって他力本願になることではないのです。ですから、自分にはできないことがあるけれども、何かできることをしていくということです。
有馬　自分の未熟や非力というものに、しっかり目を向けながらも、自分にできることを精一杯させてもらうということでしょうか。それは、いかに他人より抜きん出るかという競争原理ではないのですね。
田中　そうです。お金があれば何でも買えると思って、まさに効率優先で物欲で走ってきたのが、これまでの日本だと思います。そして、その価値観を信じて、よい学校へ、よい会社へということで競争のなかを走ってきて、自分は何かやれると思ってきたのです。けれども、そうではないということを地震は教えてくれたのです。そして、「隣人愛」とか、「絆」という言葉で呼べる、もっと人間としての、豊かな効率というものがあるということを教えられたと思うのです。ボランティアに加わった人たちは、そういうことを肌身をもって知ったのではないかと思うのです。そして、その姿を目にした日本人全体にもだいぶそのことが広がったのではないかと思うのです。
「ボランティアはけっして社会を変えるのに役に立たない、福祉は国がやっていればよい」と言う人もいますが、僕はそうではないと思います。一人一人が、どのように人の潤滑油になっていくのかと思うのです。
有馬　ボランティアを過大評価するつもりはないのですが、たしかにボランティアはこれまでの価値観に変わるものを示していると思います。それは、互いの違いを尊重しながら、共生するという道筋ですし、そのなかから自分を成長させていける現実的な価値観だと思います。そこに何か新しいコミュニティ、共同体の誕生の予兆を感じるのですね。
その意味でも、阪神淡路大震災で投げ掛けられたものをしっかりと受け止め、神戸が立ち直るということと同時に、日本全体に問い掛けられている課題の答えを求めてさらに具体的に努力を続けなければならないと思います。

〈語る〉霜——星霜を重ねながら生きていく

どういうわけか、「霜」というと、私にはあまりいいイメージが連想されてこないのです。父親が兵隊として出征して行った日の朝は、一面真っ白な大霜の日でした。早朝から愛国婦人会の襷《たすき》を掛けた町内の婦人たちや大勢の人たちが集まり、家中が騒然とするなかに居場所がなくて庭の焚《た》き火にあたっていますと、軍服に着替えた父親がお墓参りに一緒に付いてこいと言いました。霜を踏み、寒さのなか、手を繋《つな》いだ父親の温もりがとても嬉《うれ》しかったことを覚えています。

その父が戦死したのが一年後です。女手一つで七人家族を支えなければならなかった母親は、子どもに涙を見せたことはなかったのですが、朝食のおかずにする大根を抜きに行ったままなかなか帰って来ないので迎えに行きますと、母親は畑に寂しげに佇《たたず》んでいました。思わず息をのみ、声を掛けることもできなかったのですが、その日の朝も、大霜でした。

一九九五年の一月、阪神淡路大震災の発生後に、救援活動の開始を決定した曹洞宗国際ボランティア会は一九日には先発隊を送り、二一日から本格的な救援活動を開始しました。全国に募金とボランティア募集の態勢を東京の本部に手配し、後を追うようにして現地入りしたのですが、最初の日の朝も、霜の日でした。

火災で一面が焼け野原となった長田区では、燃え残った家屋の柱や家具の上に霜が降り、その霜の白さが凄惨《せいさん》な風景を悲しく荘厳にしていました。

経ていく歳月を「星霜を重ねる」という言い方で表現しますが、凍りつくような霜の朝の寒さに震え、それに耐えながら人は生きていかなければならない、ということなのでしょうか。

心の底まで凍りつくような悲しい体験は、けっして癒《いや》されることはないのですが、そんな体験がもたらす星霜が、実は人を生かしてくれている命の根源であることに気付くとき、自分を超越した仏の命のなかで生かされていることに気付くのです。

世の中を　怖ぢつつ住めど　生きてあれば
天地《あめつち》は　猶《なお》吾を生かすかも
伊藤左千夫の歌です。

〈語る〉雛《ひな》祭り――仮設の「日本一の雛祭り」

「神戸の震災はまだ終わっていない。阪神大震災は被災した人たちだけの問題ではない。日本人一人一人が問われている問題なのだ」という思いから、被災後二年を経た今日も、全国各地で被災地に思いをはせ、温かいメッセージを送り続けているグループがいくつもあります。

信州松本の南源地町内会の青年部長を務め、瑞松寺副住職を務める茅野俊幸氏は、被災直後から曹洞宗国際ボランティア会（ＳＶＡ）の一員として、緊急援助に八面六臂の活躍をしました。被災者のお世話、避難所への炊き出し、援助物質の搬送などです。

緊急援助の段階を終え、自立と復興への道を歩み始めようとするとき、茅野さんは、つねに行動を共にしてきた美代子夫人や仲間の人たちと「震災を過去のできごととして忘れてしまってはならない。被災者の痛みを本当に共有できるかどうかこれから問われるのだ」と考えたのです。

以後、茅野さんたちは、何回となく被災地を訪問するのです。大晦日《おおみそか》には、年越しの手打ち蕎麦《そば》を仮設住宅で振る舞い、七夕飾りを長田区の焼け跡の商店街に飾りました。この二月二七日には「ハートの会」で作った五〇〇の飾り雛を持参して、兵庫区の荒田仮設住宅や西宮の枝川仮設住宅に届けました。

雛人形は男雛と女雛の一対で、大きさ七センチほどの可愛いものですが、松本に伝わる「押絵雛《つまようじ》」と言われるものです。発砲スチロールに爪楊枝《つまようじ》を刺した人形を、赤い毛氈《もうせん》に見立てた和紙で手巻き寿司のようにして作るのですが、南源地町内会の人たちが八〇人で作ったといいます。

豪華なお雛さまには遠く及びませんが、心のこもった雛祭りは他にはありません。仮設のお年寄りたちが三月三日の雛祭りを「日本一の雛祭り」と自慢したのは言うまでもありません。

VI

〈シャンティ〉な時代へ向かって、未来世代に伝える

1988年、タイ訪問のときの有馬実成（右端）

NGOの仕事は、歴史への参画——後続のボランティアのために

ボランティアとしてバンコクを訪れ、カイバル家の二階に塒《ねぐら》を持つことになった諸兄よ、ご苦労様です。

暑さに疲れ、道路の騒音に苛立《いらだ》ちを覚え、通じない言葉での食事の注文に一往生するでしょう。不安を覚えながら第一日目を過ごされたことと思います。けれども、このような不安や不満を持つことはやめたほうがよいのです。なぜなら、ここでは絶対に冬はやって来ないし、サムロンや単車は四六時中絶えることはないのです（でも、スコールがきたときだけは別です。その代わり、窓を閉めたり靴を流されないようにしたりで、こちらもてんてこ舞いとなります）。

日本人のために日本語のメニューを作ってくれることもないのです。そのようなときには「熱暑の異国における日本人の心理と生態を体験的に研究している」と考えることによって克服してきました。これは面白いことなのです。諸兄にもこの研究をお勧めします。

でも、このような苛立ちは、自覚と慣れのなかで解消されないことが一つあることに諸兄は気付くでしょう。

それは、カンボジアの難民のためのボランティアの精神がこの印刷現場だけでは満たされないことで

す。ここで印刷される書物が、クメールの人たちに読まれるようになり、そしてクメールの人たちのことを最も心配しているUNHCR（国連難民高等弁務官事務所）のドクター・スポットやキャンプの教育担当者たちがこの仕事を心から期待してくれており、必ず役立つとは知りながらもおそらく諸兄はもっとキャンプのなかで汗を流し、難民の子どもたちと喜びや悲しみを分かち合いたいと考えるでしょう。その情熱が強ければ強いほど自分のなかに完全燃焼しない部分があることに不満を覚えるでしょう。一日でも二日でもキャンプを訪れる機会を持っていただきたいのですが、ときにはついにキャンプへ入る許可を得られなくて、あるいは作業に追われてその機会を持つことなく、帰国するチームも出てくるでしょう。

でも、この仕事に喜びと誇りを持たなければなりません。われわれJSRCは、「移動図書館」というプロジェクトをUNHCRへ提供し、日本人としては二番目の正式な団体として許可を得ました。今はそのプロジェクトの本格的なスタート、発足への準備期間なのです。このプロジェクトにとって最も困難な時期に仕事をしているのです。その草創期のボランティアとして、その困難と闘っていることに誇りを持とうではないですか。

ここでの仕事がやがてキャンプのなかで始められるであろう「移動図書館」の成否を決定するのです。これから作る本を貪《むさぼ》るようにして読むクメールの子どもたちの表情を想像してみては、どうでしょう。そして、何よりもこの仕事が、今まさに滅びようとしているクメールの文化の継承と創造に参画しているということに誇りを持つことなのです。

過去何年間、カンボジアで何が行なわれてきたのか、そしてキャンプの難民の人たちがどのような受難のなかから脱出して来た人なのか、それにもかかわらず、難民のなかの多数の心ある人には、クメールの文化の〈クメールの微笑み〉を絶やしてはならないと考え、子どもたちの教育を開始しているのです。教育のスペシャリストは一人もいないのです。郵便配達をしていたので字が読める……こういった人たちが教育を担当しているのです。

また、カオイダンの教師たちには、スペシャリストが大勢います。その教師たちは自分の持っているものを伝えようと、あの何もないキャンプのなかで絵筆を執り教科書を書いています。やがて、教師たちの書いたものをＪＳＲＣで印刷してほしいと依頼されるでしょう。

難民の苦難を思えば、自分たちの欲求不満は取るに足りないことです。


サケオキャンプのすぐそばにワット・バンキャンというタイの寺院があります。このなかに面白い僧がいます。その僧は驚くほどの破戒僧です。この戒律の厳しいタイのワットにあって、サケオの難民のために心の灯をつけようと情熱を燃やしているのです。

この僧は、カンボジアの引き裂かれた心を再び団結させていくものは仏教以外にはないと信じています。不思議な能力でどこからか金を集め、自分で資材をキャンプに運んでいとも簡単にお寺や事務所をキャンプのなかに造ってしまいます。そして、説法をカンボジアの僧にしてもらうために放送用の拡声器を作り上げてしまったのです。さらに起動力を増すためにハンドトーキーを作りたいと考えています。

こんな世俗のことをするということは、タイでは僧としてはあってはならないことなのです。竹や木やニッパ椰子《やし》の葉や、その他どんなものでも一番安く入手する方法を知りたかったら、その僧に聞くことです。「移動図書館」のための「閲覧室」の相談をしたら、その僧は数分のうちに見積書を作ってしまいました。そのうえ発電器やガソリンの消費量の単価まで添えて。これも、タイの僧には応じられないことです。けれども、その僧は言うのです。「仏陀は、私にクメールのために働き慈悲のために行なう破戒を許されるであろう」と。

ここで働いている多くのタイ人やUNHCRの人たちやクメールの人たちを見ていますと、救援のためのボランティアに来ているという気負った気持ちを恥ずかしく思うようになります。

クメールの文化は、その文化を担っているクメールの人たち自身によってこそ初めて伝えられ創造されていくのです。そして、日本人は、日本の文化を継承し次の世代に伝達するためにどれだけ努力しているかを反省させられるのです。日本人はむしろクメールの人たちによって多くのことを学び教えられているのかも知れません。

諸兄よ。

一度中断された文化と教育を回復するのに、どのぐらい時間がかかるかと考えたことがありますか。おそらく一年の寸断を回復するには一〇年はかかるでしょう。五年の中断は五〇年の回復期間を必要とするでしょう。私たちは、五〇年先のクメールの文化のために働いているのです。そうすると、この仕事は、実に驚くほど歴史の展開に参画する仕事ということになるのです。そのことに誇りを持つことです。

サムロンの騒音など、〈糞食らえ〉です。

「わき道」「じゃり道」「けもの道」

「仮設住宅支援連絡会」のニューズレター『じゃりみち』の合本が縮刷版で発行されるというので、改めてその第一号から読み直してみました。震災後一年余、この間、阪神淡路の被災者の痛みを共にしてきたボランティアたちの情熱と試行錯誤の跡を行間に感じるのです。小さな紙面のため情報を伝え切れないことのじれったさ、現場の状況をうまく論理化できないことへの苛立《いらだ》ち、さらに現場での体験が否応なしに自己変革を迫ってきているという切迫感も感じられます。小さなワープロ打ちのミニ情報誌ですが、舗装された道路しか歩いたことのなかった若者たちが、石ころに足を取られそうになりながら歩いてきた「じゃりみち」の記録なのです。

このミニ情報誌を『じゃりみち』と命名したのは、若い女性のボランティアと聞きましたが、このネーミングがすごく気に入っているのです。この「仮設住宅支援連絡会」に参加している三十数団体のほとんどが震災後に立ち上がったグループであり、組織力にも、資金力にも欠け、ノウハウ、活動力の蓄積もないのです。このような形で市民が組織的にボランティア活動に参加してきたということ自体、歴史的にもかつてなかったことなのです。まさにボランティアの歩く道は、「じゃりみち」そのものでした。また、仮設住宅に住むことを余儀なくされた被災者の老人にとっても、その生活は「じゃりみち」なのでした。そして、仮設住宅に入って行ったボランティアたちが最初に手掛けた仕事も、バラス（じゃり）を敷いただけの歩きにくい「じゃりみち」に土を入れて老人が少しでも歩きやすくすることでした。

考えてみますと、人類は「みち」を造り、「みち」を歩くことによって歴史を作り、文化を作ってきました。人は、「みち」を探そうとするとき、地図を手掛かりにして、最短距離で最も快適な道を探そうとします。でも、それは、人によってすでに造られた「道路」なのです。「みち」と「道路」とは違うのです。人が最初に歩こうとしたときに、造られた「道路」はどこにもなかったのです。「藪《やぶ》」を掻《か》き分けて、「茨《いばら》」で足を傷だらけにしながら歩いたに違いありません。兎《うさぎ》や狐《きつね》の通った「けもの道」を辿《たど》って歩いたのかも知れません。一人歩き、二人歩きしていくうちに、いつしか草を踏み分けた道とも言えない道ができていったのでしょう。

人間は文明と共にあまりにも快適な道を歩くことに慣れ過ぎてしまったのです。「みち」を歩くということは、本来不安なのです。「みち」を歩くということは、「未知」の世界を歩くことだからです。未知の「みち」を歩くからこそ、つねに新しい発見があるのです。可能性が開けてくるのです。

ボランティアの歩く「みち」も、同じでしょう。歩きにくい「じゃり道」を歩くからこそ、そこに新しい創造があり、発見があるのです。ボランティアの歩く「みち」は、既成の道路であってはならないのです。手垢《てあか》の付いた安直な道路であってはならないのです。
高村光太郎に『牛』という詩があります。長い詩ですが、その一節を紹介して、今後も長く続くであろう仮設住宅の支援に関わるボランティアへの激励の言葉とします。

牛はのろのろ歩く
牛は急ぐ事をしない
牛は力いつぱいに地面を頼《たよ》つて行く
自分を載《の》せている自然の力を信じきつて行く
ひと足、ひと足、牛は自分の道を味はつていく
ふみ出す足は必然だ
うはの空《そら》の事ではない
是《ぜ》でも非《ひ》でも
出さないではゐらない足を出す
（略）
牛は馬鹿に大まかで、かなり無器用だ
思い立つてもやるまでが大変だ

やりはじめてもきびきびとは行かない
けれども牛は馬鹿に敏感だ
三里先のけだものの声をききわける
最善最美を直覚する
未来を明らかに予感する
（略）

〈共に生き、共に学ぶ〉道――SVAの理念と活動

NGO（非政府組織）を取り巻く環境の変化

SVAは創立一五周年を迎えましたが、この一五年間を振り返りますと、NGOを取り巻く状況がずいぶん変わったことを感じます。

最近でこそ、「NGO」という言葉がよくつかわれるようになりましたが、一五年前には、マスコミを始め、ほとんどの人が「NGO」という言葉を知らなかったですし、関心も持っていなかったのです。

ところが、最近では、環境問題を巡って、新聞が「NGOと政府との協調並びに対立関係はいかにある

べきか」という解説を紙面の半分くらい使って書くようになってきました。

また、政府とNGOの関係も大きく様変わりしてきました。

一九八〇年に、サケオの難民キャンプにJMTという日本政府派遣の医療団が、医師、看護婦（看護師）を引き連れて難民救援のため来ていました。当時の日本人ボランティアが病気になりJMTの病院に行きますと、「われわれは難民救援に来たので、日本のボランティアをサポートするために来ているんじゃない」と、診療を拒否されてしまったのです。今から思えば滑稽《こっけい》な話ですが、そのくらい政府はNGOを歯牙にもかけていなかったのです。NGOも政府のそういう頑《かたく》な態度に、攻撃的な姿勢をとって対立的でした。ところが、政府との関係も様変わりし、改善されてきました。国際社会でNGOの活動が十分に展開できない国は、国際協力に積極的とは認められないという考えが定着し、そのことによようやく気が付いた日本政府も、NGOの存在を評価するようになりました。

NGOに課せられる課題

日本の社会や、NGOを取り巻く状況が次々と変化していくなかで、NGOに課せられる課題が非常に重要で多岐にわたるようになってきました。現に、SVAの活動の場も、タイ、カンボジア、ラオスと広がり、山岳民族の問題、スラムの問題、農村の問題、カンボジアでは帰還難民の問題などさまざまな問題に直面しています。

たとえば、SVAの主な活動の場であるタイは、急激な近代化を遂げつつあり、一九九四年から日本政府の無償資金協力が中止され、従来考えていた国際協力とか、救援や援助を見直す段階に入ってきています。

もちろん、スラムの問題、少数民族の問題、あるいは東北タイの農村の絶対的な貧困問題は依然としてあり、そこに関心を払い続けなければなりませんが、それらはむしろタイの富の分配の不平等にあると捉え、その解決は国内問題として国の分配の平等化という自助努力を待つことでしょう。すると、今後のタイへの支援および活動は福祉に視座を移して考えていく必要も出てきます。

人権、人間の尊厳

このように、非常に複雑な問題を抱えるなかで、一五周年という節目を迎えようとしているSVAが、活動の基本的な理念をどこにおくかは大変重要になってきます。その一つが、人間の尊厳、人権という問題です。これをわれわれは非常に大きなテーマ、主題として中心に捉えておかなければならないと思います。

まず、把握しなければならないのは、構造的な暴力がさまざまなところで人権を侵害していることです。暴力というと、戦闘などの物理的な暴力を連想しますが、世界に起こっている最も深刻な事態は「構造的」な表には見えないものがもたらす暴力なのです。

その最大の暴力が、南北問題という地球規模で起こっている富の分配の不平等と、そこから発生する南の国々の絶対的な貧困なのです。ほかにも気が付かないうちに、いつの間にかその構造に巻き込まれ、そのなかで暴力的に人権を侵害されている現象が周辺には数多くあります。目を見開いて構造的な暴力の構造とそのからくりを見据えていかなければなりません。

次に、難民問題があります。タイ、カンボジア、ラオスでは、難民問題は一応解決したかのように見えます。けれども、アジア全域に目を向ければ、ビルマ（ミャンマー）やバングラデシュで起きている難民問題などがあります。これらはあまり日本では報道されていませんが、そういう問題が世界では掃いて捨てるほど起こっているのです。これは二一世紀の平和の構築を考えるとき、非常に深刻な課題と言えます。二一世紀は難民の世紀になるだろうと予測する人さえいますが、難民問題はまさに二一世紀を揺さぶる大きな不安材料でしょう。南北問題を根っことし、そのうえに難民問題が部族の対立、民族の対立、宗教の対立という形で噴出しているからです。

同時に、民族差別、少数民族の問題があります。少数民族問題が引き金になり、新しく地域紛争が起こっています。少数民族への圧迫は今後ますます強くなっていくでしょう。そのときに、その人たちがアイデンティティ、帰属意識を保ち、自分たちの伝統を保持していくのか、ということも見据えておかなければなりません。

目を転じれば、子どもの人権の問題もあります。ユニセフ（UNICEF、国際連合児童基金）の白書でも分かるように、世界中の子どもたちを巡る人権抑圧が絶え間なく起こっています。タイでさえも、非人道的な若年労働が後を絶ちませんし、まして開発途上国ではもっと深刻です。

また女性の人権問題も、第三世界が開発を進める場合に非常に大きな課題でしょう。第三世界では、女性の地位が低く、非識字者が多いために、子どもの教育環境の整備がどうしてもうまく進められないという難題があります。子どもの教育を進めるには、女性の地位の向上と、自立する機会を得られるかが大きな課題になるのです。

そういう意味で、これからの活動のキーワードは、「人権、人間の尊厳」にあるのです。さまざまな民族の対立、宗教の対立が南北問題のなかにあり、対立が尖鋭化していくなかで、どのような少数の人でも、あるいはどのような貧困に喘《あえ》いでいる人でも、つねに人間としていきいきと人間の尊厳をもって生きる権利を持ち、すべての人たちがさまざまな言語や民族や宗教という個別の差異を乗り越えて、地球社会を構成する一員であるという認識に立って、お互いが手を繫《つな》いでいかない限り、これからの地球社会の平和はありえないからです。

さらに、「共生社会」をどう造っていくかという課題があります。「共生社会」とは、異なった文化、異なった言語、異なった宗教、異なった立場に立つ人たちが共に生きる社会ですが、そこには、人と地球環境の共生という課題が含まれています。ありとあらゆるものが共生できる社会、それは仏教で言う〈縁起〉の社会ですが、それを「地球市民社会」と呼んでいます。

近代の科学社会の破綻《はたん》

近代以後、今日に至るまで、人類は自然科学の急速な発達と、その発達に裏付けられた経済社会、工業社会を造り上げてきました。その結果、現代はさまざまな矛盾を抱えながらも、人類が体験したことのない豊かさを作り出してきたのです。けれども、それがいろいろなところで破綻を来たしながら、極限に達しようとしているのです。その矛盾とは、まず環境問題でしょう。そして、GNP（国民総生産）に置き換えられる経済的な豊かさをとことん追求していく文化、社会を造り上げ、未曾有《みぞう》の豊かさを誇りながらも、人間自身が有機的な社会、有機的な人間環境を失い、精神的な飢餓状態に陥っていることです。

また、経済そのものが国際化し、世界中を席巻《せっけん》しているなかで、とくに第三世界の人は、国際経済の巨大なうねりに圧倒され、二〇世紀の豊かさの恩恵を受けることなく、歪《ひず》みだけを被《かぶ》っているという構造になっています。そこで、従来考えていたような無限の豊かさの追求とは異なる、別の新しい価値観を探り出さないと、地球はまさに破綻を来すという危機感を多くの人々が持つようになってきました。

これまでの北の国々、先進国の論理では、豊かさを追求すれば必ず豊かさを約束されると無条件に信じていました。その論理で豊かな国から貧しい国に対して経済援助なり技術協力を続け、その豊かさを還流していくことによって第三世界の人たちも豊かな世界に成長できるという錯覚をしていたのです。ところが、さまざまなNGOの努力やODA（政府の途上国援助）、国連の開発機関などの援助で、膨大な金額が北の国々から南の国々に向かって注がれたにもかかわらず、南の国々の貧困はほとんど解決できないままです。シンガポールやマレーシア、タイ、香港などNIES（新興工業国群）諸国や、まもなくその仲間入りをしようとしている国は例外として、ほとんどの国が成功していません。むしろ、北の先進国の援助が流れ込むほど、援助に頼る構造が南の各国に生まれ、何のための援助か分からない、という現象が随所に起こってきています。

第三世界のなかから出てきた新しい開発理念

問題は、援助することが南の国々を北の先進国に近付けることだと考えられてきたことです。そして、これが、実は誤りではなかったか、今まで気付いていない開発援助のあり方があるのではないか、ということを、今、世界のNGO関係者の開発問題に携わっている人々が考え始めているのです。

そういうなかで、タイの開発僧を始め、第三世界の人たちのなかで、国外からの援助に依存しないで、内発的な力で自分たちの社会を変えていこうとする動きが生まれつつあります。

それは、スリランカのアリヤラトネ博士が提唱して始まった「サルボダヤ運動」で、自分がまず目覚め、自分の意識を変えることによって地域を変え、社会を変え、世の中を変えていこうという運動です。その開発の根源にあるのは、自分の魂の開発、意識の覚醒です。タイの開発僧の人たちも同じ問題を提起しているのです。少なくとも、これまでとは違う開発のあり方が大きな力になって、第三世界のなかで動き始めていることは確かですし、今後それがどう力を付け、発展するかという点に深い注意を払っていかなければならないでしょう。

SVAは、仏教の考え方を基本理念におこうと考えていますが、〈縁起〉という形で表現される、もう一つの開発のあり方があるのではないか、という想いがあります。その方向が、二一世紀に向けて、新しい開発の可能性を示すNGOになりうる可能性を持っているのではないか、あるいはそういう課題を考える一番近い距離にあると考えてもよいのではないかと感じているのです。

国内組織の強化と拡充

こうしたなかで、一五周年を迎えるSVAがどういう活動をしていくのか、その展望を考えてみましょう。

国内の活動に絞ってみますと、組織の強化と拡充が第一の課題として挙げられます。「地球社会」を本気で目指すのなら、日本社会のなかで「地球市民」という意識を持つ人が大勢生まれてくる必要があります。そして、「地球市民」としてのネットワーク、連携網をさらに強めていくために、立場の異なった人たちが一つの共通したテーマ、課題に向かってどう連帯し合えるかというのが、この運動の基本にあります。

世界中には貧しい国や困った国がありますが、一番病んでいるのは、実は日本という国ではないかと私たちは考えています。お金を持てば持つほど、生活から充足感がなくなる社会は、歪《いびつ》な社会です。物質的な豊かさを誇りながら一人一人がこんなに息苦しい生活をしている国民はいないでしょう。教育問題、福祉問題など地球が抱えるさまざまな問題は日本に凝縮されているといっても過言ではありません。

つまり、海外でどんなに意味のある活動をしても、日本人の意識の覚醒という運動が伴わない限り、海外への逃避に過ぎないと言われても仕方ありません。そういう視点と姿勢をもちながら、国内でのネットワーク、組織の強化と拡充を考えています。

「地球市民教育」への努力、スタッフの育成、専門性の強化

ところが一方で、地域活動の活性化や地球市民ネットワークの広がりを作るにあたって忘れてはならないことがあります。それは地域が抱えている課題を海外にどう繋《つな》げていくのか、そして海外の国際的な社会が持つ最もホットな問題を直ちに地域の中に繋いでいくシステムをどのように作るかという問題です。そのために欠かせないのが地球市民教育、開発教育、環境問題で言えば環境教育、人権問題で言えば人権教育という、「地球市民教育」への努力であり、これもSVAに課せられた大きな課題です。

次に、海外事業と国内事業を推進するための支援態勢を強化していくには、東京事務所のスタッフ、陣容、人材の強化育成、とくに専門性を持ったスタッフ、幹部を養成することが重要です。

とくに、SVAには人材派遣型の団体として専門性の強化が要求されています。さまざまな社会で起こっている問題は、日本で起こっている問題と同種同根なのです。それを日本の問題としてとらえ直しながら考えていくには、やはり専門的な能力、知識と専門的な研究態勢が必要になってきます。それらの問題をわれわれが学習し、研究し、調査していくためには、周辺ブレーンを強化して、専門的に研究する態勢を作っていく必要があります。それは同時に、NGOやNPOを始め、いろいろな人たちとのネットワーク、連携や連帯が必要になってくるでしょう。

そして、一番大きな課題は、自己募金の能力の向上です。外務省からNGO事業補助金が初めて交付されることになったとき、「SVAの目標として、全体予算の六〇パーセントは自己募金で賄《まかな》い、政府

あるいは国連の補助金、団体からの条件付きの補助金や助成金などは全体予算の四〇パーセント以内に抑えることでNGOの主体性を保持」していくことを私は主張しました。ところが、最近、カンボジアでは、急激な開発協力をすることを迫られる状況にあり、自己募金の能力が五〇パーセントすれすれのところに来ています。これは、財政的には赤信号なのです。何とか六〇パーセントは自己募金にしなければ、海外での活動に際して大胆で迅速な対応ができなくなります。とくに人権やアイデンティティの問題は、補助金や助成金が非常に付きにくく、自己募金が低下し財政が圧迫されると、補助金が付くプロジェクト、事業しかできなくなるでしょう。これが一番怖いことなのです。

地域のなかの「共生社会」

最後に、在日外国人、在日難民の問題ですが、これは、「地球市民社会」ということのなかに包括されています。地域の活動者の方々には、アジア問題についてそれぞれの地域で考えて活動していただくと同時に、日本社会のなかに抱えている問題にも目を向けていただきたいのです。大勢の海外の国の方が日本に来て同じ日本の社会で生活を営んでいるのですが、在日韓国人、在日朝鮮人の方々の問題、そして、タイ、カンボジア、ラオスからやって来ている在日難民、そしてビルマ（ミャンマー）難民がいろいろ非合法な形で日本に入り始めています。

また、「ジャパゆきさん」に代表される海外の国からの出稼ぎの女性たち、あるいは不法就労者たちが日本のいろいろなところに入り込んできています。日本の大学に私費で留学している人たちも非常に厳しい状況のなかで就学しています。そういった日本社会の「国際化」に目を向け、そういう人たちと共生していける社会を地域社会のなかで造っていくことができるのではないでしょうか。もし、地域社会で在日外国籍の人たちと共生できないとすれば、はたして、第三世界にそういう「共生社会」を造ろうと提唱することにどんな意味があるのでしょうか。

私たちは、在日外国籍の人たちのことを、日本社会が抱えた厄介な事態と考えるのではなく、日本が「共生社会」、「地球市民社会」に近付いていく、最も身近な教師であると考えてみる必要があります。

「社団法人」化に向けて

ＳＶＡの年間予算は、五億円から六億円に近い大きな金額になってきましたが、ＳＶＡは任意団体として運営されており、法的な人格がないのです。つまり六億円近い資金を運用しての事業は、法的には会長である松永然道個人の責任で行なっている形になっています。けれども、これはすでに個人で責任を負える金額を超えています。実際、ビルを借りるにしても、コピー機をリースしても、松永然道個人の立場で賃貸借を行なっています。ありとあらゆる問題が個人の責任になっていますが、それはある意味では無責任と言えるのです。

また、六億円という予算の半分近い金額が、一円、一〇円の積み重ねのなかから出てきていることを考えますと、ＳＶＡの活動や組織を、社会的に責任のある組織にしていかなくてはならないのです。そのためには、財政的にもさまざまな活動の分野でも、法的に人格を持った団体、つまり「法人」として活動していく以外になく、「社団法人」化とは、そういうSVAの矛盾を解決する策なのです。

地球発信型のNGO

SVAは、さまざまな困難な問題を抱えている団体であると同時に、日本に数あるNGOのなかでも、いろいろ可能性を持ったNGOであると言えます。

現在、日本のNGOのほとんどが大都市、とくに東京に集中していますが、東京から情報を発信している状態では、日本の社会はあまり変わっていかないのです。日本社会はどんなに近代化されても、その本質は「ムラ社会」であり、これは日本の文化そのものなのです。その意味で、逆に、「ムラ社会」のなかから、村社会に風穴を開けていくという発想を持ったほうが日本社会を変える近道だと考えています。つまり、地方から地域の「ムラ社会」のような発想で活動したほうが、日本的なNGOが成長する近道と思えるのです。

シャンティ——地域社会や国家間の自覚と覚醒に立脚する平和

一九九九年八月一二日に、外務省より「社団法人シャンティ国際ボランティア会」の正式な許可が下りました。お盆明けの一六日、外務省NGO支援室において篠原室長より許可書が松永然道会長に手渡されました。これを受け、法務省新宿登記所において法人としての登記を開始します。これには人形町にある河鰭弁護士事務所のご指導をいただきました。河鰭弁護士は、SVA法人化の代表発起人のお一人であり、宗門護持会の副会長も務めておられる方です。登記には約一〇日間を要すると思われ、遅くとも八月末までには登記を完了し、名実共に社団法人として誕生することになります。

SVAが活動を開始してから二〇年間にわたって、陰に陽にご支援とご指導をいただいた方々に、法人の設立に当たって基金をご寄付くださった方々に、改めて心からお礼を申し上げます。

さて、こうしていよいよ「社団法人シャンティ国際ボランティア会」が発足するのです。九月一五日には芝の東京グランドホテルで設立の祝賀会が開催されることになっていますが、ここで新しい名称になる「シャンティ」の意味について解説しておきましょう。

〈シャンティ　Shanti〉は、サンスクリット語やパーリ語で〈平和〉を意味しています。これらの言語はインドの古語です。南アジアや東南アジアでは、古代からインド文化、とくに仏教の伝播《でんぱ》と共に国際語として広く使用され、今もパーリ語に語源を持つ言葉が多用されているのです。カンボジアでは、平和を〈サンタピアップ〉と言いますが、これもパーリ語の〈シャンティ〉の変化した言葉なのです。中国や東アジアの〈北伝仏教〉では〈寂静《じゃくじょう》〉と翻訳されているのですが、このことから理解されるように、〈シャンティ〉で意味する〈平和〉は今日一般につかわれている平和とはかなり意味が異なります。一人一人の心の覚醒と平安に根ざした平和、そして、人と人との関係のなかの平安です。地球社会や国家間の自覚と覚醒に立脚する平和なのです。それが〈シャンティ〉の平和です。そこには自らを絶対化しようとする力は働かないのです。逆に、自らを相対化しようとする力が働き、他と共に生き、生かされているという事実に喜びと感動を見出そうとするのです。民族、文化、言語、宗教といった人々が持つ差異性は、世界の相互理解を妨げるものとしてではなく、地球社会と人間社会を多彩な彩りで飾る荘厳《しょうごん》と考えるのです。そこにあるのは、相互間の尊敬と学び合いです。

ですから、今日の国家間の力の均衡によって保たれる平和、原子兵器や他を圧倒する軍事力によって辛うじて保たれる平和とは意味が違います。SVAは、そのような驕慢《きょうまん》さと卑屈《ひくつ》さで溢《あふ》れた平和は虚像に過ぎないと考えています。

人類は有史以来、つねに平和を欣求《ごんぐ》してきました。真の平和を探求し、そのための努力を重ねてきました。けれども、未だ人類はそれを実現できないでいるのです。SVAが探し求めようとする〈シャンティ〉も、巨大な国際政治と国際経済の支配する現代においては、所詮《しょせん》、叶《かな》わぬ絵空事《えそらごと》と言われるかも知れません。

けれども、社会の平和と心の内的な平安を求めようとする努力をしている限りにおいて、人は人としての尊厳を保つことができるのです。生きていることを共感し、喜びを共に分かち合う場と仲間を持つ限りにおいて、人は希望に充ちた人生を創造できると確信しています。理想の実現が困難なのではありません。前進しようとする勇気と力が足りないだけなのです。SVAは、〈シャンティ〉という新しい名称にこのような理想を表現していきたいと考えています。

次の世代に伝える精神

聴き手　福田信章　吉田信昭　石丸由紀子

危機的で限界的な状況こそ

——次の世代を担う僕らの世代に伝える言葉、スピリット、精神があれば、それをぜひ。

有馬　幸か不幸か、いろいろな問題、さまざまな課題に気付いてしまったのだね、君たちのような若い世代がね。気付かないで済んだら楽に決まっているのですよ。でも、気付いてしまった。そんななかでどうせ逃げられない、また逃げてはいけないのだから、はっきり見ようという努力が必要になるでしょうね。

——努力だけで、どうにかなるものなのですか。

有馬　努力だけでは無理なこともあるでしょうね。こういう話があるのですよ。江戸時代に、福沢諭吉が三田に、蘭学塾、後の慶應義塾という塾を作り、そこで蘭学を教えています。ところが、薩摩藩の軍艦が江戸湾に入って来て、江戸に大砲を向けたので江戸の町は右往左往の大騒ぎになります。一触即発の事態ですね。

そのときに、門弟たちが「こんなことをしているときではありません。先生は大事な体ですから、私たちが安全な所を確保しますから、離れてください。ここで大砲の生き埋めになったら、こんな馬鹿な話はありません。次にやって来る時代がすぐそこまできています。先生が働く場所は、次の時代なのです」と説得するのですね。ところが、福沢諭吉は「何を言うのか」と。「今、ここで千載一遇《せんざいいちぐう》の機に恵まれているのであって、今、命を落とすかも知れないというときこそ、本当のことを話せるときなのです。ですから、この好機を逃してはなりません。安全地帯で話す話と、生命の危機に自分を曝《さら》しながら話す話とでは、違うのです。諸君もそうだろう、聴くほうも命を懸けて、一緒に学問をしよう」と。そう言ったのですね。
そういうことなのですよ。人間というのは妙なもので、いくら努力をしても、本当の自分が見えてくるときはそうそうない。人間が限界を突き破って、新しいステージ、舞台へ飛び込む機会というのはつねに一種の危機、限界という形で目の前に登場してくるのであって、命を賭ける必要のない安全地帯にいたのでは、その機会は登場してこないのです。これは、努力だけではどうにもならないことでもある。でも、安全地帯の外側につねに身を置くような努力はできるのです。この努力は怠ってほしくないですね。

今、やらなかったら

有馬 人を成長させる一つの契機やきっかけは、自分が限界の状況に追い込まれて、にっちもさっちもいかなくなったときなのですよ。このとき、新しい地平が開けてくる。

でも、高い所へ行くと視野が開けてくるので、もっと広い世界が見たい、もっと知りたいことがある、そうするとみんな高い所へ上がっていくのです。ところが、高い所へ上がれば上がるほど下に見える景色が小さくなってきます。それと同時に、そのままであったら、自分の向いているほうしか見えないのです。それを突き破るためには、自分の視座が壊れるような状況に自分を追い込むことが大事なのだと思います。

——追い込むというのは、自分で自分をということなのですか。

有馬　そう、自分で自分を追い込むということです。そして、仲間として、お互いが追い込み合って、了解し合えるような同志を見つけることかな。切磋琢磨《せっさたくま》ですね。そういうことを夢見るのですよ。

今、家族が「背中が痛くなるから、話を早く切り上げて……」と言っているのですが、大事な話をしているのですから、快適ですよ。後で背中が痛くなるのは分かっているけれど、「今、やらなかったら、いつやるのか」ということなのですよ。


二〇〇〇年九月七日、八日　山口県の日本赤十字病院にて　インタビュー（抜粋）

〈語る〉夢──「現実」を動かす力

十数年前のことになりますが、タイ東部の国境の町、アランヤプラテートで、ある日本の大手ゼネコン、総合建設会社の土木技術師と出会いました。

当時、この町は、カンボジア難民キャンプの救援基地として、食糧や飲料水を輸送する国連機関の車両が激しく行き交い、騒然とした雰囲気のなかにありました。SVAも、この町に宿舎を構えて約一一万人の難民を収容するカオイダン難民キャンプでの救援活動を行なっていました。

鉄条網に囲まれた難民キャンプとはいっても、首都バンコクに次ぐタイで第二の人口を擁する町（?）が突如としてできたのですから、救援物資の調達を行なうアランヤプラテートの町は難民景気に沸き、一儲けを狙った怪しげな人たちも集まり、治安はきわめて悪い状態にあったのです。

そんなとき、この町の北の村で、日本のODA（政府の途上国援助）によるダム工事が行なわれていました。降雨量のきわめて少ないこの地域で、ダム建設に適した地形とはとても思えないような場所です。おそらくダム建設の効果よりも、難民の流入で被害を受けているタイの不満をかわし、この地域に金を落とすことを目的とした事業だったのでしょう。

その技師は、このダム工事に従事していました。ダム建設の意義と完成後の経済効果に疑問を持ちながらも、タイの技術者に技術を教えることに情熱を傾けようとしていたのです。

工事現場の飯場でタイ人と寝食を共にするその技師に、多くの人は無謀だと言い、強盗襲撃の危険性を警告したのですが、笑いながらこう答えました。

「豊かな国土を造ろうする夢を共有すること以外に、俺がここにいる意味をどう見つけようというのかね。」

工事が終わり、まもなくダムは決壊したのです。補修したとは聞きましたが、その後、このダムの話は誰からも聞くことはありませんでした。

でも、目覚ましいバンコクの工事現場を見るたびに確信するのですが、この土木技師が伝えようとした夢は、確実にタイの技術者たちの心に生き続けていることは間違いありません。

夢ははかないのです。所詮《しょせん》、絵空事《えそらごと》なのかも知れません。ですけど、「夢」こそが現実を動かす力になることも事実なのです。

【初出一覧】

Ⅰ　〈じゃり道〉を歩くボランティア、〈けもの道〉を歩くNGO
ボランティアは、未来を生み出す力（インタビュー構成 秦洋一）
「有馬実成の世界一――震災から一年」（『朝日新聞』夕刊、東京本社、一九九五年一二月一八日）
「有馬実成の世界二――韓国との出合い」（『朝日新聞』夕刊、東京本社、一九九五年一二月一九日）
「有馬実成の世界三――仏教は死んだか」（『朝日新聞』夕刊、東京本社、一九九五年一二月二〇日）
「有馬実成の世界四――ボランティア」（『朝日新聞』夕刊、東京本社、一九九五年一二月二一日）
〈地球市民〉を育むNGO
「NGOが地球市民を育む」前半（『「地球市民」が変える』、二〇〇二年、アカデミア出版会）
国境を超える「地球市民」と「市民社会」へ向けて
「NGOが地球市民を育む」前半（『「地球市民」が変える』、二〇〇二年、アカデミア出版会）
〈語る〉忘れ得ぬ人――人生は人との出会いの旅
「語る 忘れ得ぬ人――人生は人との出会いの旅」（『産業経済新聞』夕刊、東京本社、一九九七年五月一二日）

Ⅱ　アジアの民として、地球市民として、〈共に生き、共に学ぶ〉
ボランティアは触媒――SVAと難民と私と

「SVAと難民と私と――ボランティア触媒論」（月刊『バンキャン・ポスト』、一九八五年四月号、曹洞宗ボランティア会）
難民は心の鏡
「難民――心の鏡」（月刊『バンキャン・ポスト』、一九八七年一月号、曹洞宗ボランティア会）
カオイダンの〈はんねら〉
「カオイダンの《はんねら》」（月刊『バンキャン・ポスト』、一九八九年七月号、曹洞宗ボランティア会）
民族の心を伝える「識字教育」を
「一冊の持つ重さ、民族の心を伝える識字教育」（月刊『バンキャン・ポスト』、一九八九年一一月号、曹洞宗ボランティア会）
「地球市民社会」は、「意識改革を迫る」言葉
「一筆啓上　地球市民社会という言葉の真意」（月刊『シャンティ』、一九九四年一〇月号、曹洞宗国際ボランティア会）
水牛の肉を食べたのは、誰か
「水牛の肉を食べたのは」（月刊『地球市民ジャーナル』、一九九〇年四月号、曹洞宗ボランティア会）
蓮の華を育てる沼地の泥になりたい
「一筆啓上　蓮沼の泥になりたい」（月刊『地球市民ジャーナル』、一九九〇年六月号、曹洞宗ボランティア会）

誰でもが参加したくなる「ボランタリズム」を
「根づかせたい地方からの運動」（月刊『地球市民ジャーナル』、一九九〇年六月号、曹洞宗ボランティア会）
「内なる国際化」を問う痛棒
「一筆啓上『内なる国際化』への問いかけ」（月刊『地球市民ジャーナル』、一九九一年三月号、曹洞宗ボランティア会）
クルドの悲劇は、問い掛ける
「クルド難民が問いかけるもの」（月刊『地球市民ジャーナル』、一九九一年六月号、曹洞宗ボランティア会）
〈クメールの微笑み〉が戻るとき
「一筆啓上 カンボジア和平に思うこと」（月刊『地球市民ジャーナル』、一九九一年七月、八月合併号、曹洞宗ボランティア会）
プノンペン時間か、東京時間か――カンボジア復興への歩み
「一筆啓上 時の流れとカンボジア復興」（月刊『地球市民ジャーナル』、一九九二年一月、二月合併号、曹洞宗ボランティア会）
涙の国際電話――タイの民主化運動に思う
「一筆啓上 タイ民主化運動に想う」（月刊『地球市民ジャーナル』、一九九二年六月号、曹洞宗国際

ボランティア会）
二枚のレコード――『鳥の歌』と『運命』
「一筆啓上 二枚のレコード」（月刊『シャンティ』、一九九二年一一月号、曹洞宗国際ボランティア会）
カンボジアの復興と仏教の役割
「カンボジア復興と仏教」（月刊『シャンティ』、一九九二年一二月号、曹洞宗国際ボランティア会）
〈語る〉 大自然――山や森も眼を持ち、人を見ている
「語る 大自然――山や森も眼を持ち、人を見ている」（『産業経済新聞』夕刊、東京本社、一九九六年一一月八日）
〈語る〉 子ども――伝えなければならないこと怠っていませんか
「語る 子供――伝えるべきこと怠っていないか」（『産業経済新聞』夕刊、東京本社、一九九六年九月一〇日）

III 多様な価値観の尊重、文化が呼吸する〈国際協力〉を

『南方録』に学ぶ「ボランティアの心」――桃山の茶人は国際理解者
「『南方録』に学ぶボランティア論」（月刊『バンキャン・ポスト』、一九八七年二月号、曹洞宗ボランティア会）
水なき里に豊かな潤いを――ジャヤヴァルマン七世とアンコール王朝

「ジャヤヴァルマン七世とアンコール王朝」（月刊『シャンティ』、一九九二年一二月号、曹洞宗国際ボランティア会）
遺跡復興の主人公は、カンボジア人――もう一つの国際協力
「もう一つの国際協力」（月刊『シャンティ』、一九九三年一月号、曹洞宗国際ボランティア会）
上野にアンコール・ワットの遺品が……
「一筆啓上 上野にアンコール・ワットの遺品が……」（『地球市民ジャーナル』、一九九一年五月号、曹洞宗ボランティア会）
鶴岡の善宝寺に「龍神信仰」を訪ねて（対談者 五十嵐卓三）
対談「みちのくに龍神を訪ねて――日本の龍神信仰と善宝寺」（『シャンティ』増刊冬号、一九九六年Vol.一四五、曹洞宗国際ボランティア会）
「文化」に根ざした「開発」協力を（対談者 ティエリ・ヴェルヘルスト）
対談「文化に根ざした開発協力を」（月刊『シャンティ』、一九九五年五月号、曹洞宗国際ボランティア会）
〈語る〉ファッション――個性を求め、孤独を恐れる
「語る ファッション――個性を求め 孤独を恐れる」（『産業経済新聞』夕刊、東京本社、一九九七年六月一三日）
〈語る〉神話――描かれた主題の永遠性

「語る 神話――描かれた主題の永遠性」(『産業経済新聞』夕刊、東京本社、一九九七年二月六日)

Ⅳ 仏教にボランティアの先駆者とNGOの源流を探る

「餓鬼」の苦しみと援助の心
「餓鬼」ということ、お盆におもう(『心のみち』、一九八七年一〇月二〇日No.四、梵企画)
「怨念に報いるに怨念で行なってはならない」――来日したカンボジアの僧
「一筆啓上 来日した一人のカンボジア僧」(月刊『シャンティ』、一九九四年四月号、曹洞宗国際ボランティア会)
「開発の学としての仏教」を学ぶ
「開発の学として仏教を学んだ」(『村の衆には借りがある』、一九九三年、燦々社)
〈無遮の人〉叡尊――日本のボランティアの先達
「ボランティアの祖、叡尊」(月刊『バンキャン・ポスト』、一九八八年一月号、曹洞宗ボランティア会)
〈草莽の人〉重源――日本のNGOの源流
「一筆啓上 草莽の人たち」(月刊『地球市民ジャーナル』、一九九一年一〇月号、曹洞宗ボランティア会)
〈中世〉のネットワーカーと〈中世〉のボランティア
「NGOが地球市民を育む」後半(『「地球市民」が変える』、二〇〇二年、アカデミア出版会)
「中世のさすらい人」に、ボランティアとNGOの息吹を発見する(対談者 村崎修二)

対談「中世のさすらい人たち」(「歴史フォーラム」、一九九一年九月二三日、於：山口県佐波郡徳地町 国立山口徳地少年自然の家)
戦後の仏教界における「ボランティア」
「戦後の仏教界におけるボランティア」(『日本仏教福祉概論』、一九九九年、雄山閣出版)
仏教ボランティアを考える(聴き手 鎌田正樹)
「仏教ボランティアを考える」(『梵』No.四、一九八七年一〇月二〇日、梵企画)
多様な価値観の尊重と平和の創造
「アジアと日本を考える――新しい価値観を求めて」(『仏教タイムス』、一九九四年七月五日、仏教タイムス社)
〈縁起〉に目覚める「南」の国の人たち――「サルボダヤ運動」に見る仏法の力(対談者 上田紀行)
対談「縁起に目覚める南の人々」(『シャンティ』増刊冬号、一九九四年 Vol.一二一、曹洞宗国際ボランティア会)
〈語る〉 肉体――還暦と人生の座標軸
「語る 肉体――還暦と人生の座標軸」(『産業経済新聞』夕刊、東京本社、一九九六年一〇月三日)

V 阪神淡路大震災に学ぶ〈人〉と〈まち〉の未来

日本の「ボランティア元年」

「若者たちはいま〈総集編　識者の声〉ボランティア――漠然と感じている孤独感が原動力」（『日本経済新聞』夕刊、大阪本社、一九九六年五月二九日）
震災は、自然から人間と現代文明への警鐘
「おわりに」――シャンティブックレットシリーズ2『混沌からの出発』（二〇〇〇年、社団法人シャンティ国際ボランティア会）
「はじめに被災者ありき」
「けさのひと言　はじめに被災者を」（『中外日報』、二〇〇〇年二月一九日、中外日報社）
「ボランティア」は、新しい時代をつくれるだろうか――阪神淡路大震災が投げ掛けたこと（対談者田中康夫）
対談「〃ボランティア〃は新しい時代をつくれるのだろうか」（月刊『シャンティ』、一九九六年一月、二月合併号、曹洞宗国際ボランティア会）
〈語る〉霜――星霜を重ねながら生きていく
「語る　霜――星相を重ねながら生きてゆく」（『産業経済新聞』夕刊、東京本社、一九九六年一一月二八日）
〈語る〉　雛祭り――仮設の「日本一の雛祭り」
「語る　ひな祭り――仮設の『日本一のひなまつり』」（『産業経済新聞』夕刊、東京本社、一九九七年三月七日）

VI 〈シャンティ〉な時代へ向かって、未来世代に伝える
NGOの仕事は、歴史への参画——後続のボランティアのために
手記「後続ボランティアのために」(一九八〇年)
「わき道」「じゃり道」「けもの道」
「わきみち」(『じゃりみち』合本・縮刷版、二〇〇〇年、仮設住宅支援連絡会 現、被災地NGO協働センター)
〈共に生き、共に学ぶ〉道——SVAの理念と活動
「SVAの基本理念と活動方針」(『アジア・共生・NGO』、一九九六年、明石書店)
シャンティ——地域社会や国家間の自覚と覚醒に立脚する平和
「地域社会、国家間の自覚と覚醒に立脚する平和——シャンティ」(月刊『シャンティ』、一九九九年八月号、社団法人シャンティ国際ボランティア会)
次の世代に伝える精神(聴き手 福田信章 吉田信昭 石丸由紀子)
「次世代に向けて」(『震災が残したもの6』、二〇〇一年、A-yan Tokyo)抜粋
〈語る〉夢——「現実」を動かす力
「語る 夢——『現実』を動かす力」(『産業経済新聞』夕刊、東京本社、一九九七年一月一〇日)
以上

あとがきにかえて

山口の一僧侶でありながらも、現在では日本を代表するＮＧＯ（非政府組織）の一つと言われるようになった、「社団法人シャンティ国際ボランティア会（ＳＶＡ）」を育て上げ、さらに日本のＮＧＯ界の先駆者であり指導者でもあった有馬実成師。本書は、その有馬師が、各所に執筆した原稿を編集して上梓した書物です。

一九九九年、小さな任意団体に過ぎなかったＳＶＡは「社団法人」として認可され、有馬師の長年の念願は達成されました。それを最後の仕事として見届けたかのように、翌二〇〇〇年、有馬師は六四年の生涯を閉じました。二〇〇〇年と言えば、二〇世紀最後の年です。「二一世紀はあなたたちに託したよ」と、まるで、自分の死期さえも演出したかのような最期でした。

民衆と共に歩む宗教家を志し、差別や貧困など、つねに現実の苦しみと向き合った有馬師の歩みは、鎌倉時代の仏僧、叡尊と重源から大きな影響を受けながら、〈仏教的な市民運動〉と言えるところまで到達しました。その実践は、教団仏教や寺院仏教という枠を超え、現代や未来に開かれた新しい仏教のあり方を提示していると言えます。同時に、ＮＧＯ界においては、独自の思想をもった活動家として、行動する指導者として、有馬師は異彩を放っています。そのほか、歴史、文化、美術など、分野を超えた実に幅広い関心をもった〈知の探究者〉だったことが本書を通してお分かりいただけたことでしょう。でも、いわゆる書斎にこもる学者ではありませんでした。その知識を現実に活かし、実験してみる、チャレンジ精神の旺盛な人でした。型破りで、ときに破天荒とも言える思想と行動は、実に刺激的で魅力的です。

こうして、一見、輝かしく見える人生ですが、その軌跡をつぶさに辿《たど》ってみると、実に波乱万丈の連続であることが分かります。早くに父を失い、苦学の末、若くして、破綻《はたん》しかけた寺を背負わなければなりませんでした。そして、地域に根ざした宗教運動を志し、試行錯誤を重ねるなかから、「禅の文化をきく会」や「朝鮮韓国人の遺骨の返還運動」など、文化運動や市民運動に取り組みました。やがて、「曹洞宗東南アジア難民救済会議」の一員としてインドシナ難民救済の活動に参画し、それを母胎として、国際協力のNGOを創設し、育て上げました。

文字通り、東奔西走、八面六臂の活躍でしたが、山口の寺を守りながらも、寺を超えて悩める人たちに手を差し伸べようとする生き方は、葛藤の連続でもありました。檀信徒との繋《つな》がりを維持しながら、SVAの資金難をどう克服するか、曹洞宗門とはどう付き合うか、そして、次々に立ち現われる難問や障壁。でも、弱音を吐くことなく、自らを鼓舞し、闘い続けた人生でした。

こうした有馬師の人生を辿ることによって、真に時代と対決し、己れと格闘した一人の宗教者の生き方に触れることができます。それは、同時に、日本ボランティア史、日本NGO史を辿ることでもあるでしょう。さらに、日本仏教史に刻印するだけの足跡であったことに違いありません。ところが、惜しむらくは、一冊の書物も有馬師は残しませんでした。それが、やり残したことの一つだったかも知れません。多くの人たちから惜しまれていることでもあります。

でも、考えてみれば、釈尊もイエスもソクラテスも、自分の言葉を自分で書き残したわけではありません。傑出した宗教家や思想家、活動家の言行は、後に続く者がまとめるのが歴史の使命なのかも知れないのです。そう考えて、編集委員の人たちと共に、有馬実成師の、最初で最後の書物を編集することになりました。

本書を出版するのは、有馬師の過去を記録として残すためではありません。有馬師を英雄化するためでもありません。何よりも、有馬師の思想と行動に未来を学ぶためです。それが、本書を『遺稿集』ではなく、有馬実成の「単独著書」として、上梓することにこだわった所以でもあります。

『地球寂静』――。心の平安に根ざした平和と、人々が地球市民として生きることを希い続けた、有馬師の想いを、この書名に表現させていただきました。

ところで、有馬師が初めてタイの難民キャンプに足を踏み入れ、日本のNGOの未熟さに愕然《がくぜん》とした一九七九年当時と比べて、まだまだ課題は多いものの、現在の日本のNGO界の事情は隔世の感があります。多くのNGOが世界各地で活躍するようになり、政府や市民からその存在が認知され、国境を越えて人に関わり、役に立ちたいという若い人たちも増えてきました。しかし、同時に世界各地で、暴力や力の論理で他者を蹂躙《じゅうりん》し変革を迫ろうとする風潮が跋扈《ばっこ》していることも事実です。そして、仏教界では、時代の大きな変化に戸惑い、新しい時代の僧侶はどうあるべきかと、各所で模索が始まっていると聞きます。

このような現代をどう受け止め、越えていけばよいのか、と立ち止まるとき、現実と格闘するなかから紡ぎ出された、有馬師の思想や言説は多様で多彩な価値を持っているのではないでしょうか。有馬師の生き方、思想、活動の理念は、NGOや仏教界という枠の中だけに留まるものではありません。この時代に心を痛め、人に働き掛け、行動しようと思う人にとって、きっと、本書から多くの示唆が得られることと確信いたします。


本書、上梓にあたっては、多くの方々のお世話になりました。まず、有馬家のご家族の方々です。誰からもスーパーマンに見えた有馬師。しかし、誰にも見えないご伴侶の終生の支えなくして、あの有馬師はありえなかったことを、今ひしひしと感じさせていただいております。

資料収集にあたっては、「曹洞宗宗務庁教化部」、「全国曹洞宗青年会」の皆様のお世話になりました。そして宗門関係の皆様にもご指導いただくことができました。なお、有馬師のよき相談相手でもあられた、国際仏教学大学院大学教授の杉山二郎先生、そして、有馬師と昵懇《じっこん》にしておられた元アジア経済研究所国際交流室長の野中耕一先生には、往時の貴重なお話を伺うことができました。そのほか、元「禅の文化をきく会」の事務局をお手伝いされていた石田清子さん、元国際協力NGOセンター事務局長の伊藤道雄さん、山口県新南陽市（現在、周南市）、真福寺の大野恭史さん、中山書房の中山晴夫さん、そして、「猿舞座」主宰の村崎修二さんからも貴重なお話を伺うことができました。心より感謝申し上げます。転載を快諾してくださった出版社、新聞社各位、そして、逐一、お名前を挙げられなくて申し訳ありませんが、数多くの方々のお世話になりました。

末尾になりましたが、アカデミア出版会の渡辺弘行さんとも、運命的な出会いなのかも知れません。面識もない有馬師の思想と行動にとても共感されて、有馬師との一期一会の縁起からと、本書の出版を熱心に慫慂《しょうよう》され、有馬さんと本書で出会えたことが嬉しくて仕方がないという、武藤規子さん、稲垣弘美さんと共に、編修作業と校閲作業に献身的に取り組んでくださいました。そして、倉本修さんには、一書入魂の装幀と温もりのある造本に仕上げていただきました。

有馬実成という巨大な存在ゆえに、本書に盛り込み切れなかったこともあります。あるいは、遺漏や不備の点などもあるかも知れません。それは偏《ひとえ》に私どもの未熟さ、不徳の致すところです。大方のご叱正をいただければ幸いです。

よく有馬師は語りました。「自分のありようは、人との関わりによって決まる。人とどういう関係を結んでいくか、それしかない。理論で証明できない。行動しかない」と。
こうして、多くの方々との出会いをいただいて成った本書。さらに、本書を通して多くの出会いに繋がっていくなら、それは私たちの大きな喜びとするところであり、誰よりも、今もどこかで見守っておられる有馬実成師ご自身の大きな喜びではないかと思います。

本書の本文については、次の方針にしたがって編集いたしました。
全体にわたって不統一な語尾表現を整理いたしました。
明らかな誤記、誤字、脱字は訂正いたしました。
注釈や解説が必要と思われた語句や表現については、適宜、注記を入れました。
現時点からみて、別の表現のほうが適切と思われた点は、適宜、整理いたしました。
難語や宛字については、適宜、ふりがなを付しました。
句読点を補った箇所もあります。不統一な数字の表記については、整理いたしました。

二〇〇三年（平成一五年）一一月一〇日
編集担当　社団法人シャンティ国際ボランティア会（SVA）　大菅俊幸

有馬実成師　伝

大菅俊幸

朝の混み合う時間が過ぎて、山陰の駅はひっそりしていた。二〇〇二年三月のことであったと思う。知人を訪ねて島根の安来に出掛けたときのこと。約束の時間まで少し間があるので、駅の待合室の椅子に腰掛けたら、誰が見るでもなく、テレビの画面は国会中継を流していた。

よく見ると、見覚えのある顔が映っている。JANIC（国際協力NGOセンター）の理事長の船戸良隆氏ではないか。参考人として国会に呼ばれ、議員たちに日本のNGOの実情について説明しているところだった。折しも、ある日本のNGOの代表が「お上は信じられない」と発言したことに対し、ある自民党の議員が怒り心頭となって、アフガニスタン復興会議へのNGOの出席が拒否され、さらに、外務大臣の更迭やその議員の辞職にまで発展するという騒動になっていた。もしも有馬実成が亡くなっていなければ、今ごろJANICの理事長としてあの場に立っていたはずなのに。有馬だったらどんな話をしただろうと、画面を見ながら想像を逞しくしていた。

「あなたは本当の心の住職でした」

山口の一僧侶《そうりょ》でありながらも、SVA（社団法人シャンティ国際ボランティア会）というNGO（非政府組織）を育て、日本のNGO界の指導者でもあった有馬実成。一九三六年（昭和一一年）、山口県徳山市（現在、周南市）に生まれた。JR徳山駅の一つ隣に、「櫛ヶ浜」という小さな駅がある。そして、駅のすぐ目の前の高台に、緑の木立ちに包まれた小さな寺がある。そこが生家、曹洞宗原江寺である。寺の山号は「洞庭山」といい、そこから見渡した徳山湾の風景が、あたかも中国の洞庭湖を思わせる絶景なので、そういう名称になったという。けれども、今は石油コンビナートが林立して、その面影はすっかり失われている。寺のすぐ前を線路が横切っていて、駅に行くにはぐるっと迂回しなければならないのだが、有馬はそんなことはしないで、ひょいと線路を跨いで駅に渡ることも多かったという。

SVAが発足したころから約二〇年間というもの、

有馬は山口と東京を往復する生活が続いた。平日は東京を中心にSVAの仕事をして、週末には山口に戻って住職として檀務（寺の仕事）をこなすという生活である。自ら望んだこととはいえ、それが刻苦精励させ、寿命を縮めさせてしまったのではないだろうか。でも、余人の二倍も三倍も生きた人生、燃焼し切って幸福であったのかも知れない。

二〇〇一年九月二一日、自坊で行なわれた有馬実成の告別式。ご子息の嗣朗さんの弔辞に一同静まり返った。

——あなたは本当の住職でした。だって、こうして皆さんの心の中に住んでいるじゃないですか——。

初対面の人に有馬はよく語っていた。

——住職だからいつも寺にいなければならないのに、いつも外を飛び回っているから、私は住職ではなくて〈とび職〉なのです——。

タバコの煙を燻らせながらほくそ笑むその横顔に、それが俺の生き方なのだ、と言わんばかりの矜持を漂わせていた。寺にはあまりいない住職だったが、みんなの心の中に住んでいる〈心の住職〉とは、有馬に対する多くの人の実感ではないだろうか。

生い立ち——「ぼくがこの寺を嗣ぎたい」

一九三六年（昭和一一年）三月七日、姉、弟、妹を含めた四人姉弟の長男として、有馬は生まれた。

折しも、軍事体制下、風雲急を告げ、開戦への不気味な足音が忍び寄っていた。有馬家には、有馬の幼少時からの写真を納めたアルバムが現在も大切に保管されている。写真の中の有馬の表情は、姉弟や友だちと一緒に実に伸びやかで爽《さわ》やかである。早くに一家の主を失った家庭は生活も厳しいはずなのに、少しも暗さを感じさせないのが不思議でさえある。アルバムには一枚の葉書が挟まれていた。戦地から届いた父の葉書である。有馬はおそらく何度も読み返したに違いない。

一九四三年（昭和一八年）、僧侶であった父有馬正隆は応召して中国に出征した。宗教者であるのに、なぜ人殺しができようかという考えの人であったが、時流に逆らうことはできなかった。けれども、戦争への矛盾と家族への思いは募るばかり、その苦しみは大きかった。検閲が厳しく、家族宛の手紙は「元気でいるから心配ない」と、あたりさわりのないものであったが、有馬の母親宛の手紙、その封筒の裏紙をはぐと、そこには家族に対する思いがびっしりと書かれていた。

そんな父への思いを打ち明けた、おそらく唯一のものと思われる文章がある。


父親が兵隊として出征して行った日の朝は、一面真っ白な大霜の日でした。早朝から愛国婦人会の襷《たすき》を掛けた町内の婦人たちや大勢の人たちが集まり、家中が騒然とするなかに居場所がなくて庭の焚《た》き火にあたっていますと、軍服に着替えた父親がお墓参りに一緒に付いてこいと言いました。霜を踏み、寒さのなか、手を繋《つな》いだ父親の温もりがとても嬉《うれ》しかったことを覚えています。

（本書二八二ページ）


一年後、正隆はマラリア腸炎に倒れ、上海の陸軍病院で命を落とした。有馬が八歳、国民学校三年のときである。一九四四年一〇月の小雨の降る寒い日だったという。

女手一つで七人家族を支えなければならなかった母親は、子どもに涙を見せたことはなかった。が、有馬は母の苦しみを察していた。


朝食のおかずにする大根を抜きに行ったままなかなか帰ってこないので迎えに行きますと、母親は畑に寂しげに佇《たたず》んでいました。思わず息をのみ、声を掛けることもできなかったのですが、その日の朝も、大霜でした。（本書二八二ページ）

幼心に家族の悲しみを有馬は一身に受け止めていた。

住職を失くしたからには、原江寺に後継者の問題が浮上した。まだ小学生である有馬がすぐ嗣ぐわけにはいかない。祖父の堅隆がいたが、すでに引退している。誰か他の僧侶に住職として守ってもらい、家族はいよいよこの寺を出るしかない、と、一旦親戚に後継者を決めかけたとき、幼い有馬は必死の思いで「この寺を嗣ぎたい」と、祖父の堅隆に願い出た。そして、結局、有馬が成長するまで、堅隆が復帰して寺を守ることになった。

なぜか、遺体に差別が

かつて、徳山には海軍燃料廠や軍需工場もあり、軍事的な要衝であったため、一九四五年（昭和二〇年）、米軍の大空襲に見舞われている。櫛ヶ浜は徳山の中心部をはずれているので、原江寺は辛うじて難を免れた。続々と運ばれる遺体。けれども、なぜか扱いが違う遺体がある。恐る恐る、駐在さんに訊いてみると、「朝鮮人じゃけぇのお」という返事だった。同じ人間なのに、なぜ差別されるのか――。ここに、活動家としての有馬の出発点が見出せる。

後年、ふと、「世界のいろいろな所を歩いたけれど、沖縄にだけは行けないのだよ」と語ることがあった。そのわけを尋ねても語らなかったが、晩年になって明かしてくれた。一九四四年（昭和一九年）の終わりごろから翌年の初めにかけて、沖縄の子どもたちが徳山に疎開してきたことがある。原江寺にもIという一人の小学生が滞在し、有馬と一緒に小学校に通った。けれども、沖縄の子たちは、連日、地元の子どもたちから手酷い苛めにあって、とうとう、ある日のこと、みんなどこかへ逃げてしまった。Iともそれっきりになった。「最近になるまで、そのことをすっかり忘れていてね。韓国人の遺骨返還運動をしているときですら忘れていたのだよ」。差別に反対してきた自分が、かつて自分も差別に加担したこと、そして、そのことを失念していたことに二重の罪障感を感じていたのかも知れない。差別ということに関して、有馬は無類に潔癖な心情を持っていた。

もう一つ、少年のころの屈辱的な体験を語っている。戦後の日本は、食糧危機に見舞われ、それを救うため、アメリカから民間救援団体の手でさまざまな食糧が送られてきた。有馬の家の近くにある櫛ヶ浜の駅は、山陽本線と支線が分岐しており、貨車からの積み換えが頻繁に行なわれた。積み荷はトウモロコシが多かったようで、こぼれ落ちる粒を拾って、粉に碾《ひ》いて食べた。ある日、貨車に乗っていた米軍兵がそのことに気付き、袋をわざと大きく破って大量に落としてくれた。けれども、客車のトイレの汚物がそのまま路線に流れ落ちていた。汽車が出て行った後、汚水をかぶったトウモロコシを見ながら、拾うべきか拾わざるべきか悩んだが、ついには、拾った。海水で何度も何度も洗いながら、いつしか顔中が涙でくしゃくしゃになっていた。その屈辱感と自己嫌悪は終生忘れることはできないと語る。

　人道支援の意義を語るとき、この思い出を有馬はしばしば引き合いに出した。戦争直後の日本は困窮状態にあった。日本人の多くが住む家に困り食糧も衣類も満足に得られない状態で暮らしていた。そのようなときに、日本国民に大量の救援物資を送った組織の一つに「ララ（LARA）」がある。LARAとは、「アジア救済公認団体（Licensed Agencies for Relief in Asia）」の頭文字をとった呼び名であり、その直前まで敵国であったアメリカの民間有志による援助組織である。この組織から送られる救援物資は「ララ救援物資」あるいは「ララ物資」と呼ばれた。

　この救援は、終戦の翌年の一九四六年（昭和二一年）一一月から一九五二年（昭和二七年）まで続いたが、ララが日本に送った物資は、一九五二年五月までの受領記録（厚生省「ララの成果」一九五二年六月出版）によれば、食料品、衣料品、医薬品、靴、石鹼などが一万六、七四〇トン、山羊二、〇三六頭、乳牛四五頭などで、「仮に邦価に換算すれば実に四〇〇億円を遙かに越えている」とされている。ララには、アメリカの宗教団体、社会事業団体、労働団体など一三の組織が加盟していた。ララ代表と日本政府との間に交わされた契約に述べられた目的は、次のようになっている。「アジア救済公認団体の救援物資はすべて日本の復興に供するため国籍、宗教、人種または政治的信念によって区別することなく必要に応じ真に救済を必要とする者に対し、公平、有効、迅速かつ適切に無償配分するものとする」。

　ここに人道支援の一つのモデルがあると有馬は見て

いた。一九九六年（平成八年）、SVAが北朝鮮の飢餓に苦しむ人たちのため食糧支援に踏み切ったことがある。その決定に至るまでには、曲折があった。これまで支援してきた国と異なり、政治的に複雑な過去を抱えている。国民の理解も得にくい。

「下手をすると、SVAの存亡に関わる。それだけの覚悟があるのか」と、理事からも会員からも迫られた。けれども、このララ救援物資のことを引き合いに出し、国籍、宗教、人種または政治的信念によって区別しない人道支援の意義を有馬は語った。

当時のSVA事務局長の秦辰也が、テレビ出演して、食糧支援を訴えると、間もなく東京事務所の電話がいっせいに鳴り響いた。ほとんどが嫌がらせや恫喝の電話であった。人道支援はときに一部の世論を敵に回しかねない厳しい決断を迫られる場合もある。でも、そんなときも、「これしきでびびってどうする」と有馬は超然としていた。

話を生い立ちのことに戻そう。その後、有馬は地元の徳山高等学校に進学する。しかし、二年生になって、防府市にある多々良学園高等学校へ転校した。この高校は曹洞宗系の学校で、僧侶としての資格が取れる学校である。少しでも早く住職として立つことが待たれていた。貧しかったため、三年間一着の学生服で通し、卒業するときにはテカテカに光っていた。

学生時代――「序論」だけ提出した卒業論文

その後、有馬は駒澤大学仏教学部に入学する。

東京の湯島に中山書房という小さな仏教書専門店がある。店主中山晴夫氏は、かつては、東京大学赤門前にある仏書店に奉公し、その後、独立してこの書房を構えた人である。もともと学者ではないが、今では、なまじの研究者よりよほど仏教典籍に精通し、全国の大学や研究所の諸先生から絶え間なく問い合わせの電話が掛かる。「それが商売になればいいのですけれど、ボランティアの司書のようなものだね」と笑う。

実は、この中山書房に、有馬は学生時代、足しげく通っていた。「有馬さんは毎週のように来ましたよ。

よく勉強しましたね。それにくらべ今の学生は……、でも、あんまり思い出したくないのですよ」。中山氏は、学生時代から有馬の歩みを見守ってきた。有馬の追悼式にも列席している。でも、しばらくそっとしてほしいと語る。

　ほとんど仕送りもなかった有馬は、三鷹や立川、市川、横浜で古本を仕入れ、風呂敷に包んで神田の古本屋まで運んで売りさばいた。すると、けっこうなお金になった。しばらくして、弟が上京し、その分の生活費も稼がなければならなかった。来る日も来る日も、本を探し、膨大な書物を読み漁った。東洋思想や宗教書、歴史書。そして、父親や多くの人たちの命を奪ってしまう戦争についても解明したかった。中山氏はそんな有馬の事情をよく知っていたのだ。

　貧乏学生ではあったが、駒澤大学、道賢寮での生活は楽しかった。寮の仲間たちや教師との出会いから育まれたものが大きかった。ことに、当時、寮長でもあった、衛藤即応氏の薫陶が大きかった。衛藤氏は、道元の主著『正法眼蔵《しょうぼうげんぞう》』研究の泰斗として知られていた。しかし、どういうわけか、有馬は、『正法眼蔵』や「曹洞宗学」ではなく、卒業論文は「成唯識論《じょうゆいしきろん》における転依《てんね》」という論題を選んでいる。それが興味深い。

　八万四千の法門と言われるほど、仏教の教理の数は膨大であるが、そのなかに、〈唯識〉と言われる仏教がある。それは、仏教の深層心理学とも言われ、喜怒哀楽のなかに生きている自分のこころを深く凝視し省察して、空なる自分に覚醒し、自分を吟味する仏教と言ってもよいかも知れない。「唯識三年、倶舎《くしゃ》八年」と言われ、仏道修行の基礎科目、必須科目として、かつて僧侶たちはそれを必死に学んだ。

　そのなかでも、『成唯識論』というのは、インドのダルマパーラ（五三〇年～五六一年）、中国や日本では護法と呼ぶ学僧の学説を中心にした、唯識の概説書である。

　〈転依〉というのは、〈依〉って立つところを〈転〉ずるという意味である。〈唯識〉では、すべての現象は識（こころ）が根本であると説くので、〈転依〉というのは、依って立つところである意識を転換する。つまり、「意識改革」という意味である。そして、「自己変革」という意味でもある。

晩年、埼玉の越谷から山口の病院に転院するとき、SVAの東京事務所に立ち寄り、全スタッフの前で、若かりしころを語ってくれた。

「仏教における意識改革はどうあるべきなのか、存在のありようはどうあるべきなのかを探究したかったのだよ」と、卒業論文を書いたときの思いを話してくれた。

「僕たちは、〈共に生き、共に学ぶ〉ことを大切にしているわけだけれど、すべては〈縁起〉、関係的な存在の集合体ということだよ。他者とのありようが自分の存在を決める。他者に関わると大事な出会いになる。その関係のあり方はどうあるべきか、論文にしようと思ったのだけど、できなかった。仏教とは面白いね。論理的に追究すると分からなくなる」。

結局、序論しか書けなかった。苦し紛れに「なぜ書けないいか」を書いて提出した。そうしたら、指導教授はえらく喜んでくれたという。「僕の自慢話になるがね」と嬉しそうに語った。

実に有馬らしい。「意識改革」はどうあるべきか。それは仏教の精髄に真っ正面から切り込むことである。でも、理論では歯が立たない。むろん、仏教はもともと学問ではない。生き方の転換を教えるのであるから、当然と言えば当然である。また、自分は書斎に入って本に埋もれる学者にはなれないと悟ったときだったかも知れない。膨大な読書量を誇りながらもじっとしている人ではなかった。人に関わり、人と出会うことを喜びとした。飽くなき探究心によって渉猟した知識を現実に行動して実験を試みた。その体験をさらに書物で検証し、その発見を語るのを喜びとしていた。また、難問や難題に突き当たり、正攻法で無理と分かると、奇抜なアイディアをひねり出して打開する、知恵袋のような人でもあった。

こうした有馬の関心を知るにつけ、後年、NGOの活動において探究したことがすでに若いころからのテーマであったことを知る。思い切った行動の人という印象が強く、それだけに、一緒に仕事をしていて、正直に言って、思い付きに過ぎないのではないかと思われる場面もないではなかった。けれども、実に生涯かけて一念を貫いた信念の人である。

大学での勉強を続けるうち、僧侶になる気持ちがうすれ、カトリックを勉強したいという思いになり、夜間には上智大学に行ってキリスト教の講義を聴講していたこともある。仏教というより、本当の宗教を求める思いのほうが強かったのかも知れない。けれども、ある日、雪道を歩いて行く年老いた師匠の後ろ姿を目にし、「先達は、みんなこうして歩いて来たのだ」と、僧侶として歩いていくことを決意する。

そんな有馬は、一九五八年(昭和三三年)四月、駒澤大学を卒業すると、すぐ徳山の実家に戻らなければならなかった。父が亡くなって一五年以上も無住状態の寺は、一刻も早い有馬の帰郷を待っていた。母も体調をくずしていた。

住職として歩む

徳山に戻って、有馬は周章狼狽《ろうばい》した。待ち構えていたのは、白蟻の巣窟と化し、すぐにも修理を必要とする伽藍であり、寺院経営の赤信号であった。寺の現状に対する無知、無関心を思い知らされた。その思いを当時の『曹洞宗報』で述懐している。

私の父は昭和一九年に中支で戦死したのであるが、その間、祖父が再住職してはいたものの(昭和三〇年没)八〇を越える高齢に加えて耳は極端に遠く、住職名義が届けてあるだけのことで、寺としての機能は全くの老化現象を起こし、実際は無住に等しい状態だったのである。その為、寺族七人の生計は小学校に奉職する母の手一つに委ねられ、寺に住まいしながら、経済的にも精神的にも寺と無関係といってもいい生活をしていたのである。

(『曹洞宗報』昭和三八年三月号)

事実、四、五、六月と続けて、五、〇〇〇円程度しかない収入に驚いて学校へ勤務することに決めかけていたほどであったという。一五年以上にわたる無住職状態によって、檀信徒と寺院の関係はほとんど崩壊に等しく、役員会を開いても総代は出席せず、「寺に残されているのは民俗学や異常心理学の領域に属するかとも思える仏事や祈禱なのである」と自嘲気味に述懐している。

さっそく、有馬は、布教活動の強化、寺檀関係の確立の模索を始めた。やることなすこと悪あがきになるしかなかったと有馬は語るが、いよいよ活動家としての真骨頂が起動したときではなかっただろうか。文書伝道、団参、学習塾、夏休み子供会などに、次々に取り組み、参禅会も企画した。やがて、そのような実践が効を奏して、今まで寺に寄り付くことを知らなかった人もお茶を飲みに来たり、身の上相談や、禅の話を聞きに来る人もしだいに増え、一九六一年(昭和三六年)の五月には本堂の修理を終え、晋山式(住職就任の儀式)を済ませることもできた。

「有馬さんはアイディアマンでした。団参と言って、檀信徒さんを組織して、団体で本山を参拝する旅行というのがあるのですが、それを思い付いたのも、有馬さんではないですか。少なくとも、一列車借り切って団参を企画するという発想は初めてだと思います。大勢の人間を組織化するにはどうしたらよいのかよく考えていた人です。会費制の護持会にしたり、住職の研究費や退職金、保険など、それまで、われわれにそういう発想はなかったのです」。山口県新南陽市(現在、周南市)、真福寺の住職、大野恭史氏は語る。大野氏は、若いころから一緒に活動した有馬の友人である。寺の経営が大変だったころ、一九六五年(昭和四〇年)から四年ほど、有馬はビーエス観光という旅行会社の仕事に携わっていた。学生時代の道賢寮の先輩の誘いがあって、寺の一角に中国・九州支部の事務所を構えていた。一列車借り切って、九州から添乗したこともある。

でも、有馬は満足して立ち止まらなかった。「自分がやっている布教、回復したと思っている寺檀関係、これはみな自分の妄想であり、錯覚であり、自分の役割というのは道化師なのではないか」と思えて仕方がなかった。
日一日と伸びていく稲穂を丹精込めて育てる根気強さ。波濤を越えて魚の群れを求めて網を手繰る力強さ。そこに自然と共に生きる人間の喜びを味わい、労働の神聖さを感じる農民や漁民。けれども、その生活の場は都市化や工業化によって変貌していく。はたして、仏教がそのような農民や漁民の「生活」に活力を与えるものになっているかと、有馬は疑問を感じ始めている。

彼等は宗教を求めている。彼等は社会倫理と「生活」を求めている。現代の宗教家がややもすると低次元のものとして忌み嫌う民俗学的な仏事や祈禱も実は彼等が探し求めている「生活」の根源そのもの、人間の生々しいエネルギーの源泉がそこに求めているからなのではあるまいか。にも拘わらず、宗教者はそれを軽視し精神化して、中に潜んでいるエネルギーを枯渇させてしまっている。
（『曹洞宗報』昭和三八年三月号）

そのような民衆の必要に応えられる、新しい宗教家像、新しい寺院像を鼓吹している。

何よりも大事なのは、宗教家の宗教家としての「生活」が世の中のどれだけの真理に耐え得ているかということである。その時宗教家と寺院は次の様な価値を回復するに違いない。人々が探し求める生活理念を寺という場所で求めかつ実験し指導する教師、それをして人々の生活の源泉となる原始的な生活のエネルギーを与えてくれる祖先の霊域としての儀式の道場としての寺院の立場であろう。
（『曹洞宗報』昭和三八年三月号）

彼等は生活のエネルギー供給源として社会倫理の指導原理を与えてくれるものとして宗教を求めるであろう。だが、静止している宗教の理想や原理そのものには興味は示さない、彼等は、彼等と共にそれを求める宗教者の中に息吹く宗教の躍動にのみ心を寄せるであろう。

（『曹洞宗報』昭和三八年三月号）

これらは結婚の翌年、有馬が二七歳のときに書いた文章である。少し力んでいる感は否めないものの、民衆と共に生きる宗教家を目指した、若き日の意気込みが伝わってくる。

仏教運動から文化運動へ

このころ、有馬の最大の関心事は、参禅会の開催であった。僧堂経験もなく、子弟として教育を受けたこともない有馬にとって参禅会とは思いも寄らないことであったが、熱心な在家の人たちに口説かれて、一九六二年（昭和三七年）の九月に原江寺で第一回の参禅会を開いた。発会を記念して、曹洞禅を代表する名僧、澤木興道老師を招いた。

全国の曹洞宗のなかでも、山口県は、「禅の集い運動」が盛んな地域であった。もともとは、子ども中心の坐禅会なのだが、二〇代の勤労青少年や大学生も含めた会にしようと計画を練り、当時人気のあった、宗教家の紀野一義氏などを呼んで、一九六四年（昭和三九年）から二泊三日の「緑陰禅の集い」を行なうようになった。その仕事も有馬は手伝っている。

そして、当時、奈良の薬師寺の管長であった高田好胤氏に有馬は着目した。当時、高田氏は、「写経運動」を提唱して全国を歩き、著書は次々に評判になり、テレビにも出演し、独特の関西弁での説教は、タレント僧侶と揶揄されるほど全国的な人気を博していた。

高田氏を招いて山口に写経運動を宗教運動を興そうと、有馬はじめ地元の僧侶たちは大いに盛り上がり、昭和四七年、高田好胤氏の講演会を催すことになった。そして、徳山市民会館には、予想もしなかった、一、二〇〇〇人ほどの人たちが集まった。その後、写経運動じたいは長続きしなかったが、有馬にとっては、「これだけの人が集まる」「これはいける」という感触をつかむ機会となった。

そこで、これを第一回として、それ以後、さまざまな有識者を招いて勉強会を行なうことになり、それが、やがて「禅の文化をきく会」という文化活動に発展する。

まったくの飛び込みで、当時、東京国立博物館東洋考古室長であった杉山二郎氏に有馬は講演を依頼した。杉山氏は有馬の熱意にほだされ受諾する。「田舎じゃから、五、六〇人集まればええかのう」と思っていたところ、二〇〇人も集まった。地方の小さな町で学術的な講演会の場に、これだけの人たちが来るとは、と杉山氏も驚いた。

「講演を終わって車で駅へ向かう途中、禅の文化を聞く会のポスターをはがしている人たちを見かけました。終了後の後始末をしていたのですね。みなさん、ボランティアで一生懸命準備しておられる姿を目の当たりにして感動しました。車をとめて、いただいたばかりの謝礼を、これで皆さんで一杯やってくださいと、渡しました」と語る。

有馬や徳山の人たちと意気投合した杉山氏は、その後、自らが所属するメソポタミア学会の学者を呼んだり、有馬のよき相談相手になり、久しい付き合いが始まる。杉山氏の仏教美術への深い造詣や、社会的に弱い立場の人たちに共感する点など、有馬の琴線に触れたのかも知れない。

「杉山先生のときもそうでしたけど、有馬さんのすごさは、講師に呼びたいと思う人を見つけると、その人の本を読み漁って、何に関心を持っているかをつかみ、どこを押せば相手がその気になってくれるか見当をつけて、一面識もないのに、飛び込みでアポイントをとるのです。そして、見事に承諾をもらって帰って来るのです」。当時、「禅の文化をきく会」で事務局を手伝っていた石田清子さんは語る。招聘した講師の一覧を見ると、そこには、会田雄次、梅原猛、江上波夫、松本清張、水上勉、高階秀爾……など、当時売り出し中であった学者、有名作家、そのとき無名で、そのうち有名になった文化人など錚々たる名前が連なっている。当代随一の知識人の話を地域にいながら、次々に聴くことができる、実に知的で贅沢な企画。有馬の炯眼と行動力、説得力に舌を巻く。

けれども、一僧侶が奮闘しても限界があることを有馬は感じていた。そこで会を組織化することを考え始めた。初めは、会員になってもらうとか、役を担ってもらうことで仲間に引き入れ、そのうち企業を歩いて協賛を依頼した。が、見事に断わられることが多かった。そのうち、地元のお茶の仲間や銀行や企業の人たちが参加するようになり、逆に先方からの出演依頼などもくるようになった。会費制をとって、聴講券を発行するようにもなった。お茶の仲間たちに働き掛けて、大茶盛りという茶の行事を行なったこともある。

遺骨返還の運動へ

が、有馬は、もう次のことを考えていた。「ある時期から、ただ勉強しているだけでは駄目だ。何かしなければならないことがあるのではないだろうかと、よくおっしゃるようになりました」と、石田清子さんは思い起こす。

当代随一の該博な知識を得るだけでは自己満足に過ぎない。それを現実に結び付けることで知識は活きる――と、おそらくは活動家としての本領が動き始めていたのではないだろうか。そんな折り、一九七五年(昭和五〇年)、朝鮮人遺骨の送還運動に取り組むことになった。

たまたま、ある葬式に来ていた友人の朝鮮の人たちが、有馬の寺に置かれていた遺骨を見て大変驚き、「朝鮮では本貫《ポングァン》、つまり祖先の地に埋葬されなければ魂がやすらぐことがない」と語ったことがきっかけだった。

朝鮮人の遺骨が差別されていることに幼心に気付いていた有馬は、この一言によって火がついた。身近にある問題を解決しないのは、怠惰以外の何ものでもない。そして、この運動を通し、日本人のなかにある差別意識を思い知らされることにもなった。風呂敷包みに三体の遺骨を入れてきて、「いや助かった。実は、これを預かっていたばっかりに、檀家が嫌がって困っていたんだ」と言った住職もいた。宗教家である僧侶においても、さほどなものかと愕然《がくぜん》とする。

韓国の地を踏み、現地の人とも出会い、日本と韓国の歴史に対する自分の認識がいかにロマンチックで浅薄なものであったか、打ち砕かれもする。

天安に慰霊碑を建てるときに何人かの人たちを訪問しました。小高い丘の上にある農家でしたけれど、おばあさんが、夫の消息を伝えに来てくれたと聞き間違えて、待ち構えていました。実は、そうではないのです、と聞いたとたんに、顔をくしゃくしゃにして泣き崩れてしまったのです。

（本書一六ページ）

韓国・朝鮮の人たちの問題は、その後も、何かにつけて有馬の前に立ち現われる。不思議な因縁である。

全曹青活動へ

「ただ、勉強しているだけでは駄目なのだ」という思い。それは、もう一つ、大きな運動への志を胚胎していた。

『曹青通信』という新聞がある。「曹洞宗青年会」という曹洞宗の青年宗侶（曹洞宗の僧侶）の組織の機関紙である。その創刊号を見ると、この会の発足に懸けた青年宗侶たちの熱気が伝わってくる。

「曹洞宗青年会」は、青年宗侶のエネルギーを結集し社会的に価値のある活動をしよう、青年宗侶の自覚を促し地域における活動の連携を深めようと、志ある青年宗侶によって準備され結成された。そこには、宗門改革や仏教改革への意図も含まれていた。有馬も中心的な役割を果たしていた。

一九七五年（昭和五〇年）発行の創刊号は、曹青設立準備号で、有馬は「明日への視角・私の中の朝鮮」という連載開始の一文を寄せている。そして、常任講師の一人として杉山二郎氏が就任し、教養セミナーの開催が告知されている。仏教美術と伝道を関連付けた次のようなユニークな内容である。

「新しい教化の研究と応用――文化財に強くなる」、入門編「仏像の見方と基礎知識」、実践編「仏像の説き方の実際」、展開編「大衆教化と仏像」。

これは、明らかに有馬が仕掛けている。杉山氏の力を借りて、「禅の文化をきく会」で培ったものを、今度は全国規模の運動へ発展させようとしていたのではないだろうか。

続く『曹青通信』第二号（昭和五一年二月）には、いよいよ曹青結成のニュースが力強く報じられ、第一面に「大衆教化の接点を求めて」という大見出しが力強く躍っている。このテーマは、その後も継続する全曹青（全国曹洞宗青年会）の重要な命題である。そこに有馬の意見も色濃く反映されていたと聞く。そして、記念すべき全曹青結成のニュースや会則、会員一覧なども掲載されている。この一連の動きに、有馬が一役も二役も買っているのだが、役員名簿を見てもその名前はない。よく探すと、事業部門の責任者として名前を連ねている。自らは前面には立たず、背後でしっかり仕切る。それが有馬の方針であった。

翌年三月には、奈良を訪ね、鎌倉時代の僧侶、重源《ちょうげん》や叡尊《えいそん》の足跡に学ぶ巡回教養セミナーが企画され、続く四月の同セミナーでは円空仏を訪ねて飛騨を旅している。どちらも、講師は杉山二郎氏である。杉山氏は「南都の庶民信仰」と題し、重源と叡尊に大衆教化のあり方を学ぶという観点から、連載も執筆している。さらには、杉山氏秘蔵のペルシャ陶器をお借りして「オリエント茶会」と称した催しを、東京と近畿で一回ずつ開いている。「大衆教化の接点を求めて」というテーマに照準を合わせ、異質な要素を結び付けるユニークなアイディアは、じつに有馬らしい。しかし、その発想が型破りなだけに、なかなかついていけない人もいたようである。同誌の六号では、「オリエント茶会の意味と展望」と題する文章を書いて、なぜオリエント茶会なのか、曹青のビジョンにおけるこの催しの意味付けを諄々と説明している。

中世の仏僧に大衆教化のモデルを見出し、実際に縁の地を訪ね、味わいながら、その知恵や体験を現実に活かそうとする。それは、スタディ・ツアーの先駆けと言えるのかも知れない。その試みを、すでに全曹青の活動のなかで実践していた。

こうして、有馬は自坊を立て直し、「禅の集い」を手掛け、「禅の文化をきく会」を軌道に乗せ、遺骨の返還運動に取り組み、そして全曹青の発足に参画していった。それは、有馬にとって、民衆と共に歩む宗教の探究であり、SVA以前の有馬の軌跡である。

難民キャンプの活動へ
――JSRC(曹洞宗東南アジア難民救済会議)の活動

「まるで、絵巻物の飢餓草紙だ」。

一九七九年(昭和五四年)一二月、タイのサケオにあったカンボジア難民キャンプに初めて足を踏み入れたとき、思わずこう洩らした。歴史に「もし」はありえないが、インドシナ難民が発生しなければ、有馬は山口の一僧侶として生涯を終えていたのかも知れない。この難民問題は歴史的な事件であったと同時に、有馬にとってはその人生を大きく変える事件となった。活動家としての新たな飛躍のときであり、新たな苦闘の始まりでもあった。

一九七九年、ポル・ポト政権の崩壊とともにタイに逃れた夥しいカンボジア難民の惨状は世界に大きな衝撃を与えた。飢餓に喘ぎ死線をさまよう難民たちの姿がテレビの画面に映し出されるたびに、難民救援への関心が高まっていた。

そうした世論のなか、曹洞宗においても仏教徒としてなんらかの救援活動をしなければという気運が盛り上がった。外務省カンボジア難民調査団団長であった緒方貞子氏(現在、国際協力機構理事長)を講師に招き、研究会を開くなど、救援活動の可能性を検討していたが、ついに一九七九年一二月、第一次調査団二〇名を派遣することになった。団長はベトナム戦争当時から救援活動を行なって、カンボジア難民問題に深い憂慮を示していた吉岡棟一氏が務めることになった。同時に曹洞宗宗務庁に難民救済対策室が設置され、曹洞宗内での救援態勢が整えられていった。その二〇名のなかには有馬も含まれていた。

当時、難民救援はおろか海外でのボランティア活動に対する経験は皆無に等しく、すべて手探りで行なわなければならなかった。「とにかく現地に行ってみなければ」という思いで出掛けた難民キャンプであったが、調査団の一行がキャンプに足を踏み入れた途端、発したのがまさに冒頭の言葉である。

サケオの難民キャンプは、開設以来、一ヵ月で六〇〇人が亡くなり、一晩で三二人亡くなったこともあったという。

しかし、あるクメールの少年との出会いが有馬の決意を促した。


ある一人の少年に出会いました。名前はランソンと言います。一〇歳です。父は撲殺され、母親とは国境を逃げる途中ではぐれましたが、銃弾に当たって死んだのを目撃した人がいると言います。

早い時期に保護され収容されたため、健康の回復も早かったようですが、どういうわけか、私の後を付いて歩くのです。殺された父親に私がよく似ていると言うのです。聞けば、一緒に歩いていると、ランソンは遠慮がちにそっと私の手に触れてくるのです。その顔を見ると、下から見上げながらにこっと笑いかけてくるではないですか。その笑顔の美しかったことといったらありません。

そして、その笑顔で私の心は救われました。難民の目に、その表情に、二度と微笑みは戻って来ないのではないかと思っていたのです。嬉《うれ》しくなってその手をぎゅっと握ると、ランソンも力一杯握り返してきます。思わずその肩を抱き寄せたのですが、そのとき、私は思ったのです。

……絶望のどん底に喘《あえ》ぐ人たちに、今のランソン少年の見せてくれたような笑顔を取り戻してやることはできないものでしょうか。子どもは、未来への希望の象徴なのです。もし子どもたちが、この難民キャンプで元気に遊び、元気な歌声を響かせるようになれば、大人たちも明るい表情を回復するに違いありません。今、ここで必要な援助は、食糧と医薬品なのです。けれども、それを調達する能力は私たちにありません。人々が少しずつ健康を回復したときに必ず必要となってくる精神的な援助を行なえるように、私たちは今からそれに取りかかろうと、そう思ったのです。

父は子を支えるが、子も父を支える――。そこに父と子の普遍的な情景を見る思いがする。

ちょっと蛇足になってしまった。ところで、難民キャンプの病棟では、欧米の外国人ボランティアの医療班が難民たちを介抱していた。イスラエルから来たという医師が、「やっと日本人が来たね。タケダさんやトヨタさんはとっくに来ているよ」と言った。医療班の使う医薬品はタケダなど日本の製薬会社のもの。キャンプを走る車もトヨタ、ニッサンという日本製。「物資は出すけれど、人間は出さない日本」と国際世論から批判を浴びていたただけに、イスラエル人医師の皮肉は堪えたと有馬は振り返る。まさに、世界の現実を知り、日本の国際救援活動やNGOの未熟さの実態を嫌というほど思い知らされたときであった。

第一次調査団は、帰国後、早速、調査報告を提出した。緊急を要する援助は、食糧や医療、衛生環境の整備、そして、その次に教育的、精神的な援助活動である。けれども、物質的な援助活動は、民間の力をもって教育支援に取り組もうと決意した瞬間であった。

（本書五三～五四ページ）

それにしても、「父に似ている」と、クメールの少年が手を握ってきたとき、有馬は約三〇年前のことを思い出してはいなかっただろうか。出征前の父に連れられて墓参りし、父に手を繋いでもらったときのことを。ランソン少年はあの日の自分で、今の自分はあの日の父ではないか――と。

古いイタリア映画、『自転車泥棒』（一九四八年）が思い起こされる。戦後のイタリア、不景気のさなか、失業中の男は一家を支えるため、やっとポスター貼りの仕事にありついた。けれども、ある日、仕事の最中、せっかく手に入れた自転車が盗まれてしまう。男は思い余って、他人の自転車を盗んでしまうが、たちまち捕まって袋叩きにあう。一部始終を見ていた息子は父を助け、傷心の父の手を引いて家へ帰る。たしか、少年と父のしっかり繋いだ手が大写しになって幕になったと記憶する。その場面が今も心に焼き付いている。

てしては限界がある。教育支援活動をこそ宗門は最優先すべきであると謳っている。たしかに、食糧や医療は最重要なのだが、莫大な予算や専門的な技術や知識も必要とされる。救援活動が未経験の団体には荷が重すぎる。

曹洞宗には日曜学校や教育活動をしている寺院が多いので、そうした協力を得ることによって可能ではないかとも考えた。また、最重要の事業はすでに欧米のNGOが手掛けているという事情もあった。

この調査団に参加したのち、有馬は「カンボジア難民救援活動計画」と題した独自の私案を宗門に提出しようとしている。その手書き文書の冒頭には、次のようにある。


曹洞宗は、タイにおける「カンボジア難民救援活動」に可能な限り早急に決断を下し、対策本部を設置し、具体的活動に入るべきである。
(a)難民の悲惨さは調査団のまとめた報告書に示すとおり、宗教者として、ヒューマニズムの問題として看過できない。
(b)日本の救援活動の立ち遅れは、国際世論の反撥を招き、それは国内的に仏教界への批判となっているが、吾が宗門が活動に入るならば、各界の注目は間違いない。
(c)吾が宗は、すでに大衆教化教団への路線を方向づけて久しいが、その実をあげるところまで立ち入っていない。それは、教化活動が寺檀関係の枠組みの中に終始し、社会の底辺の不特定多数の民衆、大衆に目が向けられていないこと、社会の要請を活動の中でキャッチし、対応できないでいることに起因する。
今回、難民問題に宗門が立ち向かうとすれば、たとえ若干の困難があろうとも、それを補って余りある貴重な経験を学び得るであろう。そして、少なくとも宗門人の意識に改革をもたらす力になることは間違いない。
(d)今なら、海外や社会活動に経験の少ない吾が宗門でも充分活動の場がある。機を失し、雨期に入ってしまったり、或いは、他のグループが先に活動を開始すれば、宗門としての活動はかなり質的にも量的にも拘束を受けようし、困難な問題をかかえこむことになろう。決断は迅速であらねばならない。

……………………

有馬の苛立ちが手に取るように分かる。この提案書が実際に提出されたのかどうか定かでないが、その意見を受け止めたかのように、翌年の一月一八日、難民救済運動推進のための発起人会が開催され、翌一九日には曹洞宗内局もオブザーバーとして加わり、三五名の出席のもと、正式に「曹洞宗東南アジア難民救済会議（JSRC）」が発足し、宗門あげての支援態勢がとられた。そして、教育分野の支援に取り組み、車輌による移動図書館の活動を行なうことが決まった。

三月にはボランティアを派遣し、バンコクのスアンプルーに事務所を借りた。そこに印刷機を持ち込み、クメール語の絵本を作って印刷しては難民キャンプへ送る。二週間ぐらいの交代制で、日本からボランティアが駆け付けて作業する。七月には、車輌による移動図書館活動を開始、難民キャンプの巡回を始めた。

今でこそ認知されたが、当時は難民救援といえば、食糧や医療の支援という印象が強く、「図書館活動などと、何を考えているのか」と言わんばかりにマスコミに叩かれたこともある。面と向かって罵って帰って行く日本人ボランティアもいた。

ある日のこと、移動図書館に使うために完成したばかりの絵本を持ち歩いていると、それを見た青年が「ワーッ」と言って建物の外へ飛び出して行った。しばらくすると、中年の女性と連れだって帰って来た。その女性はその本をひったくり、今にも涙を流しそうに震えて立っている。青年に話を聞くと、その絵本の作者で、プノンペンで二〇冊ほど絵本を書いた有名な作家であった。ポル・ポト派がプノンペンを解放したとき、自分の本を一冊捨て、二冊捨て、そして一番大切にしていた本も捨ててしまって、殺される一歩手前でやっとの思いでカオイダン難民キャンプに入って来たらしい。喜ぶ婦人を見てボランティアたちも驚いたが、カンボジア語で書かれた本を出版することの意義が明らかになった瞬間、そして、この活動への確信を得たときだった。

転機を迎えたＪＳＲＣ

やがて、移動図書館の活動も軌道に乗り始め、手探りだったＪＳＲＣの活動も一つの転機を迎えた。長期ボランティアが定着し、展望を語れるようにもなった。

ブラジルやアメリカで曹洞宗の開教師を長く務め、海外経験の豊富な松永然道がバンコク事務所長として着任した。松永は、そのころの有馬との出会いを語っている。


「社会の底辺を蠢《うごめ》く、ウジ虫に私と一緒になりませんか」と、有馬師に誘われての私のＳＶＡとの関わりは始まった。当時カンボジア難民の状況を何も知らない私にとって、それはかなりインパクトのある誘いの言葉であった。

曹洞宗は出家教団である、自分はその宗侶の一人であると自覚してきた。「本当に出家か」と尋ねられれば、「はい」とすぐに返事出来ない自分であるとは思っていても。たとえ出家とは言えなくとも、僧侶の一人として、宗侶の一人としての思いは一九年の海外開教師の経験を通してたえず意識してきたと思う。日本に帰って来て、その意識が薄れ、自分は僧侶の一人として何をすべきかを迷いつつあった頃のことである。

（『シャンティ』一九九九年一〇月号）


難民キャンプでの活動は、難民に一番近く接しているボランティアたちの判断を尊重しようという雰囲気も生まれていた。ボランティアたちも、自分が素人であることを嫌というほど理解していた。カンボジア人と同じ視線で物事を考え、カンボジア難民の立場に立って行動しようという意識が芽生えていた。この姿勢が事業に対する姿勢となっていった。

一九八〇年の九月には、ＩＲＣ（International

Rescue Comittee）というアメリカのＮＧＯから、「図書館を運営してみないか」という打診を受けた。移動図書館車の成功で、キャンプでもＪＳＲＣの知名度が高まり、教育支援団体として認知され始め、他のＮＧＯとの信頼関係ができつつあった。
けれども、師走が近くなったころ、有馬は頭を悩ませていた。曹洞宗当局がＪＳＲＣの活動停止の意向を固めていることを知っていたからである。せっかくここまできて、やめられるわけがない。今、撤退すれば、放棄になり、敗北になる。この活動は、宗門の意識変革のうえで大切であり、世界に向かって開かれる曹洞宗であるためには続けるべきである。いや、それ以上に、こうした活動が継続できないようでは、日本は世界から孤立してしまう。何とか、恒久的な組織を作りたいという思いが強くなっていた。有馬はすでにこの時点で、次の受け皿をどう作るか、その時点まで何とか、この活動を引き延ばさなければと考えていた。

撤退か継続か

一九八〇年一二月、ＪＳＲＣの理事会が開催された。この場で撤退計画案が提案され、いよいよ、ＪＳＲＣの今後の方向性が決定される予定になっていた。

会長の吉岡棟一氏が座長として選出され、企画実行委員長の有馬が「カンボジア情勢とタイ難民キャンプ状況報告」と題した活動報告を述べ、現地駐在の立場から松永然道が「プロジェクト現況報告と問題点」を報告している。続いて東京事務局からの経過報告が行なわれ、いよいよ今後の推進計画について検討することになった。

――ＪＳＲＣの使命は果たされたのではないか。海外にボランティアを派遣して、これまで事故がなかったことはきわめて有り難い。けれども、いつ不測の事態が起きるか分からない。何も起きないうちに終結したほうがよいのではないか――と、来年（一九八一年）三月を目処として活動を打ち切ってはどうかという案が提起された。

それに対し、プロジェクトを完成する前に撤退してしまうのは、〈敗北〉に等しいと、当時の記録によると、有馬は何度も何度も執拗に力説している。

私たちは、迂遠な道であるけれども、「おまえたちは、救援をやっているのか」、という非難は覚悟のうえで、あえて教育支援をやってきたわけです。完成とは何でしょうか。難民たちがいなくなることではなく、難民たちがその道を模索することをお手伝いし、難民たちが自立の道を歩み始めたときと考えました。私たちはいくつものプロジェクトをもっています。常設図書館に関しては、難民が継続できる状態です。それについては完成と言えます。しかし、基本図書を増やして残す必要があります。本作りという仕事があります。難民が印刷機を使って自立して作れるようになるまで、時間が掛かります。受け皿づくりにまだ時間が掛かるのです。移動図書館を引き継いでくれるところを探す。その時が完成のときだと思います。耳障りかも知れませんが、受け皿がつくれないうちに撤退することは敗退だと思います。

それから、もう一つはボランティアの問題です。中途半端な形の撤退は、ボランティアを失望させてしまいます。「活動を推進して難民たちに受け皿ができた。プロジェクトが完成したから撤退するのだ」「彼らに自立の道を与えよう」と言って撤退すべきです。でなければ、「われわれは難民のために活動しているのだ、教団のためにやっているわけではない」という気持ちにもなってしまいます。それでは、ボランティアの熱意を維持することはできません。


しばらく激論が続いたが、やがて、次のように収斂していった。

——プロジェクトは推進する。ただし、来年（一九八一年）の三月からは、今までのような活動ではなく、難民の受け皿づくりのための活動に転換する。つまり、難民が自主的な運営ができるような運動を推進する。

推進方法については、事務局、執行部一任。実施期間など、重要な問題については、理事会を開催して決める。


四時間にも及ぶ議論は、予断を許さなかった。が、有馬の願った結末となった。宗教者として支援活動に取り組むのはよいが、教団として取り組むべきではない。もしそうなると、教団の論理で動くようになってしまう。それが終生変わらぬ有馬の姿勢であった。一人一人の人間の尊厳が尊重され、つねに民衆の要請から出発する。それが有馬が思い描いていた〈運動〉であり、宗教だったからではないだろうか。そして、歴史上、「布教」と称して植民地主義や帝国主義のお先棒を担ぎ、民衆や文化を蹂躙し収奪し破壊してしまった宗教の歴史は枚挙に遑《いとま》がない。そのことも有馬の考えにはあったのかも知れない。〈はじめに教団ありき〉ではなく、〈はじめに民衆ありき〉。教団という枠を越えた視野で有馬は仏教を考えていた。宗侶なのに、なぜそうなのか。その点が、一部の宗侶にとっては、了解し難く、鼻持ちならぬことだったのかも知れない。

それでも、有馬は宗侶として宗門の中に身を置きながら、旧態依然とした宗門の体質を転換したかった。出る杭は打たれる。その苦闘は覚悟のうえだった。

ＳＶＡ（曹洞宗ボランティア会）の誕生

その後、活動は一九八二年いっぱいで終了と組織決定されたが、有馬は、ともかくＪＳＲＣのプロジェクトを引き継げるような受け皿を日本に作り、ＪＳＲＣの活動が継続できるようにと腐心した。在日韓国人・朝鮮人の問題に関わってきた有馬にとって、難民問題は民族のアイデンティティと文化の尊厳、そして人権問題に思えた。何とか恒久的な組織を作りたい。日本国内での活動を開始したボランティアＯＢたちの姿を見ながらそう考えていた。

カンボジア語図書館、遠足交流会など、在日カンボジア人への支援を中心に新しい活動が具体化するにつれ、組織の方向も明確になってきた。ボランティア経験者や曹洞宗青年会会長など、主だった人たち一六人を集め、仮称・ボランティア会を発足させることで合意に至り、在京のボランティアたちが執行部となって、ボランティア会の運営や組織態勢を固めることになった。

一九八一年九月三〇日には、仮称・ボランティア会執行部会が開かれ、正式に「曹洞宗ボランティア会（SVA）」と名称が決まり、設立総会に向けてさらに一歩前進した。

JSRCの活動停止時期は近付いている。一二月一一日には理事会が開かれ、プロジェクトの中止決定が濃厚な気配である。その前にSVAという受け皿を形だけでも作っておこうと、準備を進めた。そして、一二月一〇日、宗務庁の会議室を借り、「第一回曹洞宗ボランティア会総会」が開かれた。執行部会で検討され、提出された会則、事業案が承認され、会長に松永然道JSRCバンコク事務所長が、事務局長に有馬実成JSRC企画実行委員長が就任し、正式に曹洞宗ボランティア会（SVA）が発足した。SVAの第一歩である。

翌日、開かれたJSRC理事会では、予想通り一九八二年一月にJSRCは撤退、事業は真言宗豊山派の援助で運営されていたバンコクのCBDC（文化仏教復興センター）に引き継ぎ、残務整理のために、当面アドバイザー二名を残すことが決定された。全面的なプロジェクトの引き上げには至らず、CBDCに引き継ぐという形になったのは、有馬の必死の戦略だった。SVAの組織基盤が整うまでは、CBDCのプロジェクト運営を目的にスタッフを残し、何とか活動を続けようという苦肉の策だった。

その後、一九八二年六月七日、JSRCが委託した小委員会で、次のような決定をみた。JSRCの活動は六月二六日をもって停止。募金残高はバンコクの事務所に送金。そして、JSRCの活動内容については、その任務を内外とも「曹洞宗ボランティア会」へ委嘱する。国際ボランティア団体、それも現地派遣型団体の第一歩が刻まれたときであった。

松永は、借りたばかりのSVAの五反田の事務所に行って、早速その決定を告げると、そこにいたボランティアたちは、「やったー」と大きな声を挙げた。

民衆を慈しみ、文化を愛した人

そのおばあさんの名前は、河村よねさんと言った。一九八一年当時、六八歳。いつも愚痴をこぼしに行く原江寺の住職に談判に出掛けた。和尚が難民問題に没頭するのを見て、たまりかねて署名運動を始めようとしていた。つまり、和尚がいないから、檀家を全部回って和尚に難民問題から手を引いてもらうようにと思っていたのだ。

JSRCからSVAへと変わったものの、有馬は山口の自坊を空けることがしだいに多くなった。檀信徒からすれば、それも和尚を慕っていればいるほど、堪えかねることであったろう。でも、有馬に会いに行ったのが間違いのもと、返り討ちにあって、しぶしぶ日本語の絵本にカンボジア語の訳文を貼るボランティア活動を引き受ける羽目になってしまった。そうしているうちに、いつのまにか、おばあさんたちが三八人、多いときは五〇人ものボランティアが集まり、絵本づくりの集まりができてしまった。

人をたちまちその気にさせてしまう説得力と人徳、人望が有馬には具わっていた。地域のおばあさんたちが、こうしてボランティア活動に取り組む姿こそ、有馬にとって何にも代えがたい喜びだったのではないだろうか。民衆を愛し、民衆と向き合う有馬の姿がここにも見られる。

JSRCからSVAになっても、ボランティアたちは難民一人一人と向き合い、難民の伝統文化を大切にした活動を展開していった。そこには有馬のこんな人柄の影響もあったに違いない。本書の村崎修二氏との対談で、有馬は難民キャンプのことを実に楽しそうに語っている。


たとえ、国連様が何と言おうとね、やっぱり難民の人たちが嫌がることをやったって仕方がないのでね、難民の人たちに何がしてほしいのかと聞いたのですよ。そうしたら、一番先にやってほしいというのが、踊りと太鼓でした。踊りと太鼓をどうしよう。国連をどう説得しよう。世界中から集めたお金を踊りと太鼓につかわれたとなると、国連も具合いが悪いのですよ。それで、私たちはうまいこと翻訳しまして、「民族とアイデンティティ復興のための支援活動」としたのです。そうしたら、国連も「よし！」と言ったのです。

そして、何をやったかといいますと、毎日、太鼓の稽古です。でも、太鼓をやるといっても、太鼓を自分たちで作らないといけません。それで、どうしたかというと、蛇を捕まえてきてくれということになって、私どもはタイ人と一緒にタイの村を歩き回って蛇を捕まえてきたのです。その蛇で太鼓を作ったのですね。ボランティアに行ってなぜ蛇を捕まえないといけないのかと思いましたね。そして、トンツクトントンと太鼓を打ち始めたのです。そうしたら、子どもたちが集まって来て歌を歌い始めたのです。太鼓だけしか楽器がないときに歌った歌はいつまでも耳に残ってメロディまで覚えていますね。そのときの感激というのは忘れられません。

その子どもたちの歌声を聞いて、飢えと病気で地面に横たわって「チュイポン、チュイポン（助けてくれ、助けてくれ）」と言っていた難民たちが、起き上がって子どもたちの歌に耳を傾け始めました。しばらくして、歌が上手になってきて何を始めたかというと祭りを始めたのですね。僕はやっぱり、芸能というものが、人間の心の深いところに与えていく大きな意味を感じます。人間の心の奥底、魂の奥底にある宗教的な心情と非常に深く関わっているということを感じました。そのプロジェクトは今でもずっと欠かさず続けているのですが、大勢のボランティアはやきもちを焼くのです。「あなたたちは難民の人たちと太鼓を叩いて踊ってばっかりいるくせに、なんで難民たちはあなたたちばかり信用するのだ」って。そりゃ、しようがないですよ。

（本書二〇九～二一〇ページ）

有馬の得意気な顔が思い浮かぶようである。有馬自身が芸能や音楽が好きだった。とくにクラシック音楽が好きで、自坊に戻ったときなどボリューム一杯にしてレコードを聴いていた。山口から東京までの新幹線の車中で、ワーグナーのオペラが最後まで聴けたと満足気に語っていたこともある。音楽だけではなかった。仏教美術や文化をこよなく愛していた有馬は、難民たちの故郷である東南アジアの美術や文化に関して並々ならぬ関心を寄せた。それが、アンコール・ワットやカンボジア美術に対する執筆に駆り立てている。

そして、とりわけ有馬が奮い立ったのは、難民キャンプで、「やきものプロジェクト」を始めたときかも知れない。お茶とやきものをこよなく愛していたからである。「カオイダンの〈はんねら〉」という一文は、そのときのことを書いている（本書六三ページ）。

Kという若いボランティアがキャンプを覆う赤土を見て、やきものは作れないかと考え、試行錯誤を始める。やがてキャンプ内で熟練した二人の女性を発見し、やきものづくりの教師になってもらう。そして「やきもの教室」が発足し、このプロジェクトはキャンプで最も活気ある活動になっていく。

そののち、アンコール時代に釉薬《ゆうやく》を使った陶器が存在していたことが分かり、その陶器をキャンプで復活させようと大きな窯を設置した。そうなると、素人では手に負えず、チェンマイ大学で陶芸を教えていた加藤義守先生の技術指導を仰ぎ、制作が可能になった。そして、加藤先生の助手を務め、陶芸を指導するようになったのが、タイ人のスタッフ、ソムラック・パンティブーンだった。

ソムラックは、タイ北部のチェンライ県の出身で、チェンマイの工業技術学校で陶芸を専攻した。在学中にタイ伝統のサンカロークの絵付けをしていたが、一九八二年からスタッフとして、難民キャンプで陶芸技術や印刷技術を指導することになった。同じく難民キャンプで活動していたスタッフの山内珠子と結婚し、山内の郷里である岩手県紫波町で紫波焼の大沼巌氏のもとで、一〇カ月間の修業をする。その後、唐津市の中里太郎右衛門氏の門を叩いた。ソムラックの才能を見抜き、中里氏に紹介したのは、有馬だった。

中里氏は、古唐津の成形技術の中心である〈たたき〉の技法の源流を求め、その旅の途上、チェンマイの村で昔から伝わるその手法を目の当たりにし、以後、何度もチェンマイを訪ね作陶を試みた。「タイの〈たたき〉は、滅びる運命にあり、今のうちに技法を伝えていく必要がある。トゥイ（ソムラックの愛称）さんには、土の探し方から、釉《うわぐすり》など、原始的とも言える方法から教え、蹴轆轤《ろくろ》の使い方、窯の造り方まですべて教えたい」と語る中里氏。そして、「〈たたき〉にも世界のやきものにも詳しい中里先生は私が求める最適な方」と語るソムラック。二人の出会いは運命的だったのかも知れない。ソムラックはめきめき腕を上げ、日展に出品すると、見事入選してしまった。唐津焼の指導を受けて、わずか一〇カ月めの快挙だった。伝統的な要素と現代における実用性を融合しようとしたソムラックの制作姿勢が、日展の審査員の目を惹いたのだ。そのころからソムラックは、タイに帰って、「工芸による村おこし運動」に取り組みたいという希望を持っていた。その後、故郷チェンライの近くの農村で、ドイ・ディン・デーン工房を開き、地域の青年たちに陶芸の指導をしながら、地域おこしに取り組んでいる。

「日本での修業で学んだことがとても生きていると思います。土を大事にする精神や禅の精神にも触れ、勉強になりました。徒弟の制度にも関心させられました。それから、日本には地方の小さな町にも博物館があるのですね。それも刺激になりました。タイには優秀なアーティストはいても、博物館はとても少ないのです」。

ソムラックの作品は、日本の〈わび〉〈さび〉に一脈通じるものを感じさせる。そんな作風は当初、タイの人たちになかなか理解されなかったが、今ではアメリカやイギリスなど世界各地から視察に訪れるようになり、世界的な陶芸家として知られるようになった。タイ人にも理解されるようになった。「陶芸とは、ただ美を追求するのではなく、共同で力を合わせて作っていく美だと思います」。孤高の芸術家ではなく、陶芸による地域おこし、運動づくりを目指す活動家の面目がそこにある。

身近な人のなかから、こういう人材を輩出できたことを有馬はとても喜んでいた。かねてより柳宗悦の〈民芸運動〉にも強い関心をもっていた有馬からすれば、陶芸の探求を通じて、〈人おこし〉、〈町おこし〉に取り組むソムラックの生き方は、有馬自身がやってみたい生き方であったかも知れない。亡くなる年、山口の病床にあった有馬のもとに、ソムラックの最新作の茶碗がタイから届いた。ベッドの脇に置いたその茶碗を手にしながら、「トゥイさん、いいものを作るようになったね」と、何度も何度もさすっていた。

伝統文化を愛するといっても、有馬の関心はただの骨董趣味や好事家趣味ではなかった。その思想や歴史を掘り下げて味わい、民衆の運動と繋げることにあった。事あるごとに、「今の若い人たちに、運動づくりができる人間がいない」とぼやく有馬であったが、その文化への愛とは、人々を鼓舞してどう運動をつくっていくかにあった。そのあたりが、東大寺の大仏再建に力を尽くしたネットワーカー、重源に憧れる所以でもあろう。そのような運動の仕掛け人としての素養を持った若い人を有馬は待ち望んでいた。

陶器といえば、『南方録』という茶道の書から、ボランティアの心を学び、それを現実に活かそうとしたあたりにも（本書一一六ページ）、有馬的な文化論の面目躍如たる一面が見られる。今でも、原江寺では、西大寺の叡尊に肖《あやか》って、毎年四月の第二日曜日、子息の嗣朗さんが引き継いで大茶盛りを行なっている。

このような有馬が、文化的な開発論を説くヴェルヘルスト氏の言説と出合って、〈わが意を得たり〉と思ったのも当然のことであった。来日すると聞いて、早速申し込んで実現したのが、対談（本書一三三ページ）である。有馬の考え方の思想的な裏付け、意味付けをしてくれる人物に出会えたという喜びが伝わってくる。

有馬のボランティア論

「開発協力に携わるうえで、その国の人々の歴史や文化、価値観を土台にすべきだと有馬さんは力説されました。その考えは、とても大事だと思います」。

前国際協力NGOセンター常務理事の伊藤道雄氏は、こう評価する。伊藤氏は、かつて、有馬が同センターの理事長だった当時、事務局長として有馬と一緒に仕事をした間柄である。一九九六年から亡くなるまで、有馬はSVAの専務理事を務めながら同センターの理事長も務めていた。

その国の文化を大切にする開発というのは、今や常識になりつつあると思うのだが、と言うと、「いやいや、本格的にやっているところは少ないです。有馬さんは事業として実践されていました。そこは、日本のNGOがもっと学ぶべきだと思います」と伊藤氏に否定されてしまった。それが日本のNGOの現実だとしたら、光栄でもある反面、ちょっと悲しくもあるが、文化を大切にした開発が、日本のNGOや開発協力の世界に果たした先駆的な功績でもあったことを再認識する。

有馬は、専門に開発理論や援助論を学んだわけではない。目の前の弱い立場の人間に向き合い、その試行錯誤のなかから、文化を尊重した独自のボランティア論を紡ぎ出している。本書に「ボランティア触媒論」という一文がある。そこに有馬のボランティア観がよく現われている。

> 難民を救うことができるのは難民自身なのです。難民が自立できるのは、難民自身が本来持っている能力によってなのです。本来その能力を持っている難民が、たまたま難民キャンプという状況のなかで、その可能性を閉ざされているだけなのです。
> ボランティアは、ここを勘違いしてはなりません。ボランティアは「触媒」なのです。触媒は、化学反応においてそれ自体に変化を生じることがないのです。けれども、物質を活性化させ、化学反応の速度を速めます。化学方程式のなかには触媒は入り込む余地すらありません。でも、触媒が存在しない限り、化学反応はほとんど生じないのです。

ボランティア活動において、自分が主人公になることは慎みましょう。難民こそが主人公なのです。このことをもってボランティアの心得としたいですね。

（本書五九ページ）


未熟であり、弱い自分を自覚するから、相手に耳を傾け、相手から学ぶ。それが、有馬の姿勢であった。

「私は美しい蓮の華を育てる沼地の泥沼になりたいのです」と、スラムの子どもたちの教育に関わる思いについて語ったタイのプラティープさん。そして、「ブッダもきっと目をつぶってくださるだろう」と、戦火の中、負傷した女性を抱えて助け出そうとしたカンボジアのコーサナンダ師。それは、上座部僧侶としての戒律に抵触する行ないであった。そのような、さまざまなアジアの人たちの生きざまから多くのことを学んだ。

ボランティアは触媒に過ぎない。相手と「共に生き、共に学ぶ」――。ここに有馬のボランティア論の根幹がある。そして、そこに仏教の〈縁起〉に連なるものがあると有馬は考えていた。

叡尊と重源に魅せられた人

たしかに、有馬はお坊さんらしくないお坊さんであった。しかし、お坊さんとしての中心軸をはずさない人であった。本書のなかに何度も登場する人名にお気付きだろうか。鎌倉時代に、東大寺の大仏再建に活躍した仏僧重源と、社会救済事業に身を挺した仏僧叡尊である。このことからも、この二人の影響がいかに大きいかが分かる。というより、この二人、重源と叡尊の精神を現代に甦《よみがえ》らせることを畢生《ひっせい》の仕事と有馬は考えていたのではないだろうか。

二人の卓抜した業績について、ＳＶＡのスタッフにもよく話してくれた。先述のように、すでに全国曹洞宗青年会発足時とその初期の活動において、大衆教化のモデルとして掲げて、運動も展開していた。重源も叡尊も、有馬が理想とした仏僧であり宗教者であった。現実への対応能力を失いかけ閉塞しつつあるかに見える現代仏教を転換する鍵がその二人にあると見ていた。そして、民衆一人一人が主人公となって、可能性を発揮し、共生し、協働する社会。来るべき時代のヒントを感じ取っていた。もし、二人がこの現代に生きていたなら、どう考え、どう行動したのだろう――と、おそらく何度も何度も思考実験したに違いない。

重源と叡尊について、これほどいきいきと魅力的に紹介した文章は、おそらく皆無ではないだろうか。それは、学問の対象としてではなく、現代や未来に通用するモデルとして二人に学ぼうとしていたからにほかならない。有馬にとって、重源と叡尊は、すぐれてかけがえのない同時代人であった。

叡尊は、鎌倉時代、戒律復興の中心道場として奈良の西大寺を再興させ、ハンセン病者の救済、橋や港湾の整備、寺社の修造、尼寺の創建など、さまざまな社会救済事業を行なった。貧窮孤独《ひんぐうこどく》の人々に対する叡尊の献身的な行為に有馬はとても感服していた。本書にも登場するが、機会あるごと、何度も何度も引用した一説がある。ここに宗教家としての叡尊の精髄を有馬は感得していた。


『文殊師利涅槃経』に生身の文殊菩薩に会おうと思うなら慈悲心を起こせと書かれている。なぜならば、文殊菩薩がこの地上に出現するときは、必ず貧窮孤独《ひんぐうこどく》の人々の姿となって現われるからである。貧窮孤独の人に出会い、無関心であったり、忌避したりして慈悲心を持たない人は、文殊菩薩と出会いながらもついに文殊菩薩と出会えない。

さて、この般若野には差別され、抑圧され、家庭からも社会からも見捨てられた貧窮孤独の人々が肩を寄せ合って生活しています。しかし、その人たちこそわれわれに慈悲の心を起こさせるために地上に現われ給うた文殊菩薩なのです。

(本書二三二～二三三ページ)


こうして、叡尊は風呂を沸かし、竃を作って、入浴と施食を行ない、病の介護を行なったという。たしかに、ここに宗教的な社会救済思想の一つの典型があると言ってもよいかも知れない。

熊本の玉名市、蓮華院誕生寺の貫主で、真言律宗の僧侶である川原英照氏は、JSRCが難民キャンプで活動していたころ、有馬と出会ったときのことを思い起こす。

「有馬さんの精神的バックボーンは何ですか、と聞いたことがあるのです。そうしたら、すかさず、叡尊上人です、と答えたのです。いやあ、恥ずかしい思いでした」。

真言律宗は、叡尊を宗祖とする宗派である。一身を抛って活躍する他宗の僧侶が、自宗の祖を尊敬していると知って、川原氏は恐れ入ったという。

インドのカルカッタで会ったマザー・テレサ、タイの開発僧ナーン和尚の姿のなかにも有馬は〈叡尊〉を見出している。有馬にとって、叡尊は宗派や宗教を超え、弱い立場の人々を救う宗教者、活動家のモデルであったのだ。

苦境に立って、思案に暮れるとき、有馬はよく一人で奈良の「北山十八間戸《きたやまじゅうはちけんど》」に出掛けた。「北山十八間戸」とは、鎌倉時代に、叡尊の弟子、忍性《にんしょう》が創建したハンセン病者のための施設、文字通り、十八間ばかりの小さな長屋に過ぎない。

有馬が亡くなった年の冬、私もこの地を訪ねた。奈良市の北手に奈良坂と言われる一帯があり、そこにコスモスの寺として知られる般若寺がある。このあたりは、かつて、いわゆる非人と呼ばれた人々が住んでいた。忍性は、この寺を拠点として貧民の救済活動に取り組んだ。師匠の叡尊も般若寺で大がかりな施食会《せじきえ》を行なった。そして、そこから少し坂を下った所、住宅地の家並みの一角に、ひっそりと北山十八間戸が建っている。遠く眼下に東大寺の大仏殿の偉容も見える。かつてはもっと眺めがよかったことであろう。当時、忍性は、市中にも出られず、数日間食事も得られない重症の患者を背負い、大和市中まで連れて行き、施物を得させたうえ、夕方にはまた背負って連れ帰ったという。

叡尊や忍性のことを念じながら、現在の生活と歴史の出来事を、交互に心の中に描き出し、有馬はここで何を思ったのだろうか——。私が訪ねた日は、寒風の日であった。十八間戸は改装工事を行なっており、大工の打つ金槌の音だけが響いていた。

中世と現代のさすらい人

有馬は、重源ゆかりの史跡にも幾度となく足を運んでいる。有馬の故郷、徳山にほど近い山口の防府。駅から大平山の方角に向かってしばらく車を走らせると、麓から中腹にかけて東大寺別院、阿弥陀寺の僧坊が建っている。ここは周防別所と言われ、後白河法皇の現世安穏を祈って、文治三年（一一八七年）に重源が創建し、東大寺再建のための木材伐り出しの拠点となった所である。車を降りて参道を登ると、緑の木立ちに包まれて茅葺きの仁王門が建っている。その穏やかな佇まいに思わずほっとする。門をくぐると右手に石風呂や湯屋がある。石風呂は、重源が東大寺の用材の伐り出しに従事する人夫たちの病気治療や疲労回復のために設けたものと伝えられる。入浴の方法は、内部で枯芝を焚《た》き、残り火を掻き出し、石菖《せきしょう》を敷き、その上に筵《むしろ》を置いて着衣のまま横たわるという。このあたりが普通の寺とは違う風情を醸している。この寺は作業所でもあり、福祉施設でもあり、複合的な機能を兼ね備えた一大総合センターであったことが分かる。

聖《ひじり》と言われ、高い位のお坊さんではなかった重源。その聖は大仏再建という、いわば一大国家プロジェクトの総監督であり総責任者であった。全国の民衆のネットワークを駆使して、資金を集め、技術者を集め、別所という一種の福祉センターのようなものを方々に造った。そこで福祉や教育や職業訓練のようなことを行なって、技術者たちの潜在的な能力を掘り起こした。そして、その力を結集させて一大事業を成し遂げた。そのオーガナイザーとしての重源に有馬がいかに憧れていたか、村崎修二氏との対談（本書一九七ページ）によく現われている。この対談は、重源の人間像に迫ることを通して、仏教や歴史はもとより、芸能、文化、ボランティア、教育など、幅広い領域にわたる斬新な視点が提示されていく。

出会いの妙味とは不思議なもの。「眼中の人」と呼んで、長年思い焦がれた村崎氏という対談者に恵まれ、有馬はまるで水を得た魚のようである。この対談から、これからの時代に必要な示唆を得ることができるかも知れない。

　村崎氏は、俳優の小沢昭一氏や民俗学者の宮本常一氏（故人）の指導を受け、猿まわし研究と復活の活動に取り組み、さらに京都大学の今西錦司氏（故人）の指導を受け、ヒトとサルの学問的研究に入った。そして、一九八一年、本格的な猿まわし（猿曳《さるひ》き）の復活継承を目指して、山口県周東町に「猿舞座」を発足。「半芸半学」を標榜し、日本全国を旅して活動している。その言説の端々から、村崎氏の独創的な思想と活動の輝きが感じられる。


　猿という動物を支配するのではなく、目をかけて育てていくのです。心を燃やして、命を輝かせていくこの原理のようなものを徹底的に教え込むのです。

　昔だったら、おじいちゃんが「猿曳き」を呼んだら、孫に「ちゃんと見なさい」としつけました。学校のない時代には、ちゃんと猿を見るということは子どもたちへの命懸けの躾《しつけ》だったのです。

……昔は、「猿曳き」を見るということは、とても大事な学校でした――。

……このごろは、猿まわしは「見世物」です。これは、芸術とは言いません。芸術というのは一緒に作るものです。ですから、僕は絶対テレビには出ません。……

　僕らは〈風の民〉と言いまして、一ヵ所に一日しかいないのです。なぜかと言うと、世間は狭いものですから、留まって淀み、穢《けが》れを生じます。その穢れを全部引き受けるのが、猿と僕の仕事なのです。僕自身が真っ黒になって汚くなるのです。「浄める」ということは、穢れることです。……

　安登夢（猿）と一緒に、先ほど、あの子どもたち頑張ったですよね。普段はあんまり頑張らない子どもたちが……。ですから、先生たちもあんな子どもたちを見たことないわけです。あれを「浄め」と言います。

（本書二〇五～二〇六ページ）

動物と人間の共生や平等。生きる知恵を学ぶ学校としての猿曳き。そして浄めとしての芸――。村崎氏の猿曳き芸が、いわゆる見せ物としての猿まわしでないことはすでに明らかである。

村崎氏は、師と仰ぐ宮本常一氏の助言に従って、猿曳きの復活をたんなる伝統芸能の復活に終わらせず、すぐれた文化運動に発展することを目指してきた。テレビなどのマスコミを通して商業的な芸能に席巻され、地域固有の生活文化が衰退している現代の日本。猿曳きを持ち込むことによって、地域の中に共同の生活文化が生み出される契機になればと考えている。そして、商業的な芸能と違って、親子三代、老若男女を超えて楽しめて、輪の中でみんなの心が一つになる経験を大切にしている。さらに、日本全国を股に掛けて歩くことによって、地域の人や情報を繋ぎ、地域の文化を担う仲間の輪ができることも意識している。それゆえ、猿曳きは、やはり道行く芸、旅する芸でなければならないのだ。

重源が中世の聖で、さすらい人なら、村崎氏は、さしずめ、現代のさすらい人で、聖になる。事実、かつて、師と仰ぐ宮本常一氏から「君自身が一遍さんなのだ」と、叱咤激励されていた。現代の一遍聖、村崎氏と、中世の巨大な聖、重源に憧れた有馬が邂逅したからには、盛り上がらないはずはなかった。当意即妙、自由闊達に有馬は自らの重源像を語っている。

重源という人は、「聖《ひじり》」という階層の人で、高い位のお坊さんではありません。むしろ、「ヒラメ」みたいなお坊さんです。「ヒラメ」というのは海のヘドロの底にへばりついて、泥をかぶってその保護色でいるかいないか分からないのです。ところが、目玉だけはギョロギョロ出して、餌がきたら、パッと食いつきます。そのヘドロのなかを這いつくばって歩いているような階層のお坊さんなのです。そういう、「ヒラメ」のような坊さんを見抜いた、頼朝はたいしたものですね。

……

要するに、歴史を作り、時代を切り拓《ひら》いていく担い手というのは、いつも、「ヒラメ」のようにヘドロと一緒に汚れながら這いつくばって生きている人なのです。ところが、そのような草の根の人たちの一人一人は残念ながら力がないのです。その人たちにどういうふうに活力を与え、歴史の主人公になるように呼び起こしていくか、そういう役目を担っている人たちが実はボランティアなのではないかということです。

（本書一九九、二〇二ページ）

まさに、こう語る有馬自身が「ヒラメ」のようなお坊さんにほかならない。よほど意気投合したのであろう。この対談以降、有馬はしばしば村崎氏に電話を掛けていた。「これといった用事でもなかったようですが、電話がときどき掛かってきましたな。なんか、迷ったり、悩んでおられるときが多かったように思います。話しているうちに、元気になっておられましたよ。生前、有馬さんを宮本常一先生にお引き合わせしていたら、さぞ面白いことになっていただろうと思うと、残念です」と、村崎氏は思い起こす。

旅する仏教者——仏教改革へ

では、なぜ、それほどまで有馬は叡尊に惹かれ、そして重源に惹かれたのか——。その背景となった考えが次の言葉に明快に示されている。ここに、有馬の仏教観がある。

たとえば面白いのは、曹洞宗の寺院の場合、大きく展開していくのが室町時代です。この時代のお坊さんは、全国を旅して歩く雲水（所を定めず修行する禅僧）ですから、いろいろな情報を持っているのです。その土地に合った稲の品種を導入したり、農業用水の指導をしたりしています。稲作農民の共同体の中心にお寺が位置していたのですね。

ところが、江戸時代は、お寺の機能が檀家との関係に縛り付けられて、活力をそがれていったのです。さらに、近代とくに現代になって都市集中や都市化が起こり、〈地縁共同体〉というのが壊れていきます。それと同時に、寺というものが機能を果たせなくなったのです。

でも、こうなったのは、お坊さん自身が、僧侶である以前に、一人の人間としての市民意識を持っていなかったからなのです。そのために安住した共同体の崩壊と一緒に役割を見失ってしまったのです。

お寺をどうするかとか、仏教をどうするかということはどっちだっていいのです。永遠に続くものはこの世の中には一つもないというのが、お釈《しゃ》迦《か》さんの教えなのです。とすると、仏教も世の中に役立たない、存在意義を失っているとするならば、無常の流れのなかで消えていくのはきわめて当然でしょう。

大事なのは、宗教者の一人一人が時代の苦悩というものを、自分の課題としてどう受け止めるのか。それが問われているのだと思いますね。

（本書一八〜一九ページ）

有馬は、「仏教には期待していない」と語ることがあった。そうかと思えば、「これからが仏教の出番だ」と語ったこともある。矛盾しているようだが、両方が有馬の真意であったに違いない。

仏教はむしろこれから活躍しなければならない。しかし、旧態依然とした陋習《ろうしゅう》に安住したままでは存在意義がなくなる。現代と未来に開かれ通用する仏教であるためには、まず仏教者一人一人が、宗教者として、自分のこととして、時代の苦悩に真摯に向き合わなければならない——。その探究の途上で発見したのが、叡尊と重源という先達であった。

和尚の仕事は、仏法を守り、寺を嗣ぐことにあるが、有馬はそれ以上に、今を生きている人たちに手を差し伸べることであると考えていた。そして、それが自分の生き方であるとすでに覚悟は決まっていた。

あたかも、〈旅する僧侶〉でなければならない、〈旅する寺院〉でなければならないと言いたいかのようである。と言っても、その旅は布教の旅ではなく、弱き人々と共に生き、共に学ぶ旅である。〈寺の外の弱き人々、悩める人々にこそ、ブッダがおられる〉と、時代の苦を直視し、そこに向き合う仏教の探究。それは、紛れもなく教団の改革や現代仏教の改革に繋がるものであろう。

日本仏教の再発掘

叡尊と重源に着目した有馬の視点は、日本仏教史に流れるもう一つの系譜、社会活動的な仏教者の系譜を浮き彫りにする契機にもなっている。

日本仏教史といえば、よく知られているのは、最澄、空海、道元、法然、親鸞、日蓮などで、叡尊と重源の名はほとんど知られていない。繰り返しになるが、有馬が二人に着目したのは、学問的な関心からではなく、時代の苦悩と向き合い、民衆の救済に身を挺した宗教者。そして、現代や未来に通用する宗教者を探究していたからにほかならない。

えてして、宗教対話のシンポジウムなどにおいて、「仏教はキリスト教などにくらべて社会性に欠ける」とよく指摘される。それに対して、仏教者から、「元来、仏教は社会性のない宗教であると割り切って考えたほうがよい」との見解が述べられることがある。でも、本当にそうなのであろうか。日本の仏教は、初めから支配者階級と結び付いて発達し、多くの変遷を経た今でもその特質から脱却できたわけではない。しかし、一方で厳密に本格的な仏教を確立した人々がいる。そのような高僧は、超世俗的で冷淡な態度だったのではないかと想像しがちであるが、事実は逆である。ほとんど例外なく、民衆に関わり民衆の利益を増進した人たちである。
二、三の例を挙げてみよう。唐に留学して最初に本格的な仏教を伝えた道昭は、坐禅に勤み、内面的な理想を追求しながらも長い旅の途上、路傍に井戸を掘り、渡し船を設け、橋を架けた。行基もまた、内面的な深さと社会活動が調和した例であろう。唯識を学び、山林に入って坐禅を修めながらも、旅に出て、先先で、橋を架け、堤を築き、民衆の信頼を集めた。そして、叡尊は、当時一般に戒律が乱れていた風潮を憂いて、「釈尊に帰れ」と、人々に戒律を授け、貧窮の人々の救済に力を尽くした。

ここに、自己の向上と民衆の救済とが一体となった姿、〈自利利他〉に向かった人々の姿を見ることができる。むろん、この他にも有名無名の数多くの実践者がいる。だから、「仏教には社会性がない」のではなく、とくに近代以降、日本の仏教は社会の悲苦、時代の苦悩を直視することを避けてきたと言ったほうが正しいのではないだろうか。

曲がり角に立つ現代仏教——「有馬思想」の現代的な意義

現代仏教は大きな曲がり角にきているように見える。時代の大きな変化に戸惑い、新しい時代の僧侶はどうあるべきかと、仏教界の各所で模索が始まっている。

とくに、都市部において、葬儀の宗教離れが進行し、僧侶たちは、寺院経営に危機感を感じ始めていると聞く。そして、教義との矛盾を抱える葬儀を行なうことに自信が持てない若い僧侶も少なくないと聞く。仏教は、教義上、死後の世界や霊魂のような不変の実体を認めないが、歴史の途上、民衆の必要に応える形で、日本仏教は死後儀礼の祭司の役割を引き受けるようになり、現在まで至っている。教義としては霊魂を認めないが霊魂を送る儀礼を行ない、それによって寺院を経営する。たしかにそこに矛盾があるのかも知れない。

そしてまた、科学技術やグローバリズムに覆われた現代。とくに、9・11の同時多発テロ以来、アフガニスタンへの攻撃やイラク戦争、そして、泥沼化したパレスチナでの果てしなき紛争などを通し、〈文明の衝突〉が指摘され、イスラム教やキリスト教などの一神教や近代科学の限界を超える思想が待望されるようになってきた。有馬が言ったように、実は仏教の出番がきているようにも見える。真に未来に開かれた宗教として、仏教はどうあるべきなのか。何を変えなければならないのか。今ほど問われているときはないのかも知れない。そのような意味で、今こそ、有馬の言説や思想に耳を傾けるときではないだろうか。

叡尊と重源。そのほか、本格的な仏教の探究と同時に民衆の救済を行ない、〈自利利他〉を探究した人々。そのような先達に学びながら、一人の宗教者として、自分のこととして、現代の煩悩に向き合い、現代の苦悩に果敢に立ち向かう――。それが、有馬が思い描いていた、現代や未来に開かれた仏教の探究ではないだろうか。そして、仏教ボランティアや仏教NGOの存在意義もそのようなところにあるのではないだろうか。

阪神淡路大震災の発生

さて、SVAのその後の活動の話に戻ろう。SVAは、一九九〇年代に入って慢性の資金難などの課題は抱えながらも、どうにか軌道に乗って、日本を代表するNGOの一つなどと過大評価されるようになった。そして、迎えた一九九五年。この年は、日本にとって激動の年であったと同時に、SVAにとっても有馬にとっても大きな転換の年になった。一月に阪神淡路大震災、三月にはオウム真理教による地下鉄サリン事件が発生し、文字通り天地を揺るがす未曾有《みぞう》の事件に見舞われた。現代文明や都市社会の持つ脆弱さや矛盾が露呈されるとともに、宗教に対する不信感や戦後教育の誤りなども指摘され、日本人は大きな衝撃を受けた。この年、日本人の無意識層には深い心の傷が生じ、価値観が大きく転換したと言われる。

阪神淡路大震災が発生した一月一七日、この日、SVAは一九九五年度に向けて事業計画と予算案を策定する会議を行なっていた。そして、議事がもう終わるというころ、有馬が口火を切った。

「みんなも知っているとおり、神戸は大変な震災に見舞われている。SVAはどうすべきだろうか」

「……」

しばらく沈黙の後、次々に意見が吐露されていく。

「会費や募金収入が減っている現在、どう考えてもむずかしい」「われわれを必要としている人がいれば、どこにでも行くべきだ」「国内の活動に取り組む余裕はない」。

どちらを選択するにしても、困難な道は目に見えていた。結論は執行部に委ねられたが、「可能な限りの行動を起こそう」ということになった。

ＳＶＡが本格的に国内の緊急救援活動に踏み出したときである。

海外支援の団体なのに、なぜ国内支援なのか、ＳＶＡの内部でも議論になり、外部からもしばしば質問を受けた。が、アジアも大切だが、足元も大事にしなければと、つねづね語っていた有馬にしてみれば、海外とか、国内ということはさほど問題ではなかった。そして、「私たちは、環境団体だから……」「私たちは、国際協力の団体だから……」と、大義名分にこだわって、本当に必要なことに一歩も踏み出さないとしたら、それこそ鼻持ちならないことだったのではないだろうか。事実、ある国際協力関係者の意見にこんな痛烈な意見があった。「なぜ、国際協力事業団（ＪＩＣＡ〈現在、国際協力機構〉）は、阪神淡路大震災に出動しなかったのか。緊急援助隊は海外へすぐさま出動するのに……、国民は緊急時に役に立たない国営ボランティア組織に失望してしまった」。

とは言っても、東京事務所のスタッフにとっては、電話がパンク状態になるほどの大騒動であった。二二日付の全国紙の朝刊に、「民間ボランティア動き出す」という記事が掲載され、救援物資、義援金、ボランティア派遣に関する問い合わせが殺到した。

後年、あるテレビ局の取材を受けたとき、「失礼ですが、ＳＶＡさんは、阪神淡路大震災から有名になりましたよね」と言われる始末。


決断してからの行動は早かった。有馬は、全曹青に補助給食の炊き出しのため、ボランティア・チームの派遣と食材や炊飯器具の提供を申し入れるとともに、駒澤大学、駒沢女子大学、鶴見大学、愛知学院大学、東北福祉大学といった協力関係にあった大学や曹洞宗の両大本山である永平寺と總持寺、さらには各地の地方僧堂にもボランティア派遣を要請した。その後、関西、中国方面の協力団体にも直接会って協力を要請し、続いて、二四日に神戸入りして、陣頭指揮を執った。

全曹青は、「炊き出しの曹洞宗」と言われるほどの機動力を発揮した。禅寺では、典座《てんぞ》という役割があって、食事を作る修行が大切にされているのだが、その経験から、二、三人で一、〇〇〇人分の食事を作ることはさほどむずかしいことではない。その体験が生かされ、多いときで一日二万食、合計で三一万食の炊き出しを行なった。もう一つ特徴だったのは、継続的に活動するためには、事務所や宿舎が必要と判断し、ボランティアの宿舎や食事をSVAが確保し、自給自足するという方法を採ったこと。そこまではやり過ぎではないか、SVAはホテルみたいだという批判もあった。しかし、この方法を採らずして、継続的な活動は不可能だった。

「こんにちはー、お元気ですかー、〈ぜんざい〉はいかがですかー」。

訪問活動はいつもこのような言葉から始まった。一九九五年二月から仮設住宅の入居が開始された。入居者にとっては、長年住み慣れた土地を離れ、見ず知らずの人たちと一緒に暮らすストレスは大きな問題となっていた。仮設住宅での孤独死についてマスコミで報じられるようにもなった。

そこで、SVAは、仮設住宅の訪問活動と、コミュニティづくりの支援という二つの活動に取り組むことになり、訪問の際には〈ぜんざい〉を携えて持っていくことにした。折しも寒い季節だったので、住民の方方からとても喜ばれた。これも有馬のアイディアだった。

現在は長野県知事でもある、作家の田中康夫氏と出会ったのもこのころである。田中氏はスクーターに乗って、神戸で単独のボランティア活動をしていた。当時、神戸の長田区御蔵にあったSVA神戸事務所にもたびたび訪れ、一緒に活動したこともある。そんなご縁から実現したのが、田中康夫氏との対談（本書二七〇ページ）である。

田中氏も、〈ぜんざい〉を思い付いた点など、被災者の目線に立っていることを評価している。そして有馬は、カリフォルニア地震の際、被災者の心の変化を観察し理論化したアメリカの救援活動の水準の高さに感動し、「それを知っていれば、もっと違うことができた」と日本の緊急救援活動の未熟さを語っている。有馬が指摘したように、災害救援において、被災者の立場に立ち、「こころ」についての視点をもつこと。それは、現在にも当てはまる重要な課題である。

「有馬先生は、弱もんの味方やった」

――金音田さんとの出会い

有馬は、神戸でまたしても朝鮮の問題に遭遇する。

「SVAって、ずるいよ」「地震でいまだに散乱した部屋の中で、毛布一枚で、家族五人が寝ているような所があるのに、見て見ぬふりをしている」。

神戸市長田区に住み、自らも被災者である一人のボランティアが投げ掛けた一言が発端だった。同和地区の市営住宅に救援物資が入っていない、生き埋めになっている人がいるかも知れないという噂が耳に入り、それに義憤を感じるボランテイアがスタッフに支援を迫る場面もあった。そして、「とにかく、関わることにしよう。必要とされる活動は現場で見えてくるだろう」。こうして、長田区の同和地区への活動が始まった。誰が名付けたか分からないが、プロジェクトXと呼ぶようになった。未経験の同和問題に立ち入ることに躊躇していたスタッフを、「われわれがやらなかったら、いったい誰がやる」と背中を押したのは、やはり有馬である。

この地区に訪問活動しているうち、重要な問題があることに気付いた。それは、識字の問題である。この地区には、歴史的な背景から、高齢者、それも在日韓国人・朝鮮人が多く、文字の読み書きに不自由な人たちが多いことが分かった。そこで、行政の広報誌を要約して、フリガナを振ったものを配ったり、罹災証明書の申請書類の記入を手伝うなどの対応を繰り返していた。そうしているうち、ある日、金音田《キムウンジュン》さんという一人の在日韓国人の女性と出会った。

震災前、この地域に夜間中学校があったが、震災によって全壊し、当時は近くの小学校に間借りして、授業が続けられていた。金さんは、「地震は辛かったけど、地震の体験を遠くにいる孫たちに書き残しておかなければならないから、弱音をはいている暇はない」と語る。

金さんは、字が書けるようになって、初めて顔を上げて町を歩けるようになったという。それまでは、町の看板も読めず、役所に行っても、病院に行っても、まず、「そこの紙に名前と住所を書いてください」と言われ、そのたびに、字が書けないこと、読めないことが恥ずかしくて悔しかった。でも、字が書けて、自分の思いを表現できるようになったとき、空の色が青く明るいことを実感できるようになった。このように、生きる喜びを語る金さんの言葉に誰もが感動した。

夜間中学校の再建とともに、卒業生が、その後も継続して学べるような識字の学習の場を作ることが必要なことを痛感した。そして、元夜間中学校教師や震災以前から識字運動に熱い思いをもっていた人たちの協力によって、一九九六年九月、識字教室「ひまわりの会」が発足した。

遺骨の返還運動を通し、かねてより在日韓国人・朝鮮人の現実に心を痛めていた有馬は格別の思いを抱いていた。とりわけ、金さんの人生やその言葉に感動し、ぜひその体験を記録に残したいと何度もアパートを訪ねた。そして、金さんの体験談を多くの人に聞かせたいと、各地で行なわれるボランティアの集いにも一緒に連れて行った。金さんも、そんな有馬の人柄をすぐに見抜いていた。現在、金さんは八六歳になり、入退院を繰り返しているが、昨年（二〇〇二年）、神戸の病院を訪ねたとき、有馬の名前を口にしただけで、「ああ、有馬先生は、ほんまに弱もんの味方やった。私のようなものが先に亡くならなにゃいかんのに」と、あとは言葉にならなかった。「ひまわりの会」の世話をしてくださっている桂光子先生は語る。「金さんは有馬さんのこと、まるで神様のように慕っておられるんよ」。

SVAの支援活動は終わったが、今も「ひまわりの会」は、神戸の長田区で活動を続けている。

神戸の問題は世界の問題

その後、SVAは、仮設住宅の支援、まちづくりの支援、識字教室の支援の三つに特化し、一九九七年まで約二年半、神戸の復興支援活動を続けた。有馬は、東京と山口を往復する途中、足しげく神戸に立ち寄った。若いボランティアたちと、一晩中語り合い、地元神戸の人たちとも懇意になり、しだいに有馬を信頼し慕う人が増えていった。「被災地NGO協働センター」の村井雅清氏も、そんな一人である。

村井氏は、震災までは神戸の長田区で靴職人をしていた。水俣病の問題にも長く関わってきた活動家でもある。けれども、震災で人生が一変した。自分も被災者なのだが、じっとしていられなかった。草地賢一氏が震災二日後に立ち上げた、「阪神大震災地元NGO救援連絡会議」を手伝うようになり、その分科会の「仮設住宅支援連絡会」の代表を務めた。そして、同組織は変遷を辿って、現在の「被災地NGO協働センター」に至っている。同センターは、世界各地で起きる自然災害の被災者を支援する救援プロジェクトを実施している団体である。

海外支援に踏み切るきっかけは、一九九五年八月に起きたロシア・サハリン大地震のときのこと。同センターに、「神戸は世界中から支援を受けた。今度は、われわれが何かできないか」という声が被災者から寄せられ、神戸市民に呼び掛け、毛布などをサハリンに送った。以来、現在まで二十数ヵ所で被災地支援に取り組んでいる。被災者としての体験を生かし、世界の同じ境遇の人たちに支援の手を差し伸べるという活動である。

このような展開こそ、まさに有馬の理想としていた〈運動〉に違いない。村井氏は、頼りにしていた有馬への思いを語る。

「有馬さんは、いつも『人類にとって何が大切なのかを考えなければならない』と言われましたね。そして、『こちらの押し付けになってはいけない。相手国から学ぶことが大事だ』と。私らの大きな指針になりました」。

二〇〇〇年五月、有馬は埼玉の越谷の病院に入院していた。にもかかわらず、病床から、「毎日国際交流賞」の推薦状を書いて、毎日新聞大阪本社事業本部に提出した。死期を悟り、村井氏らの活動を何とか世間に知らせようと懸命であったのかも知れない。そして、八月一九日、毎日新聞紙上に、「被災地NGO協働センター」の「毎日国際交流賞」受賞が報じられた。

表彰式と記念講演会が行なわれたのは九月二二日。わずか三日前、有馬はあの世の人となっていた。辛うじて受賞の報だけは知らせることはできたが……。いつものように、信条としている素足にサンダル履きで式に臨んだ村井氏は、記念講演で語った。

「今日この席にお二人の『日本のNGOのリーダー』とも言える重鎮がいないことが、私にとっては非常に残念です。お一人は、『阪神大震災地元NGO救援連絡会議』というネットワークを立ち上げられ、今年一月二日に急逝された草地賢一さんです。もうお一人は、とくに東京のNGO界の重鎮で、つい先日、九月一八日に亡くなられた有馬実成さんです。震災後出会ったNGOのリーダーのなかで私が本当に頼ってきたお二人だったのですが、この一年間でお二人を亡くしたことは、これからの私あるいはスタッフにとっても大変辛い出来事です。今日はそういう意味もあって、お二人の写真を持ってここに臨みました」。

受賞の理由は、被災者支援の実績をもとに、被災地の地域社会づくりに貢献したこと、そして、震災時に生まれた地球市民としての自覚を支えに、国境を超えた活動に取り組んだことである。有馬にとって、わがこととしてこの上ない喜びであったに違いない。SVAの成長だけでなく、日本に良質な市民活動、NGOの活動が育っていくことが何よりの願いであったからである。次の村井氏の言葉のなかに有馬が生きている。

「被災者同士が支え合う仕組みづくりをするのが、われわれの活動の基本です。阪神淡路大震災の教訓というと、こちらの経験の押し付けになる場合があるのです。相手国から学ぶことが大事です。実際、トルコには助け合いの精神があったし、阪神淡路大震災の被災地では三、四年かかったことが、台湾では一年足らずで始まりました。こちらが学ぶことが多いのです」。

NGOの指導者として

NGO界における有馬の行動の軌跡について、最もそばで見ていたのは、さきほども紹介した元JANICの伊藤道雄氏ではないだろうか。

「今でも、有馬さんだったらどのように考えられるのかなあって、想い出すのです」と伊藤氏は語る。一九八三年、一〇人ぐらいのNGOの有志が集まってNGOのネットワーク型の協議会のようなものを作ろうと活動を始めた。それから紆余曲折を経て、一九八七年、日本NGO活動推進センター（JANIC、現在の国際協力NGOセンター）が誕生する。開設当初、有馬は十数年間、同センターの副理事長を担い、その後、一九九六年から理事長を務めた。SVAでは専務理事を担いながらの兼務は難儀なことであったろう。

そのころの仕事ぶりについて、当時、事務局長として一緒に仕事をした伊藤氏は振り返る。

「原稿料が入ったから一緒に食事をしようと、突然電話でお誘いを受けたり、非常に気さくなお付き合いをしていただきました。一週間に一回は必ず電話をくださいましたね。山口のご実家から空港に行く途中だったり、長野へ向かう新幹線の車中からだったり、寺を回る途中だったりと。でも、それは緊急を要することではありませんでした。思い立つと、すぐ意見を求めてこられましたね。一方、私もJANICの運営のことなどについて、頻繁に相談しました。大抵、電話は、週末の夜に自宅から山口のご実家にするので、電話代がかさむと、妻からよく叱られましたよ」。

そして、理事長としての業績について語る。

「JANICのみならず、NGO界のまとめ役として大きな役割を果たされたと思います。NGOと外務省との定期協議会においても、NGO側の委員長になっていただいて、リード役をしていただきました。NGO界のため、政府の補助金制度の改善に努力していただきました。関西や名古屋を含めた協議会を円滑に推進できたのも、リーダーとしての有馬さんの人柄であり、能力だと思います」。

二〇〇一年、世界で起きた災害の緊急救援を効率的に行なうため、「ジャパン・プラットフォーム（JPF）」という協力態勢の組織ができた。それは、NGOと企業と政府が連携し合うネットワークである。それに加盟しているNGOに対し、「NGOの主体性が確保できるのか」、「結局、お金が出るからではないのか」と、批判的な意見も聞かれる。しかし、画期的な動きであったことに間違いない。でも、生前、有馬はすでに同様な発想を持っていたと伊藤氏は語る。

「一九九二年ごろ、有馬さんらとともに『国際緊急救援NGO合同委員会』というものを設立しました。最初の仕事として、旱魃《かんばつ》で食糧不足に陥っていたエチオピアのティグレーの人々にNGOが共同して緊急救援を行ない、成果を上げることができました。その後、ソマリア難民問題が発生したので、支援するかどうか、メンバー間で議論したのですが、合意に達せず動くことができませんでした。その後、休眠状態になり、後年解散しました。それが今でも悔やまれます。有馬さんも私も、人材バンクや資金のプールを作って、世界で起きる緊急事態にすぐに飛び出せる状態を作ろうとしていたのです。緊急救援でいつも泣かされていたのは、お金集めに時間がかかってしまうことでした。現場に駆け付けたときには、欧米のNGOがすでに事業を進めていて、日本はいつも落ち穂拾いだ、と嘆いていました。そういう意味では、JPFは画期的なことです。でも、政府のお金にいつまでも頼るというのではなく、市民のお金の支えなども獲得する努力をしたほうがよい。でないと、政府、企業のメッセンジャーになってしまう危険性があります。そのへんの微妙なバランス、きっと有馬さんだったら、うまくできると思います」。

JANICに新しい団体を正会員として受け入れるかどうかの審査のとき、「どうも、団体の関係者と話していると、背景に企業の考えや動きを感じる」と、企業の匂いのする団体に有馬は厳しかったという。

「NGO活動を、市民の独立した運動として推進することが、有馬さんの原点だったのではないでしょうか」と、伊藤氏は語った。

「シャンティ」に賭けた人――「社団法人」化へ

晩年、有馬が精力を注いだのは、SVAを「社団法人」にすることであった。法人化する必要性について、次の点を挙げてSVAの会報や独自に発刊したニューズレターなどで何度も力説している。

社団法人になると――、外国での活動許可が得やすい。長期ビザの取得が容易になる。契約等の法的主体となれる。税制優遇が可能になる。政府からの団体補助金が可能になる。各種補助金や助成金が得やすくなる。社会的信用が得られる――。

一介の「任意団体」では世間の相手にしてもらえないということを、すでに、「禅の文化をきく会」のころから痛いほど感じていた有馬からすれば、長年の念願であった。そして、この仕事が最後の総仕上げということになったのかも知れない。

一九九一年、SVAの理事会において、まず、「財団法人」化の方向での討議が始まった。以来六年間、一〇回にわたる討議を踏まえ、一九九四年の総会において「社団法人」化を行なう方向が承認された。財団法人とするためには設立基金だけで数億円が必要とされ、また、理事会が意思決定機関となるため、それよりも会員総会が会の方向を決定する社団法人のほうが、会員の主体的な意思によって成立する市民運動、NGOにはふさわしいと考えての判断であった。

しかし、社団法人化を目指すにあたって有馬は悩みに悩んだ。公益法人となるにあたっては、教団の名前を冠していたり、宗教活動の色彩が感じられる限り、認可されないことがはっきりしていたからである。〈曹洞宗〉という看板は掲げられない。では、完全に、市民団体として再出発するのか。いや、そうではない。たしかに教団名を除けば、一般市民には受け入れられやすくなるかも知れない。が、これまで支えてくれた多くの宗侶の協力が得にくくなるかも知れない。それに、SVAの活動を、仏教精神を中心軸にした菩薩行の実践と位置付けているからには、たんなる市民活動にしてしまうつもりもない。悩みに悩んだ。そして、宗侶の気持ちが離れてしまうことをとても心配した。

そこで、「法人化事務局ニューズレター」を発行して、宗侶に対し、繰り返し、繰り返し、名称を変更する理由について力説している。

あるキリスト教系のNGOが社団法人化するまで、いかに厳しい審査を受けたかという例などを挙げて、宗教に対する偏見が残る日本の現状を憂いながら、次のように書いている。


教団名に固執するのなら法人化は断念すべきです。そして、教団の全面的な支援を受けられる体制にするか、教団活動の一部として直接的に活動する体制にすべきです。それが不可能であるとするならば、SVAが法人格をもつようにする以外にありません……。

私たちは、名称を変更することが、菩薩行の活動理念を堕落させることにつながるとは考えていません。仏教の実践は、それが仏教用語によって説明されていなければ仏教にならないということではないのではないでしょうか。菩薩は、その誓願の故に彼岸ではなく、あえて此岸の中に身を置くのではないでしょうか。

菩薩行の実践において、求められるべきは名称や形ではなく、誓願の確かさではないでしょうか。

(『法人化事務局ニューズレター二号』より)


一九九六年七月六日、外務省に設立趣意書を提出した。そして、何度も折衝を繰り返し、申請後三年目にあたる一九九九年八月一二日、待ちに待った外務省の認可が下りた。翌月、九月、早速、東京、芝の東京グランドホテルで、永平寺、總持寺両本山の代表や外務省の要人などの来賓を招き、盛大に祝賀会を催した。

このとき、有馬はすでに大腸癌で病床の人になっていた。しかし、主治医に頼み込んで、越谷の病院のベッドを抜け出し、記念シンポジウムの座長を務めた。

「えへへ、有馬のやつ、ちゃんと足が付いているかとお思いでしょうが、足は付いています」。会場に到着するなり、こう言って周囲を笑わせた。俺は幽霊じゃない、死んでないよ、と言いたかったのだ。

当日行なわれたシンポジウムは「市民運動によって私が変わる、世界が変わる」――。有馬はしゃべり過ぎだ。少し黙っているように言わなきゃ駄目だ、と苦情が来るぐらい、有馬は乗りに乗っていた。そして、シンポジウムが終わると、すぐに病院に戻って行った。

その社団法人化の喜びを伝え、〈シャンティ〉という言葉に託した理念や願いをしたためた、いわば有馬の宣言とも言えるものが、次の一節である。


一人一人の心の覚醒と平和に根ざした平和、そして、人と人との関係のなかの平安です。地域社会や国家間の自覚と覚醒に立脚する平和なのです。それが〈シャンティ〉の平和です。そこには自らを絶対化しようとする力は働かないのです。逆に、自らを相対化しようとする力が働き、他と共に生き、生かされているという事実に喜びと感動を見出そうとするのです。

……社会の平和と心の内的な平安を求めようとする努力をしている限りにおいて、人は人としての尊厳を保つことができるのです。生きていることを共感し、喜びを共に分かち合う場と仲間を持つ限りにおいて、人は希望に充ちた人生を創造できると確信しています。理想の実現が困難なのではありません。前進しようとする勇気と力が足りないだけなのです。SVAは、〈シャンティ〉という新しい名称にこのような理想を表現していきたいと考えています。

（本書三〇六～三〇七ページ）


長年の念願を達成した渾身の思いがこもっている。これは、むろんSVAの理念ではあるが、有馬の思想や考えが結晶化した言葉でもある。

ただ、〈シャンティ〉という言葉に託したことについて、ある座談会で、有馬はしみじみと語ったことがある。「シャンティとは実は厳しい言葉なのです。平和の実現は自分の意識やライフスタイルの転換を迫るものですから」と。そして、本書に、同じ趣旨の言葉が出てくる。「地球市民社会は、意識改革を迫る言葉です」――。さりげなく語っているが、実はここを見逃してはならない。

民族、文化、言語、宗教など、あらゆる立場や違いを超えて実現する〈平和〉や〈地球市民社会〉。それは、待っていれば、どこからかやってくる理想郷なのではない。それぞれの自己変革、意識転換によって実現に近付くものである。そうでなければ、たんなる甘美で空疎な掛け声に堕してしまう。それゆえ、困難な厳しい道程である。

それにつけても、現代世界は、ますますそこから遠ざかっているかのように見える。自らのことは棚に上げ、暴力や力の論理で他者を蹂躙し変革を迫ろうとする、まるで逆の風潮が蔓延している。それでは、本当の平和は訪れない。まず自らが変わることによって、世界が変わる。それが〈シャンティ〉という言葉に有馬が込めたもう一つの意味ではないだろうか。

ところで、有馬が学生時代に取り組んだ卒業論文の論題は、「成唯識論における転依」であった。繰り返しになるが、〈転依〉とは意識の転換を意味している。有馬は、学生時代以来、一貫してこのテーマにこだわってきたのではないだろうか。つまり、たんなる社会活動ではなく、絶えざる自己探求と意識転換とともに取り組む社会活動である。それが有馬が探究し、思い描いてきた市民運動ではないだろうか。そして、それは、〈自利利他〉を追求する本来の大乗仏教の姿にほかならないと有馬は考えていた。

日本のNGO界において、有馬は、独自の思想をもった活動家として、行動する指導者として傑出していた。同時に、仏教界においては、教団仏教、寺院仏教という枠を越えた、新しい時代に対応する社会活動的な仏教のありようを提示していた。

民衆に向き合う宗教者を志した有馬の歩みは、ついに、〈仏教的な市民運動〉とも言えるところに辿り着いた。「仏教的に言えば、〈慈悲の社会化〉による〈縁起社会の実現〉ということになる」と幾度となく語ったことがあるが、有馬が構想していた仏教的なNGO、仏教的な市民運動が、次の言葉からも窺える。

私は、今後、世界のNGOは限りなく仏教の精神に接近してくると考えています。世界が求めている自然環境や多民族間の「共生の原理」は、「縁起」の思想以外にはあり得ないし、共生社会の実現は「四摂法」「波羅蜜」の実践以外にはあり得ないからです。

（『法人化事務局ニューズレター』二号）


最近のSVAは「市民運動」ということを強調しすぎるというご意見もあります。私たちは、「市民」という言葉を僧職者と対立する言葉として使っているのではありません。社会や共同体が内包する問題を自分自身の問題と認識し、自立的に行動する人を「市民」と考えています。在家・出家を問わず、覚醒した人の全てが市民です。共通の問題に対して行動しようとする人を市民と呼びたいと考えます。大乗仏教の発生は、僧侶集団の「上座部」ではなく、在家・出家の枠を越えた「大衆部」の運動に始まったといわれますが、大袈裟に言えば、SVAの運動は新しい二一世紀への行動する「大衆部集団」になりうるのではないかと夢想したりしているのですが、いかがでしょうか。

（『法人化事務局ニューズレター』二号）


SVAの法人化は、大乗の精神の今日的実践だと考えています。「大乗（マハーヤーナ）とは、「大きな乗り物」という意味です。SVAを、誰もがみんなで乗れる乗りものにしたいのです。それがSVAの願いです。

宗門人や宗門関係者だけでなく、ありとあらゆる人が一緒に乗れる大きな乗り物にしたい。それが法人化ということなのです。

（『法人化事務局ニューズレター』三号）


仏教者にとっては、奮い立つような言説である。

そして、仏教者にとっても、NGO関係者にとっても、有馬実成という存在は、虚心に探究するなら、そこから未来を考えるうえでの貴重な手掛かりを得られる〈知恵袋〉なのかも知れない――。

ところで、たんなる社会活動ではなく、自己探求や意識転換とともに取り組む社会活動を提示したところに、有馬らしさがあるのではないかと述べたが、では、具体的にどう展開すればよいのだろうか。でも、有馬はそこまでは提示しなかった。長年の蓄積を〈シャンティ〉という思想に結晶化させたが、その具体論や展開論を提示したわけではない。その前に亡くなってしまった。それは、後に続くわれわれに残された課題にほかならない。


さて、社団法人化を果たした翌年、二〇〇〇年の春。有馬の容態があまり思わしくないと耳に入った。そして、八月四日、埼玉の越谷の病院から山口の日本赤十字病院に転院するという連絡が入った。その日、有馬は、山口まで移動する途中、東京の千駄ヶ谷にあるSVAの東京事務所に急遽立ち寄ることになった。

スタッフ全員が、東京事務所の一室に集まった。東京近郊に住んでいるSVA関係者も数人駆け付けた。有馬もスタッフも、最後の邂逅であることを無言のうちに覚悟していた。

「主治医からは、『お坊さんはものに執着しないのだから、真っ直ぐ山口に帰りなさい』と言われたのだけれど、『お釈迦さんだって、亡くなるとき、三度故郷のほうを振り返ったのだから』と、どうしても皆さんにお会いして、話がしたくて立ち寄りました」。

有馬は、一瞬声を詰まらせた。

「なんだか、僕が一番感傷的になっているみたいだね」。

「この活動は、僕にとって宗教者として必然だった。SVAと関われたことは救いだった。初めて自己表現の場を持ちえたという実感を持った。それ以前にいくつか市民運動をやってきたのだけれど、燃え切れないものがあった。いよいよ確信を得てきたことは、自分のありようは、人との関わりによって決まる。人とどういう関係を切り結んでいくか、それしかないと思う。それは理論で証明できない。行動以外にない」。

「SVAは、どんくさい。派手じゃない。頑固なものがある。それがいい。それが、長年SVAを持ちこたえさせてきた。SVAには他のNGOが持っていないものを持っている。それは地方につながる窓口だと思う。でも、それを活かし切っていないのではないだろうか」。

そして、難民キャンプの思い出、マザー・テレサと会ったときのこと、卒業論文のことなどを縷々話し、最後にスタッフを励ました。

「『無門関』という禅の本に出てくる和尚。『主人公、主人公、惺々著《せいせいじゃく》』と、自分で自分に呼び掛けていた。みんなもそういうふうに、自分に呼び掛けてほしい。『おい、自分よ、今、いきいき輝いているか』と。シャンティというのは、心の静寂のなかにあるいきいきとした目覚め、そういう意味があると僕は理解している」。

そして、散会となったが、みんな立ち去りがたく、静かな語らいが続いた。しばらくして、「大変お世話になりました。よい出会いをいただいた」と、有馬はゆっくり席を立った。

スタッフ全員で見送った。事務所から大通りまでの小道、付き添って来たご長男の嘉男さんに伴われ、ゆっくり歩いて行く。一度も振り返ることはなかった。

二〇〇〇年九月四日、山口の日本赤十字病院へ見舞いに私は訪れた。

「毎日国際交流賞」を受賞した「被災地NGO協働センター」の近況やSVAのスタッフの一人一人の近況について有馬は訊ねた。

そして、叡尊と重源の話に及ぶと、有馬の相貌はみるみる変化し、体中に精気が甦っていく。背筋をぴんと立て、遠くを見晴らすかのように、壁の一点を見つめ、しみじみと語った。「何をやろうと、『発見』がなければ意味がないのだよ」——。ああ、これは、魂の力に違いない。

面会時間の三〇分がとおに過ぎていた。失礼しようとすると、「駅までお送りして」と、ご子息の嗣朗さんを促した。その物言いで、「SVAの有馬」を終えて、「有馬家の有馬」に立ち戻ったことを知る。現世で身に着けた衣を一枚一枚脱いで、来世への旅支度をしているようにも見えた。
そして、とうとうその日が来てしまった。九月一八日、稀代の〈とび職〉は、文字通り、本当にどこかへ飛び去ってしまった。
〈了〉

［後記］
〈伝記〉という性質や内容に鑑みて「有馬実成」あるいは「有馬」、「松永然道」あるいは「松永」と、敬称を省略させていただきました。
なお、「有馬実成師伝」を本書に掲載するに際し、有馬家ならびに洞庭山原江寺にご理解とご協力をいただきましたこと、心より感謝申し上げます。

大菅俊幸（おおすが　としゆき）
一九五〇年、宮城県生まれ。社団法人シャンティ国際ボランティア会、編集室長。駒澤大学大学院修士課程修了、仏教文化史専攻。高校教員、出版社勤務を経て現職。在学中から、仏教（宗教）と民衆文化の関わりに関心を持ち、宮城の離島の民俗調査にも関わる。有馬実成師に共鳴し、一九九五年からNGOの世界に。編著に、『ピーマイ・ラオ――ラオスの心を訪ねて』『タイ・やきものロードをゆく』『スバエクの物語――カンボジアの影絵芝居』『ラオス・古都紀行』『南ラオス・山河紀行』（いずれも、現代企画室）がある。

【著者略歴】

有馬実成（ありま　じつじょう）

社団法人シャンティ国際ボランティア会専務理事
NGO活動推進センター（JANIC）（現在、特定非営利活動法人国際協力NGOセンター）理事長
シャンティ山口代表
NGOネットワーク山口代表
東京災害ボランティア・ネットワーク副代表
震災がつなぐネットワーク顧問
山口県曹洞宗青年会顧問
原江寺住職
（いずれも、遷化時の現職）

一九三六（昭和一一）年　三月七日、山口県徳山市（現在　周南市）に生まれる
一九五八（昭和三三）年　駒澤大学仏教学部卒業
一九五八（昭和三三）年　山口県徳山市、原江寺住職
一九七二（昭和四七）年　市民文化ボランティア団体「禅の文化をきく会」を組織、事務局長に就任
一九七五（昭和五〇）年　戦前・戦中に山口県下で強制連行により軍需工場で働かされ、空襲などで被災した、韓国・朝鮮人の調査を開始。「在日朝鮮人・韓国人被災者を考える会」を組織し、事務局長に就任
一九七九（昭和五四）年　「曹洞宗東南アジア難民救済会議（JSRC）」企画実行委員長となる
一九八一（昭和五六）年　JSRCを母胎にして、「曹洞宗ボランティア会（SVA）」を結成。事務局長に就任
一九九二（平成四）年　「曹洞宗ボランティア会」を「曹洞宗国際ボランティア会（SVA）」に改組、事務局長に就任
一九九三（平成五）年　「シャンティ山口」顧問に就任
一九九六（平成八）年　「曹洞宗国際ボランティア会」専務理事に就任
「NGO活動推進センター」理事長に就任
一九九八（平成一〇）年　「NGOネットワーク山口」代表世話人に就任
一九九九（平成一一）年　「曹洞宗国際ボランティア会」を「社団法人シャンティ国際ボランティア会（SVA）」に改組、専務理事に就任
二〇〇〇（平成一二）年　九月一八日遷化、享年六五歳（満六四歳）

【編集委員】
荒巻　裕（近畿大学文芸学部教授、社団法人シャンティ国際ボランティア会理事）
三部義道（山形県、宿用院住職、社団法人シャンティ国際ボランティア会　専務理事）
手束耕治（社団法人シャンティ国際ボランティア会事務局長、理事）
秦　辰也（社団法人シャンティ国際ボランティア会バンコク事務所長、常務理事）
八木澤克昌（社団法人シャンティ国際ボランティア会ヴィエンチャン事務所長）

編集担当
大菅俊幸（社団法人シャンティ国際ボランティア会編集室長）

地球寂静
ボランティアが未来を変える
ＮＧＯは世界を変える

1刷発行　２００３年12月25日

著　者　有馬実成
発行人　渡辺弘行
発行所　アカデミア出版会
〒606-8315　京都市左京区吉田近衛町１-６
ＴＥＬ（０７５）７７１-７０５５
ＦＡＸ（０７５）７７１-９５９５
郵便振替口座　０１０５０-９-５３７４９
装幀と造本　倉本修装幀事務所
印刷　創栄図書
製本　山口製本
用紙　北越製紙
定価（本体価格＋税）はカバーに表示しています
乱丁や落丁の本はお取り換えします